U0069564

童振源、曹小衡
——主編——

兩岸經貿關係
的機遇與挑戰

序言

推進兩岸經濟合作與時俱進

【Author】曹小衡

學歷　南開大學經濟學博士

現任　南開大學經濟學院教授、博士生導師
　　　南開大學臺灣經濟研究所所長

兼任　海峽兩岸關係協會（海協會）理事
　　　中國國務院臺灣事務辦公室海峽兩岸關係研究中心特邀研究員
　　　中國商務部海峽兩岸貿易協會理事
　　　（中國）全國臺灣研究會理事
　　　天津市臺灣研究會副會長

經歷　華北電力大學助教、講師
　　　中國社會科學院副研究員
　　　南開大學經濟學院副教授
　　　南開大學臺灣經濟研究所副所長

【Author】童振源

現任　國立政治大學國家發展研究所特聘教授與預測市場研究中心主任

學歷　美國約翰霍普金斯大學高級國際研究學院國際事務碩士與博士

經歷　2006 年 9 月至 2008 年 5 月擔任中華民國行政院大陸委員會副主任委員

研究　國際政治經濟、中國經濟發展及預測市場等領域
　　　榮獲政治大學學術研究特優獎（2012 年）
　　　榮獲行政院國家科學委員會優秀年輕學者獎（2008 年）

當前，兩岸經貿關係如此之緊密，已超過歷史上任何時候。中國大陸是臺灣最重要的經貿夥伴，是臺灣第一大出口市場、第一大順差來源地、第一大投資地和第二大進口來源地；同時，臺灣也成為中國大陸第五大進口來源地、第七大出口市場、最大的貿易逆差來源地和第五大外資來源地。兩岸產業內貿易指數也在逐年上升，兩岸產業分工與貿易整合程度愈來愈深，兩岸經濟聯繫已密不可分，一榮俱榮、一損俱損。

　　這一變化始自 1980 年代初，大陸走上「改革開放」之路後，對臺政策做了大幅調整，提出「和平統一、一國兩制」的主張。大陸方面最初的政策著力點就是力推兩岸經貿交流。自 1987 年臺灣方面開放民眾赴大陸探親，特別是鄧小平先生「南巡」推動大陸經濟進一步市場化改革以來，兩岸經貿關係獲得長足發展。然而，兩岸政治上有很深的歧見、持續對抗，兩岸經貿快速發展主要是由市場力量推動，由臺商順應全球化與大陸快速發展的趨勢在兩岸進行密切分工與合作。

　　2008 年以後，兩岸恢復了中斷將近十年的兩岸制度化協商，兩岸經貿關係逐步邁入制度化的分工與合作，深化兩岸經貿關係的互動。迄今短短四年多，海協、海基兩會已經舉行了八次高層會議、簽署了十八項協定、達成兩項共識，涉及的議題包括大陸居民入臺旅遊、兩岸海空運直航、食品安全、金融合作、共同打擊犯罪和司法互助、兩岸經濟合作、陸資入臺投資、投資保障等，兩岸經貿發展逐漸趨於規範和正常。

　　需要強調的是，2008 年以來，兩岸經貿交往的大背景也有了引人注目的變化。從國際方面看，2008 年第一輪金融危機，已經基本過去，但是 2011 年出現的第二輪歐洲債務危機與美國的財政懸崖，至今前景未明，尤其令人憂慮的是引發這些危機的根源

未見有任何改變，發達國家改革的意願曖昧。從大陸方面看，對於 GDP 增長的熱情也正逐漸讓位於對經濟效率、產品品質、環境保護、社會安全體系和技術創新的重視，對「發展」的理解已更為科學，超越了單純經濟概念，體現了人類社會更高的追求。在可見的時期內，大陸將致力於促進內部消費和減少對出口和投資的依賴，努力維持持續、較高的增長，大陸過往的經濟發展模式將受到挑戰並會發生根本轉變，經濟轉型升級也成為必然。

在兩岸經濟關係制度化、國際經濟環境不變與大陸經濟結構快速轉型的背景下，兩岸經貿交流與合作如何再創一片新天地？為此，我們邀請了近年來對兩岸經貿政策與兩岸經濟情勢深入研究的幾位重量級學者，包括好幾位臺灣具有政務官經驗的學者，就新形勢下兩岸經貿交流與合作的重大問題進行撰文分析。本書應該是第一本由兩岸學者共同主編的專書，針對每一項主題各有一位兩岸學者撰寫，以呈現兩岸學者不同的分析觀點，從而讓我們更平衡、更客觀、更充分理解兩岸經貿關係的機遇與挑戰。

本書主題包括：兩岸經濟關係的現況與趨勢、陸資來臺的趨勢與挑戰、臺商轉型的趨勢與挑戰、兩岸產業合作現況與前瞻、兩岸經濟合作架構協議的成效與展望、國際經濟情勢與兩岸經濟關係、人民幣國際化與兩岸經濟關係，最後本書還附上兩岸經濟關係統計數據，包括人流、物流與金流。本書希望針對近年來兩岸經貿交流與合作過程中的新路徑、新問題進行深入剖析，其中作者提出的一些很有新意的觀點和看法，非常值得兩岸政府、學者專家、企業家與一般讀者參考。

在兩岸經貿關係的發展趨勢上，高長教授預測，大陸對臺政策動向與其宏觀經濟情勢變化，也是影響未來兩岸經貿關係發展的重要因素。他認為習近平領導下的大陸對臺政策，預料短期內

不會有本質上的改變，兩岸關係仍然定位在和平發展階段，中共「十八大」政治報告有關兩岸經貿議題，強調持續推進兩岸交流合作，深化經濟合作，厚植共同利益，分析後胡時期大陸對臺政策仍將致力於鞏固和深化經濟、政治、文化和社會基礎，「先經後政」的運作模式不會有太大的改變。

關於大陸宏觀經濟情勢趨向，高長教授認為，大陸已經持續將近兩年左右的經濟衰退局面，2012 年第四季出現止跌回升的跡象。新的一年全球透視機構預測可達 7.8%；IMF 的預測則較為樂觀，估計可達到 8.2%。中共「十八大」政治報告提出，到 2020 年實現 GDP 比 2010 年翻一番，這意味著在該期間，大陸經濟年均成長率不會低於 7.2%。且從大陸對臺政策和總體經濟情勢層面觀察，未來兩岸經濟關係似乎沒有悲觀的理由。

高長對 ECFA 的落實提出了更高的期待，認為要促進兩岸經貿關係良性發展，目前最迫切的工作莫過於盡速完成 ECFA 後續協商。他評估，ECFA 早收清單已執行兩年，證實對擴大雙邊貿易和服務貿易進入對岸市場發揮了具體的效益。後續協商工作已進行一年多，其中貨品貿易之協商涵蓋五、六千項，涉及利益重分配問題非常複雜，進展緩慢。面對國際上區域經濟整合潮流，特別是跨太平洋戰略經濟夥伴關係協議（TPP）已積極進行談判中，對兩岸經濟及產業發展構成的壓力日增，盡速完成兩岸貨品貿易協商已刻不容緩。

在陸資來臺的問題上，儘管臺灣政府開放製造業給陸資投資的幅度已經高達 97%、服務業與公共建設都是 51%，但是蔡宏明與唐永紅教授都認為，大陸企業來臺投資仍存在相當多障礙，至今陸資來臺成效相當有限。兩位教授分別從臺灣與大陸的角度剖析陸資來臺的障礙，並且提出改善陸資來臺的建議，包括兩岸政

治互信、開放投資項目與企業類別、審批程序、人員往來的便利性與配套作法、陸資國民待遇與最惠國待遇。

面對國際經濟競爭與大陸經濟結構的調整,陳德昇與曹小衡教授等人的分析都認為臺商面臨嚴峻經營挑戰與壓力。特別是大陸經濟結構的快速調整,臺商的經營策略必須順應趨勢前瞻布局,包括面對陸商的競爭、加工出口結構的調整與大陸生產要素條件的惡化。陳德昇等人建議兩岸政府應該建構合作的制度化環境,讓臺商能夠在競爭與挑戰的環境當中脫穎而出。曹小衡等人則建議兩岸加速 ECFA 後續協商落實兩岸合作的條件、大陸提供適當財稅優惠條件、鼓勵臺商培育品牌與融入大陸流通體系。

在兩岸產業合作問題上,高長與龐建國教授都認為,兩岸產業合作經過四年至今沒有看到具體成果,合作效益遠不如預期。龐教授在他的論文中指出,臺灣方面對於涉及兩岸的事務,總是帶有較高的風險意識,採取謹小慎微的決策模式。但是,他強調,在兩岸產業合作上,所謂「機不可失,失不再來」,「時機」也應該被視為重要的風險因素來考慮。他建議,臺灣應該多一點信心、更大膽進取,推動兩岸產業合作。張冠華教授同樣認為兩岸產業合作仍處於初級階段,需要調整過去臺商為主的合作模式為兩岸合作模式,完善兩岸產業合作平臺與機制、強化新興產業與服務業的合作、推動新型的區域合作機制。

在兩岸經濟合作架構協議(ECFA)方面,童振源教授認為,ECFA 的成效相當有限,沒有達成馬英九總統的許諾目標。童教授強調,ECFA 只是一個架構協議,目前的效益只有早收清單計畫,未來的成效取決於後續的商品貿易、服務貿易及投資協議的協商。童振源總結,面對區域經濟整合快速發展,臺灣應積極規劃 ECFA 後續協商與大幅度開放,同時應該將談判資源集中在大

陸與美國，優先與他們同時簽署 FTA，並且做好談判與開放的配套措施。莊芮教授等人則建議，兩岸可在落實 ECFA 的基礎上努力深化兩岸傳統產業合作，探索新興產業合作的發展路徑，形成兩岸產業「連動體」，以此緩解臺灣產業外移可能對經濟造成的衝擊，實現產業結構調整與升級。

隨著全球經濟情勢的快速轉變，劉大年教授等人認為，中共勢必加大推動加工貿易轉型升級的力度，透過新技術、新產業改善製造業體質的同時，以城鎮化鼓勵消費、擴大內需，加大服務業在經濟增長中的比例。劉大年認為，近年來，臺灣在大陸市場的競爭力逐漸喪失，顯示臺灣已背離大陸產業轉型的趨勢。因此，對長期以出口為主的臺商，包括如何提升技術、面向大陸內需市場，都將是全新的挑戰，兩岸政府都應該給予適當的協助。李非教授等人亦強調，兩岸政府應該都過制度化安排與政策面合作，促進兩岸經濟的共同發展。

在人民幣國際化兩岸金融合作問題上，王國臣博士認為，儘管目前人民幣國際化程度還很低，但只要大陸持續推動人民幣國際化政策，以及漸進開放人民幣資本帳，則憑藉其龐大的經濟與貿易實力，預期在很短的期間內，人民幣便能躍升為世界最重要的貨幣之一。曹小衡教授等人研究了臺灣建設人民幣離岸金融中心的現實基礎和臺灣離岸金融競爭力和吸引力，認為臺灣有條件成為繼香港之後另一個人民幣離岸金融中心。

總之，參與本書學者儘管對相關問題的看法不盡一致，但對兩岸關係的共同認知是兩岸經貿關係是兩岸主要的共同利益交匯點、是兩岸和平發展的基礎，任何脫離這一「交匯點」和「基礎」的政策取向和作為，在現實條件下，會使兩岸其他交往淪為「無源之水，無本之木」。特別想強調的是，在國際及兩岸經貿

環境發生重大變化之際，兩岸經貿交往也需與時俱進，加速推進、改進、調整，否則這一「交匯點」和「基礎」就會走偏和弱化，影響兩岸和平發展的大局。

最後，我們要感謝秀威出版社願意出版這類專書，讓兩岸學者針對兩岸經貿關係與政策有個對話的平台。此外，感謝許富翔同學盡心協助，聯絡兩岸學者及進行校稿的繁瑣工作。我們也要感謝兩岸參與的學者專家的支持，並且在編輯過程當中所提出的建議與協助。相信這本書一定能提供兩岸政府與人民瞭解兩岸經貿關係的機遇與挑戰，也希望這類兩岸學術合作能打破政治藩籬繼續合作下去，提供更多元、中立、平衡的兩岸經濟分析。

目錄

表目錄

圖目錄

CHAPTER 1

兩岸經濟關係現況與趨勢

【Author】高長

現任　國立東華大學公共行政研究所教授（2003.8～）
　　　中華經濟研究院政策顧問（2008.3～）

學歷　國立政治大學經濟學系學士、碩士
　　　美國紐約州立大學經濟學系博士

經歷　行政院大陸委員會副主任委員（2009.11～2012.10）
　　　國家安全會議副秘書長（2008.5～2009.10）
　　　國立東華大學人文社會科學學院院長（2004.8～2007.7）
　　　國立東華大學公共行政研究所所長（2003.9～2005.1）
　　　國立東華大學公共行政研究所教授（2003.8～）
　　　行政院大陸委員會諮詢委員（2002.10～2004.9）
　　　中華經濟研究院大陸經濟所所長（1999.8～2000.10、
　　　2002.10～2003.7）
　　　中華經濟研究院大陸經濟所副所長（1989.10～1993.7）
　　　中華經濟研究院助理研究員、副研究員、研究員（1980.5
　　　～2003.7）

一、前言

　　海峽兩岸長期以來處於政治對峙狀態，雙邊經貿往來一直未曾正常發展。直到 1980 年代初期，大陸實施「改革開放」政策，積極開拓對外貿易即吸引外商直接投資；與此同時，大陸對臺政策也做了大幅調整，提出「和平統一」、「三通」、「四流」等主張，特別重視促進兩岸經貿交流，陸續採取各種優惠、鼓勵措施拉攏臺灣廠商。不過在初期，臺灣對大陸的政策是以「不妥協、不接觸、不談判」的消極態度回應，嗣於 1987 年間解除戒嚴並開放人民赴大陸探親後才逐步放鬆管制，兩岸經貿交流從而得以快速發展。

　　值得一提的是，兩岸交流開放以來，政治關係迭有起伏，由於政治對峙的原因，兩岸經貿交流活動始終被認為不是單純的經濟事務，因而兩岸執政者都採取不同程度的行政干預，試圖導向有利於己方發展，致阻礙了兩岸經貿交流正常發展的進程。所幸由於兩岸在經濟上的比較利益條件各有優劣，存在極大的互補互利空間，因此，雙方互動尚稱理性，政治介入並未完全堵死交流的通道。換言之，雙方各自採取了非對抗性的經貿政策，使得兩岸經貿交流仍能在市場機制的引導下持續發展。事實上，從過去的發展趨勢觀察，經濟誘因和市場機制的作用銳不可擋，支配著兩岸經貿交流的發展。

二、兩岸雙邊貿易關係

　　臺灣與大陸的雙邊貿易活動，自 1980 年代初開始逐漸發展。早期由於兩岸官方一直都未有完整的統計數據可供參考，一般引用香港海關的轉口貿易統計資料，因諸多原因而無法精確掌握兩岸雙邊貿易發展實況[1]。為了彌補兩岸官方統計資料之不足，經濟部國際貿易局曾採用特定的方法推估臺灣對大陸出口金額[2]，臺灣自大陸進口則直接採用灣臺海關統計資料。表 1-1 資料顯示，1991～2011 年間，兩岸雙邊貿易總額由 75.3 億美元逐年增加至 1,347.1 億美元，平均每年成長率約 15%。其中，臺灣對大陸出口值由 69.3 億美元增加至 911 億美元，臺灣自大陸進口值則由 6 億美元增加至 436.1 億美元，每年平均成長率分別為 14% 和 24.1%。

---

[1] 因為透過第三地進行的兩岸貿易，中介的第三地除了香港，還有日本的石垣島、新加坡、韓國釜山、群山、莫普，以及關島等地。此外，台海兩岸的貿易渠道，除了轉口方式，尚有轉運（trans-shipment）、過境貨物（transit-shipment）和直接航運（即直接進行交易，主要是指大陸當時鼓吹的「小額貿易」而言）等方式，其中「轉運」是指貨物運經第三地時會轉換運輸工具，當地海關只記載重量或體積，沒有記錄價值；而「過境貨物」則純粹是過境性質，經第三地時並未轉換運輸工具，當地海關沒有任何記錄。而轉口以外的這些貿易渠道，進入 1990 年代以後的重要性有逐漸增加的趨勢。

[2] 經濟部國際貿易局將香港海關轉口統計視為「間接出口」，利用「貿易夥伴法」，以臺灣對香港出口「失蹤」的部分（臺灣海關統計對香港出口值與香港海關統計自臺灣進口值的差額），估計臺灣對大陸「直接出口」金額，最後將間接與直接出口併計，構成推估的臺灣對大陸出口總額。

表 1-1　臺灣與大陸雙邊貿易發展趨勢

年別	貿易總類			台灣對大陸出口			台灣自大陸進口			貿易差額	
	億美元	比重 A	比重 B	億美元	比重 A	比重 B	億美元	比重 A	比重 B	億美元	比率
1991	75.3	5.4	5.5	69.3	9.1	10.9	6.0	1.0	0.8	63.3	0.5
1995	209.9	9.8	6.4	179.0	16.0	11.2	30.9	3.0	2.1	148.1	1.8
2000	323.7	11.2	6.4	261.4	17.6	11.3	62.2	4.4	2.0	199.2	2.4
2001	315.1	13.4	6.3	256.7	20.3	11.2	59.0	5.5	1.9	197.0	1.1
2003	493.1	17.7	6.9	382.9	25.4	12.0	110.2	8.6	2.1	272.7	1.2
2005	763.7	20.0	6.4	562.7	28.4	11.3	200.9	11.0	2.2	361.8	2.3
2007	1,022.6	21.9	5.7	742.5	30.1	10.6	280.2	12.8	1.9	462.3	1.7
2008	1,053.7	21.2	5.0	739.8	28.9	9.1	313.9	13.1	1.8	425.9	2.8
2009	865.9	22.9	4.8	620.9	30.5	8.5	245.0	14.0	1.7	375.9	1.3
2010	1,207.6	23.0	4.9	848.3	30.9	8.3	359.5	15.3	1.9	488.8	2.1
2011	1,347.1	22.8	4.4	911.0	29.6	7.2	436.1	15.5	1.8	474.9	1.8
2012 (1-11月)	1,062.1	22.2	3.4	720.3	28.8	4.8	341.8	15.0	2.0	378.5	

資料來源：依經濟部國貿局資料計算而得；比重 B 的數據是依大陸商務部官方統計估計的。

說　　明：1. 比重 A 係指臺灣對大陸貿易額占臺灣同期對全球貿易總額之百分比，其餘類推。

2. 比重 B 係指大陸對臺灣貿易額占大陸同期對全球貿易總額之百分比，其餘類推。

3. 貿易差額係指臺灣對大陸出口減去自大陸進口之差額；比率係指該差額占臺灣同期對外貿易差額總數的比率。

　　臺灣與大陸的雙邊貿易高速成長，與大陸經濟崛起密切相關。大陸積極參與國際分工，在過去二十多年來全球產業結構調整中，已成為跨國企業最為依賴的生產基地。跨國企業到大陸投資，對大陸製造能力的提升及對外貿易之擴張貢獻卓著，尤其提供了臺灣等東亞國家對大陸出口的機會，從而也導致國際分工格局發生了重大變化。

　　兩岸雙邊貿易快速發展的結果，已造成貿易相互依賴程度加深。以進出口貿易總額計算，臺灣對大陸貿易依賴程度自 1991

年的 5.4%，逐年增加至 2011 年的 22.8%，而大陸對臺灣貿易依賴程度在 1991～2002 年間，由 5.5%逐年上升至 7.2%，嗣後，隨著大陸整體對外貿易快速擴張，大陸對臺灣的貿易依賴度則逆轉呈逐年遞減趨勢，至 2011 年時已降至 4.4%。兩岸雙邊貿易相互依賴程度歷年來的變化，顯示大陸做為臺灣的貿易伙伴地位越來越重要，而臺灣作為大陸的貿易伙伴地位則反之。

從臺灣對大陸出口貿易觀察，臺灣對大陸的依賴程度在 1991 年間僅 9.1%，唯嗣後逐年快速成長，到 2011 年時已提高至 29.6%（表 1-1）；臺灣對大陸出口即為大陸自臺灣進口，資料顯示，大陸對臺灣之進口依賴程度在 1911～2011 年間呈現先上升後遞減的趨勢，2002 年間達最高峰（12.9%），2011 年已下降至 7.2%左右。該項數據代表臺灣貨品在大陸的市場佔有率，近年來的表現不如以往，顯示已被競爭對手超前。

臺灣對大陸之進口依賴，1991～2011 年間也是呈現逐年增加的趨勢，目前已提高至 15%左右。臺灣自大陸進口即為大陸對臺灣出口，大陸對臺灣出口依賴，在 1990 年代初期約在 1%左右，1995-2005 年間保持在 1.9～2.3%之間沒有太大變化，唯自 2005 年以來已降至 2%以下。

兩岸雙邊貿易不只是總體規模快速成長，其貿易商品結構亦呈現顯著變化。表 1-2 的資料顯示，以 HS 兩位碼貨品資料為例，過去二十年來，電機與設備及其零件（HS 85）、塑膠及其製品（HS 39）、機器及機械用具（HS 84）、人造纖維絲（HS 54）等一直都是臺灣對大陸出口前十大主要貨品，其中，HS 54 的相對重要性已逐漸降低；1990 年間對大陸出口主要貨品，包括鞋靴（HS 64）、浸漬、被覆或黏合之紡織物（HS 59）、針織或鉤針織品（HS 60）、人造纖維棉（HS 55）、紙、紙漿及紙製品（HS 48）等，到了 2012

年間已被排除在前十名之外，取而代之的是有機化學產品（HS 29）、礦物燃料（HS 27）、光學、照相儀器及器具（HS 90）、鋼鐵（HS 72）等。

表 1- 2　臺灣對大陸出口主要貨品各年比較

單位：%

	2012（1-11月）			2000			1990		
	貨品名稱	A	B	貨品名稱	A	B	貨品名稱	A	B
1	電機與設備及其零件（85）	45.3	41.7	電機與設備及其零件（85）	24.4	29.7	電機與設備及其零件（85）	12.0	16.5
2	光學、照相儀器及器具（90）	78.7	15.2	機器及機械用具（84）	14.3	15.9	塑膠及其製品（39）	23.0	10.6
3	塑膠及其製品（39）	48.3	8.6	塑膠及其製品（39）	48.7	10.9	人造纖維絲（54）	43.4	10.1
4	機器及機械用具（84）	28.7	7.3	鋼鐵（72）	47.1	5.6	機器及機械用具（84）	6.8	9.0
5	有機化學產品（29）	65.5	6.5	人造纖維絲（54）	42.6	4.6	鞋靴（64）	20.7	8.6
6	礦物燃料（27）	14.2	2.5	浸漬、被覆或黏合之紡織物（59）	60.4	3.3	浸漬、被覆或黏合之紡織物（59）	66.5	6.0
7	銅及其製品（74）	63.0	2.0	光學、照相儀器及器具（90）	23.1	2.4	人造纖維棉（55）	29.1	5.5
8	鋼鐵（72）	19.3	1.7	人造纖維棉（55）	42.6	2.3	針織或鉤針織品（60）	34.1	4.2
9	貴金屬、被覆貴金屬之金屬及其製品（71）	37.1	1.2	銅及其製品（74）	50.0	2.0	紙、紙漿及紙製品（48）	32.6	2.3
10	人造纖維絲（54）	37.7	1.1	生皮及皮革（41）	72.5	1.8	銅及其製品（74）	20.0	1.7
	小計	－	87.9		－	78.4		－	74.4

說　明：1.括弧數字為 HS 二位碼貨品代號。
　　　　2.A 係指臺灣自大陸出口額占同期各該項貨品對全球出口總額的百分比。
　　　　3.B 係指臺灣自大陸出口額占同年度對大陸出口總額的百分比。
資料來源：根據經濟部國際貿易局「兩岸貿易情勢分析表」整理。

臺灣對大陸出口貨品主要為工業原材料、半成品和機器設備及其零配件等，貨品結構特徵與臺商在大陸投資息息相關。具體而言，臺商赴大陸投資後，一般會繼續利用既有的產業網絡，自臺灣採購所需原材料等，因而投資活動促進了臺灣相關產品對大陸的出口擴張；不過，隨著上、中游關聯產業也前往大陸投資，在當地形成新的產業聚落就地供應，或大陸本身產業鏈漸趨完整後，即減少自臺灣採購，臺灣對大陸出口的成長速度因而減緩，HS 64、HS 55、HS 60、HS 48 等貨品對大陸出口份額逐年減少的現象，都是典型的例證。

臺灣自大陸進口的貨品結構在過去二十多年來也發生巨大的變化。表 1-3 的資料顯示，1990 年代初期，自大陸進口 HS 二位碼貨品前十大項目中，工業用或藥用植物（HS 12）、礦物燃料（HS 27）、土及石料、石灰及水泥（HS 25）、棉花（HS 52）、衣著及服飾附屬品（HS 61、HS 62）等，近年來已退出十大之外，取而代之的是貴金屬、被覆貴金屬之金屬及其製品（HS 71）、光學、照相儀器及器具（HS 90）、化學品（HS 29、HS 38、HS 39、HS 28）、車輪及其零件與附件（HS 87）等；電機與設備及其零件（HS 85）、機器及機械用具（HS 84）、鋼鐵（HS 72）等則一直是臺灣自大陸進口最主要貨品項目。值得一提的是，臺灣自大陸進口貨品、製造業半成品所占比重逐漸增加，這種現象顯然與臺灣逐漸開放大陸製造品進口限制有關，而大陸製造能力提升也是關鍵因素。

綜觀兩岸雙邊貿易的貨品結構變化，可以發現有多項貨品，例如 HS 85、HS 84、HS 90、HS 39、HS 12 等同時出現在進口及出口的前十大項目清單中，越是到近年來，該項特徵之趨勢越為明顯，甚至 HS 四位碼貨品如積體電路及微組件（HS 8542）、有線電話或電報器具影像電話機（HS 8517）、電音響或視覺信號器

具（HS 8531）、自動資料處理機及其附屬單元之零附件（HS 8473）、錄音用空白媒體（HS 8523）等貨品，既是臺灣對大陸出口主要貨品，也是臺灣自大陸進口的主要貨品。理論上，國際貿易之進行係基於比較利益原則，受到資源稟賦與技術發展條件的限制，各國通常無法同時在有效率的情況下生產所有中間製品和零配件，因此，對外貿易常會發生同一產業內同時出現出口與進口，形成所謂的產業內貿易（intra-industry trade）現象。高長（2012）的研究指出[3]，1995～2004 年間，兩岸產業內貿易指數逐年提升，而該指數較高的貨品，大部分都是屬於臺灣對大陸投資金額較大的產業，這種現象顯示，臺商對大陸投資確曾促進兩岸經濟整合。典型的型態是，投資資金自臺灣外移至大陸，隨即帶動臺灣的資本財和原材料出口至大陸，最後導致半成品或製成品回銷臺灣或銷往第三國。因此，臺灣對大陸投資基本上是臺灣母公司業務之擴展，從而投資必然會加速兩岸產業內貿易之成長。

　　另外，值得一提的一個有趣現象，是主要貨品貿易臺灣對大陸的依賴程度大都呈逐年上升趨勢。以臺灣對大陸出口為例（表 1-2），HS 85 對大陸出口的依賴度由 1990 年間的 12%，2012 年間已上升至 45.3%；同期間 HS 84 的依賴度由 6.8% 增加到 28.7%、HS 39 則 23.0% 增加到 48.3%、HS 74 由 20% 增加到 63%。2012 年資料顯示，HS 二位數分類主要貨品台灣對大陸出口貿易依賴度超過 60% 的包括 HS 90、HS 29、HS 74，而 HS 85、HS 39 接近 50%。臺灣自大陸進口貿易依賴程度，前十大主要貨品也呈現逐漸上升趨勢，如表 1- 3 資料所示，唯相對於出口而言，進口

---

[3]　產業內貿易指數越大，代表貿易夥伴之間的產業互補程度越高。參閱高長，《大陸改革與兩岸經貿》（台北：五南圖書，2012 年），頁 410-412。

依賴大陸的程度低了許多，2012 年資料顯示，HS 71 進口對大陸之依賴程度最高，接近 50%，HS 85 居次，約 28%。

表 1-3　臺灣自大陸進口主要貨品各年比較

單位：%

	2012 (1-11 月)			2000			1990		
	貨品名稱	A	B	貨品名稱	A	B	貨品名稱	A	B
1	電機與設備及其零件（85）	28.0	38.6	電機與設備及其零件（85）	7.6	34.4	電機與設備及其零件（85）	4.6	23.3
2	機器及機械用具（84）	18.5	12.9	機器及機械用具（84）	3.2	10.5	貴金屬、被覆貴金屬之金屬及其製品（71）	14.8	11.9
3	貴金屬、被覆貴金屬之金屬及其製品（71）	49.5	6.9	鋼鐵（72）	12.8	7.5	機器及機械用具（84）	1.9	7.8
4	鋼鐵（72）	15.5	4.6	貴金屬、被覆貴金屬之金屬及其製品（71）	23.1	3.9	鋼鐵（72）	4.2	6.8
5	光學、照相儀器及器具（90）	17.6	4.4	礦物燃料（27）	2.4	3.7	工業用或藥用植物（12）	8.9	3.5
6	有機化學產品（29）	10.3	3.3	非針織或鉤針織品之衣著及服飾附屬品（62）	42.0	2.8	礦物燃料（27）	0.9	3.0
7	雜項化學產品（38）	16.1	3.0	鋅及其製品（79）	39.1	2.0	土及石料、石灰及水泥（25）	14.3	2.9
8	塑膠及其製品（39）	12.4	2.4	針織或鉤針織品之衣著及服飾附屬品（61）	43.4	1.9	棉花（52）	7.5	2.8
9	車輛及其零件與附件（87）	14.0	2.0	光學、照相儀器及器具（90）	1.9	1.9	非針織或鉤針織品之衣著及服飾附屬品（62）	27.7	2.4
10	無機化學品（28）	17.4	1.5	玩具及運動用品（95）	46.6	1.9	針織或鉤針織品之衣著及服飾附屬品（61）	36.7	2.3
	小計	─	79.5		─	70.7		─	66.8

說　明：1. 括弧數字為 HS 二位碼貨品代號。
　　　　2. A 係指臺灣自大陸進口額占同期各該項貨品自全球進口總額的百分比。
　　　　3. B 係指臺灣自大陸進口額占同年度自大陸進口總額的百分比。
資料來源：根據經濟部國際貿易局「兩岸貿易情勢分析表」整理。

三、兩岸相互投資

　　臺灣廠商對外投資始自 1980 年代初期，不過，早期製造業者大都往東南亞各國投資；到中國大陸投資很少，出現大批投資熱潮則是在 1987 年臺灣政府開放民眾赴大陸探親之後。1987 年以前，由於當時臺灣政府執行戒嚴，對大陸政策堅持「不接觸、不談判、不妥協」的三不政策，嚴格禁止廠商赴大陸投資，同時也由於當時大陸投資環境仍不夠好，臺灣赴大陸投資的規模其實很小。直到 1990 年待初期始，隨著臺灣政府的政策開放，以及大陸政府提出「社會主義市場經濟」、「四沿」戰略等大政方針之後[4]，臺商前往大陸從事商務考察活動逐漸增加。受到大陸加入 WTO 因素的影響，進入 21 世紀，臺商投資大陸形成另一波高潮。大陸官方統計資料顯示，累計至 2011 年底止（表 1-4），臺商在大陸投資件數達 86,210 件，實際投資金額已達 541.5 億美元，占大陸外商實際投資總額的 4.7%，排名第五位。

---

[4]　所謂「四沿」是指「沿海、沿（長）江、沿邊（境）、沿路」的經濟發展戰略。1980 年代大陸實行「沿海經濟發展戰略」，進入 1990 年代改採取「四沿」戰略。

表 1-4　臺商對大陸投資發展趨勢

	投資件數		實際投資		核准投資件數		核准投資金額	
	件數	份額(%)	億美元	份額(%)	件數	份額(%)	億美元	份額(%)
1991	3,815	9.2	8.6	3.2	237	Na	1.7	Na
1995	32,287	12.5	116.0	8.4	11,254	Na	56.4	Na
2000	47,062	13.0	261.8	7.0	22,974	77.1	171.0	38.8
2005	68,533	12.4	418.0	6.7	34,452	75.8	472.6	51.5
2006	72,285	12.2	439.4	6.2	35,542	75.6	549.0	52.9
2007	75,584	12.0	457.1	6.0	36,538	75.3	648.7	54.0
2008	77,944	11.8	476.1	5.6	37,181	75.1	755.6	55.8
2009	80,499	11.8	494.9	5.3	37,771	73.4	827.0	56.9
2010	83,571	11.8	519.7	5.0	38,685	75.1	973.2	59.7
2011	86,210	11.6	541.5	4.7	39,572	75.1	1,117.0	61.7
2012 (1-10月)	87,540	11.9	565.3	4.5	40,173	74.9	1,233.4	61.5

資料來源及說明：1. 每一年的數據都是以歷年累計至當年的數據表示。
　　　　　　　　2. 投資件數和實際投資採大陸商務部統計；核准投資件數和金額
　　　　　　　　　 引自經濟部投資審議委員會（2012 年迄 11 月底）。
　　　　　　　　3. 份額是指占同期間大陸引進外資（臺灣對外投資）總額的百分
　　　　　　　　　 比數。

　　大陸官方公布的臺商投資統計，與經濟部投審會所公布的數
據差異極大，後者公布的數據顯示，累計至 2011 年底止，臺商
赴大陸投資 39,572 件、1,117 億美元。兩套數據之所以存在差距，
查其原因主要有三，一是兩岸統計基礎不同，投審會的投資金額
統計係以「核准」為基礎，較實際投資金額偏高；二是有許多臺
商係透過第三地到大陸投資，大陸官方統計時將之歸入第三地，
造成來自臺灣的投資金額偏低；三是針對投資後營運資金與盈利

再投資的部分，投審會可能未有效掌握全貌[5]。客觀而言，兩岸官方公布的臺商在大陸投資統計都有低估的現象，至於真相如何，到目前為止仍缺乏可靠的數據可供參考，眾說紛紜。依經濟部的資料，臺灣對大陸投資占臺灣對外投資總額的比重歷年來呈現逐年上升趨勢，迄目前平均已超過 60%；而對大陸投資件數占對外投資總件數的比重偏高，顯示相對於對其他地區之投資，臺灣對大陸投資的平均規模較小。

臺商在大陸投資主要集中在沿海地區（表 1-5），尤其在江蘇、廣東、上海、浙江、福建等省市，不過從長期趨勢觀察，早期赴大陸投資的臺商，主要落腳在廣東，其次是江蘇、上海和福建、河北；後期的區位結構有明顯的變化，江蘇（含上海）吸引臺商直接投資獨領風騷，而廣東、福建、河北、山東所佔比重均呈現相對減少的現象，其他各省市也呈現不同幅度的萎縮，唯獨浙江與江蘇一樣受到臺商的青睞，有增無減。近年來，以京、津、魯、冀、遼為主體的環渤海灣地區，及以重慶、成都、西安為重心的中西部地區，正逐漸受到臺商的青睞。

---

[5]　早期臺灣政府未全面開放臺商赴大陸投資，因部分臺商尋非正式管道，未向經濟部投審會申報而造成官方統計低估的情形。隨著開放幅度擴大，這種現象應已大幅減少。

表 1-5 臺灣對大陸投資之區位結構變遷

單位：%

地區別	2011～2012 (1-11月)	2006～2010	2001～2005	1996～2000	1991～1995	歷年累計
廣東	13.62	17.58	23.55	38.17	29.88	21.71
江蘇	43.61	52.55	50.84	36.74	29.74	48.46
福建	7.71	5.71	7.34	7.78	13.78	6.86
河北	3.64	4.53	3.49	5.32	6.45	4.21
浙江	6.61	6.41	8.30	4.03	4.64	6.41
山東	3.20	2.21	1.49	2.04	2.62	2.16
遼寧	3.16	0.91	0.59	0.92	1.91	1.17
四川	8.53	3.47	0.95	1.28	1.79	3.27
湖北	1.28	1.23	0.98	0.93	1.23	1.14
湖南	0.68	0.46	0.21	0.45	1.17	0.43
其他地區	7.96	4.94	2.26	2.34	6.79	4.18
合計	100.00	100.00	100.00	100.00	100.00	100.00

資料來源：根據經濟部投資審議委員會統計資料計算而得。
說　　明：江蘇包含上海市，河北包含北京、天津。

就產業結構觀察，臺商在大陸投資行業主要為製造業，以累計投資金額計算，約佔投資總額的 84%；其次的服務業，約佔 14%；其他行業較少[6]。不過就長期趨勢來看，製造業所佔比重呈現遞減現象，而服務業、營造及水電煤氣業則反之，呈遞增趨勢。

在各項製造業中，以歷年累計投資金額計算（表 1-6），電子零組件佔最大比重（約佔總額的四分之一），其次依序為電腦、通信及視聽電子（16.7%）、電力機械器材及設備（9.5%）、基本金屬及金屬製品業（9.0%）、化學品製造業（7.0%）、塑膠製品業（5.3%）。若分從不同階段觀察比較，可以發現早期的投資主要集中在傳統製造業，例如食品飲料業、紡織業等；自 1990 年代中期起，技術密集製造業逐漸增加，成為對大陸投資的主要行

---

[6] 參閱經濟部投資審議委員會對大陸投資統計。

業，尤其是電腦、電子產品及光學製品、電子零組件、電力機械器材及設備等行業。表 1- 6 資料顯示，歷年來臺灣對大陸投資的製造業結構呈現明顯的消長變化，傳統製造業所佔比重由 1990 年代初期平均約 45.4%，近年來已降低至 13.3%，其中，食品飲料業、紡織業、皮革及其製品業等之比重縮減幅度最大；相反的，技術密集製造業的比重，同期間則由 27.8%逐年不斷增加至 62%左右，其中，資訊電子相關行業擴張幅度最大。基礎製造業的比重在不同階段中大致維持在四分之一左右，沒有太大改變，唯近兩年，受到技術密集製造業大量投資的排擠，基礎製造業和傳統製造業所佔比重則都呈現相對下降趨勢。

經濟部於 2009 年 6 月底開放陸資企業進入臺灣投資之後，打破了歷年來只有臺商赴大陸單向投資的局面。初期政策採正面表列，第一階段開放項目包括製造業 64 項、服務業 117 相、公共建設（非承攬）11 項，總計 192 項；翌年 5 月間再開放銀行、證券、期貨等 12 項；2011 年 1 月配合兩岸簽署經濟合作架構協議（ECFA）服務業早收清單，開放其他運動服務業 1 項，累計開放 205 項。為深化兩岸產業合作及擴大陸資入臺投資效益，經濟部復於 2011 年 3 月和 2012 年 3 月兩度修正「大陸地區人民來臺投資業別專案」，新增開放製造業 140 項、服務業 31 項、公共建設 32 項。迄目前，開放陸資入臺投資正面表列專案總計 408 項，其中，製造業累計已開放 204 項，開放幅度高達 96.7%；服務業、公共建設的開放幅度也都超過 50%[7]。

隨著開放陸資投資項目不斷增加，且前階段已開放陸資投資製造業項目的限制條件也逐漸鬆綁，因而自 2012 年初開始陸資

---

[7] 參閱經濟部投資審議委員會陸資來台投資統計。

企業入臺投資呈現較顯著的成長。投資的行業主要包括批發及零售業、電腦、電子產品及光學製品製造業、資訊軟體服務業、機械設備製造業等（表 1-7）。2012 年間，大陸交通銀行和中國銀行先後在臺灣設立分行，是開放陸企入臺投資以來，投資金額最大的個案。迄 2012 年 11 月為止，累計投資 330 件，投資金額 3.5 億美元。嚴格來說，投資行動多屬試探性質，整體的進展遠不如預期，不但無法與臺商對大陸投資規模相提並論，在大陸對外直接投資總額中，更只是鳳毛麟角。

表 1-6　歷年來臺灣製造業對大陸投資產業結構變化

單位：百萬美元；%

	2011～2012 (1-11月)	2006-2010	2001-2005	1996-2000	1991-1995	歷年累計
◎傳統製造業	13.27	13.25	18.68	26.86	45.43	18.78
1. 食品飲料菸草業	2.63	2.44	2.62	6.02	12.41	3.41
2. 紡織業	1.15	1.87	4.03	5.96	9.26	2.19
3. 皮革、毛皮及其製品	1.39	0.66	1.07	2.38	5.99	1.35
4. 木竹製品業	0.01	0.22	0.30	0.65	1.67	0.33
5. 家具及裝設品	0.33	0.19	0.62	0.87	1.51	0.47
6. 造紙及印刷業	1.18	1.66	2.57	2.27	2.57	1.93
7. 非金屬礦物製品	5.10	4.47	5.09	6.02	6.18	4.99
8. 其他工業製品製造業	1.43	1.74	2.38	2.69	5.84	4.11
◎基礎製造業	24.50	20.41	24.14	24.03	26.78	22.49
9. 化學品製造業	14.04	5.62	7.56	6.97	7.31	7.06

10. 石油及煤製品	0.21	0.49	0.04	0.06	0.06	0.26
11. 橡膠製品業	0.87	0.61	1.86	1.68	3.38	1.24
12. 塑膠製品業	3.08	5.07	5.34	6.92	7.38	5.12
13. 基本金屬及金屬製品業	6.25	8.62	9.34	8.40	8.65	8.81
◎技術密集製造業	62.22	66.34	57.18	49.11	27.79	58.74
14. 機械設備業	4.72	5.11	6.18	5.34	3.97	4.87
15. 電腦、通信及視聽電子	17.52	17.60	14.88	15.27	4.20	17.02
16. 電子零組件	31.00	31.17	17.93	11.72	4.96	24.24
17. 電力機械器材及設備	5.74	9.59	10.35	10.65	7.93	9.15
18. 運輸工具業	3.18	2.87	3.85	4.27	5.30	3.46
19. 精密器械業	NA	NA	3.99	1.86	1.43	NA
合計 投資總額（百萬美元）	100.00 (17,331)	100.00 (40,909)	100.00 (26,976)	100.00 (10,404)	100.00 (5,261)	100.00 (100,845)

說　　明：以投資金額為計算依據。
資料來源：根據經濟部投資審議委員會統計資料計算而得。

表 1-7　陸資入臺投資業別統計表

金額：千美元

行業別	件數	金額	比重（%）
銀行業	2	91,481	26.07%
批發及零售業	180	74,829	21.33%
電腦、電子產品及光學製品製造業	16	56,728	16.17%
資訊軟體服務業	24	39,484	11.25%
機械設備製造業	17	24,598	7.01%
食品製造業	2	13,775	3.93%
會議服務業	15	11,813	3.37%
廢棄物清除、處理及資源回收業	3	9,183	2.62%
電子零組件製造業	21	7,119	2.03%

餐館業	11	6,775	1.93%
電力設備製造業	3	3,690	1.05%
汽車及其零件製造業	1	3,344	0.95%
塑膠製品製造業	4	2,537	0.72%
住宿服務業	2	1,821	0.52%
運輸及倉儲業	15	1,803	0.51%
其他	14	1,859	0.53%
合　計	330	350,841	100.00%

資料來源：根據經濟部投資審議委員會相關資料整理

　　陸資入臺投資成效遠不如預期，究其原因，主要是臺灣市場腹地小，近年來國內外經濟環境又不佳，加上政策上仍存在諸多限制，對陸企缺乏吸引力。臺灣勞力供應不足，且人工成本高，也在一定程度上制約了陸企入臺投資意願。

四、兩岸經濟整合趨勢

　　考察兩岸經濟交流之發展趨勢，可以發現雙邊貿易活動早自 1980 年代初期即已開始，並逐年快速發展，而臺商赴大陸投資則遲至 1990 年代初期以後才開放。1980 年代初期，由於生產要素無法於兩岸之間流動，兩岸的資源稟賦差異只能藉由商貿易來實現分工的利益；嗣至 1990 年代，由於生產要素於兩岸間之流動逐漸放寬，特別是臺灣的資本流向大陸方面，同時也由於兩岸商品貿易仍然存在一些障礙，例如關稅、運輸成本等，因此，兩岸之間生產要素移動與交易，也有部分取代了兩岸商品貿易活動。例如，上、中游供應商隨著中、下游廠商到大陸投資，就地生產供應，導致台灣對大陸之出口減少。

不過，在實務上，兩岸之間的生產要素交易替代商品貿易的作用，始終沒有正常發揮，因為兩岸政府對於生產要素的移轉與交易並不鼓勵，甚至曾嚴加管制。其實在兩岸經貿交流快速發展趨勢中，臺灣廠商攜帶資金前往大陸投資，與兩岸商品貿易之發展也存在相輔相成的現象。具體而言，由於大陸地區配套產業相對不足，或由於母子公司整體經營策略考量，赴大陸投資的臺商往往繼續利用原來的產業網絡，維持在臺灣採購所需的原材料、半成品或機器設備等，因而對大陸投資可能帶動臺灣對大陸出口擴張；在另一方面，大陸臺資企業製造的產品，也有部分會回銷台灣，因而促進了臺灣自大陸進口。

　　兩岸經貿交流快速發展的結果，目前大陸已是臺灣最主要的經貿夥伴，臺灣貨品出口的第一大外銷市場、進口貨品的第二大供應來源、最大的出超來源地、臺商在海外投資最主要的據點（占海外投資總額的比重超過 60%）；就大陸而言，臺灣是第五大進口來源地、第七大出口市場、最大的貿易入超來源、第五大外資來源地。兩岸經貿關係如此緊密，顯示臺灣與大陸生產分工體系已逐步建立。兩岸產業內貿易指數自 1995 年以來呈現逐年上升趨勢，顯示台灣與大陸的產業分工與貿易整合程度已愈來愈深。

　　在經濟全球化的潮流下，由於網際網路普及，加上數位傳輸技術和通訊產業快速發展，不僅國家市場藩籬界線漸失，製造生產能力及技術創新也開始跨國分散化，國際分工格局已由線性架構下的水平分工與垂直分工概念，轉向網絡化發展，此一趨勢具體反映在跨國企業的資源布局多元化，以及以製造活動為基礎的廠商，經由專業價值與價值鏈整合能力，創造有利於加持競爭優勢的演變。

臺灣廠商與跨國企業一樣，為建構最具優勢的競爭基礎，乃積極運籌利用全球各地的優勢資源。臺商在大陸投資事業是全球布局的一環，基於大陸在勞動、土地等要素資源的供應上具有優勢，製造成本低廉，因此，臺商在進行國際化投資與全球佈局時，將大陸定位為製造基地；近年來，隨著經濟持續成長、人民幣升值、國民所得水準提高，大陸居民的購買力普遍上升，內需市場之佔有成為臺商對大陸投資另一項策略佈局目標。

　　臺灣廠商在海外投資經歷的時間，與跨國大企業比較並不算長。但是，在全球化潮流下，臺商投資行為模式不斷調整，尤其重視利用大陸的資源與市場腹地，並利用特有的產業網絡進行跨境分工布局，不只提升了整體的產業競爭力，也促使產能擴大。電子資訊產業的臺商即是此一發展模式的最典型範例，該產業在大陸華南與華東地區形成產業聚落，伴隨其產能擴張，生產活動在兩岸的布局呈現明顯的消長現象，仍然留在臺灣地區的產能目前已不到 5%，臺灣母公司主要負責行銷（外銷接單）、財務調度、研發等運籌管理業務。

五、兩岸經貿關係新形勢

　　影響兩岸經貿關係發展，除了客觀的國內外經濟環境變化因素，兩岸關係和兩岸政府的相關政策措施扮演重要的角色。

　　舉例來說，2008-2009 年間，受到美國次貸危機引發的全球金融海嘯之影響，國際經濟急轉直下，大陸出口貿易嚴重衰退，

臺灣對大陸出口受到波及，呈現大幅縮減現象；2010年，國際經濟景氣逐漸復甦，大陸出口貿易隨之恢復較高成長，從而也帶動了兩岸貿易之成長；2011年以來因爆發歐債危機，逐漸復甦的國際經濟景氣再度受挫，大陸的出口貿易表現每況愈下，兩岸貿易則又連帶遭受池魚之殃。

其次，自2007年以來，大陸為因應國內外經濟環境之變化，較過去更加重視引進外資的素質，陸續公布《企業所得稅法》、《勞動合同法》暨施行細則、調整加工出口貿易政策、提高環境門檻標準、調高最低工資水準等；同時，面對國際社會壓力，人民幣匯率持續升值。這些新的財經措施，造成大陸臺資企業經營成本增加、獲利空間被壓縮，有些甚至不符合新的產業政策要求，被迫遷移或關廠、歇業；全球金融海嘯與歐債危機相繼爆發，臺資企業的經營困境更是雪上加霜，許多加工出口型臺資中小企業選擇遷廠、減產或甚至停業、倒閉的企業會愈來愈多。

海峽兩岸長期以來的政治對峙狀態，影響兩岸經貿關係正常化發展。唯從整體發展歷程觀察，由於臺灣與大陸在經濟發展上具互補性，合則兩利，因此，兩岸政府各自採取了非對抗性的經貿政策。大陸政府為了遂行兩岸「和平統一」的政治目標，積極採取各種手段促進兩岸經貿關係，提高臺灣對大陸經濟的依賴程度。對台灣而言，其大陸經貿政策具有較濃厚的防衛色彩，目的是為了維護臺灣的經濟安全、提高臺灣經濟競爭優勢，採取選擇性、循序漸進式的開放原則。

2008年5月以來，馬政府有鑑於兩岸政策對立，不利於臺海和平與臺灣經濟穩定發展，乃致力於改善兩岸關係，主張擱置兩岸政治爭議，並積極促進兩岸經貿關係發展。首先是恢復及強化中斷將近十年的兩岸制度化協商，希望透過制度化協商機制，處

理及解決兩岸經貿、文化、社會等層面交流互動所衍生的各種問題，以維護兩岸人民權益；並希望以協商代替對抗，以和解代替衝突，逐步加強雙方互信，促進兩岸間的良性互動與發展。迄目前為止（2013 年 1 月中），海基、海協兩會已經舉行了八次高層會議，並簽署了十八項協議，達成兩項共識，涉及的議題主要包括大陸居民入臺旅遊、兩岸海空運直航、食品安全、金融合作、共同打擊犯罪和司法互助、兩岸經濟合作、陸資入臺投資、投資保障等（表 1-8）。此外，為了活絡兩岸經貿交流，馬政府同時積極採取一連串的興革、鬆綁與開放的措施，如表 1-9 所示。近四年多來，在這些政策的加持下，兩岸經貿發展逐漸趨向正常化發展[8]。

表 1-8 海基、海協兩會制度化協商主要成果（2008 年～）

時間	簽署協議主題
2008 年 6 月，第一次（北京）	1. 海峽兩岸包機會談紀要（即週末包機） 2. 海峽兩岸關於大陸居民赴臺灣旅遊協議
2008 年 11 月，第二次（臺北）	1. 海峽兩岸空運協議 2. 海峽兩岸海運協議 3. 海峽兩岸郵政協議 4. 海峽兩岸食品安全協議
2009 年 4 月，第三次（南京）	1. 海峽兩岸空運補充協議 2. 海峽兩岸金融合作協議 3. 海峽兩岸共同打擊犯罪及司法互助協議 4. 發表「陸資赴臺投資」共同聲明
2009 年 12 月，第四次（臺中）	1. 海峽兩岸農產品檢疫檢驗合作協議 2. 海峽兩岸標準計量檢驗認證合作協議 3. 海峽兩岸漁船船員勞務合作協議
2010 年 6 月，第五次（重慶）	1. 海峽兩岸經濟合作架構協議 2. 海峽兩岸智慧財產權保護合作協議

---

[8] 2012 年 11 月下旬〈華爾街日報〉專欄文章指出，兩岸加強經貿聯繫，雖為臺灣創造不少經濟利益，但歐美各國經濟低迷不振，導致兩岸經貿交流潛在的經濟效益沒有完全發揮。參閱〈中時電子報〉，2012 年 11 月 28 日。

2010 年 12 月，第六次（臺北）	1.海峽兩岸醫藥衛生合作協議
2011 年 10 月，第七次（天津）	1.海峽兩岸核電安全合作協議
2012 年 8 月，第八次（臺北）	1.海峽兩岸投資保障和促進協議 2.海峽兩岸海關合作協議

資料來源：根據行政院大陸委員會網站相關資料整理

表 1-9　2008 年以來馬政府兩岸經貿政策重要措施

政策措施之內容	開始實施時間
1.開放臺灣地區辦理人民幣兌換業務	2008/06
2.放寬兩岸證券投資	
(1)　調整兩岸證券投資方案－短期計劃	2008/06
(2)　重新檢討放寬基金投資涉陸股之海外投資比率	2008/07
3.放寬赴大陸投資金額上限及審查便捷化	2008/08
4.開放陸資來臺直接投資	2009/06
5.修正「大陸地區人來臺投資業別專案」，擴大開放投資項目	2011/03 2012/03
6.修正「在大陸地區從事投資或技術合作禁止類項目」，由禁止類改為一般類共 11 項，並調整部分項目之禁止範圍或審查原則	2010/02
7.鬆綁海外企業來臺上市、適度開放陸資投資國內股市	
(1)　鬆綁海外企業來臺上市	2008/07
(2)　開放大陸合格境內機構投資人（QDII）來臺投資證券期貨市場	2008/12
8.發布兩岸金融、證券期貨、保險業務往來及投資許可辦法、放寬投資限制	2010/03； 2011/09
9.擴大放寬「小三通」	2008/06
10.「小三通」正常化，包括實施澎湖「小三通」常態化等	2008/09
11.大陸專業人士來臺便捷化	2008/07
12.放寬大陸商務人士來臺相關規定及簡化行政流程，另放寬大陸經貿專業人士來臺相關措施	2009/06
13.放寬大陸人民來臺從事商務活動	2009/04
14.放寬跨國企業內部調動之大陸人士申請來臺相關措施	2010/04
15.開放大陸居民來臺自由行	2011/06
16.兩岸互設經貿辦事處	2012/12

資料來源：根據行政院大陸委員會網站相關資料整理

特別值得一提的是，兩岸金融合作在 2012 年有突破性的進展，大陸交通銀行和中國銀行先後在臺灣設立分行並參與臺灣多項銀行聯貸案；而在大陸設辦事處的臺資銀行，已有 10 家升格分行開始營業，其中 6 家並獲陸方核准開辦或籌辦大陸臺資企業人民幣業務；臺資金融機構與大陸同業策略聯盟或參股的案例愈來愈多。其次，兩岸協商多時的貨幣清算合作議事，於 2012 年 8 月達成共識並簽署備忘錄，同年 12 月中旬正式建立了兩岸貨幣清算機制。今後兩岸貨幣可用於商品、服務和投資等經貿活動的結算與支付，兩岸金融機構可互開相應幣種代理帳戶，辦理多種形式結算業務。兩岸貨幣直接結算所帶來的利多，對於兩岸雙邊貿易進一步擴張，以及兩岸經濟合作之深化具有重大意義。

　　兩岸 ECFA 早收專案自 2011 年元旦付諸實施後，為兩岸經貿交流與合作帶來更大的利多。早收貨品清單自 2011 年元旦起分兩年三階段實施零關稅，迄今已全部落實。關稅減免證實對兩岸雙邊貿易有促進的作用，就台灣方面來看，受惠最明顯的是機械、紡織、運輸工具及農業等。服務貿易方面涉及市場准入，其中，金融服務業受惠最大。

　　兩岸產業合作方面，自 2008 年底啟動「搭橋專案」以來，共選定中草藥、生技與醫材、LED、太陽光電、車輛、通訊、商業服務、金屬材料等十八項產業別，分別建立產業平台，舉辦論壇探討兩岸產業合作模式，創造兩岸合作商機，並連結跨國企業，攜手進軍國際市場進行全球布局。搭橋專案已為兩岸產業交流及合作奠定良好互信的共通平台，逐漸展現合作成果，例如已簽署 LED、PV、FPD 三項共通標準制訂合作備忘錄，並累計達成 200 多項技術標準制訂共識。另外，ECFA 兩岸產業合作工作

小組決定針對 LED 照明、無線城市、低溫物流、TFT-LCD 和電動汽車等五個產業推動合作計畫。

六、結語

　　展望未來兩岸經貿交流與合作，在已建立的制度化架構下，預期仍將持續發展，唯在短期內，國際經濟大環境的可能演變是一大變數。國際預測機構包括國際貨幣基金（IMF）、環球透視公司（Global Insight, Co.）、世界銀行等在最近發布的經濟預測報告都不約而同地指出，全球經濟仍將保持成長，但在西歐國家經濟衰退及主要經濟體成長下滑的影響下，未來一、二年全球經濟成長的道路將會崎嶇不平。可能影響未來整體發展的因素為歐元區主權債務危機、美國所謂的財政懸崖，以及波斯灣原油供應不穩等。國際經濟情勢存在諸多不確定因素，可能拖累大陸出口，從而不利於臺灣對大陸出口；加上兩岸貿易中加工貿易占大部份，對國際市場高度依賴的結構性問題短期內難以改善，因此，臺灣對大陸出口擴張將受到很大制約。

　　大陸對臺政策動向與其宏觀經濟情勢變化，也是影響未來兩岸經貿關係發展的重要因素。習近平領導下的大陸對臺政策，預料短期內不會有本質上的改變，兩岸關係仍然定位在和平發展階段，中共「十八大」政治報告有關兩岸經貿議題，強調持續推進兩岸交流合作，深化經濟合作，厚植共同利益，研判後胡時期大

陸對臺政策仍將致力於鞏固和深化經濟、政治、文化和社會基礎,「先經後政」的運作模式不會有太大的改變。

關於大陸宏觀經濟情勢趨向,已經持續將近兩年左右的經濟衰退局面,2012 年第四季出現止跌回升的跡象。新的一年全球透視機構預測可達 7.8%;IMF 的預測則較為樂觀,估計可達到 8.2%。中共「十八大」政治報告提出,到 2020 年實現國內生產總值比 2010 年翻一番,這意味著在該期間,大陸經濟年均成長率不會低於 7.2%。且從大陸對臺政策和總體經濟情勢層面觀察,未來兩岸經濟關係似乎沒有悲觀的理由。

為使兩岸經貿關係良性發展,目前最迫切的工作莫過於儘速完成 ECFA 後續協商。ECFA 早收清單已執行兩年,證實對擴大雙邊貿易和服務貿易進入對岸市場發揮了具體的效益。後續協商工作已進行一年多,其中投資保障議題已完成協商並簽署協議,服務貿易和爭端解決兩議題後續協商的進展相對順利,服務貿易有可能在近期內完成協商;貨品貿易之協商涵蓋五、六千項,涉及利益重分配問題非常複雜,進展緩慢。面對國際上區域經濟整合潮流,特別是跨太平洋戰略經濟夥伴關係協定(TPP)已積極進行談判中,對兩岸經濟及產業發展構成的壓力日增,儘速完成兩岸貨品貿易協商已刻不容緩。

其次,兩岸產業合作應更積極推動。「搭橋專案」與「ECFA 產業合作論壇」已進行一段時間,但嚴格說來,迄今尚未看到具體的成果,幾項試驗性質的個案,合作的效益也遠不如預期。推動兩岸產業合作,政策的引導和支援很重要,但更重要的是合作雙方企業之間的互信基礎,因此,對於企業界關心的智財權保護、合作與競爭關係等議題,應嚴肅面對並妥善處理。在金融合作方面,兩岸貨幣清算機制已正式建立,雙方的配套措施應儘速

付諸執行，對兩岸金融相關產業與整體經濟可能創造的效益，值得期待。

　　兩岸建立貨幣清算機制，將為兩岸經濟帶來利多。對大陸而言，台灣是第三大進口來源地，以台灣海島型經濟體、國際經濟聯繫特別緊密的特性，兩岸貨幣直接結算必然有助於人民幣國際化發展；對台灣而言，大陸是台灣最重要的經貿夥伴，第一大出口市場，廠商的海外投資有六成以上集中在大陸，有如此緊密的經貿關係做為基礎，台灣想發展人民幣離岸市場的夢想，新台幣與人民幣直接兌換正式啟動無疑是一項大利多，業界寄予高度期待；台灣政府為協助台灣金融業擴大金融商品及經營範疇，提升金融服務業競爭力，擴大金融業之版圖，已發佈「發展具兩岸特色之金融業務計畫」，就外匯、銀行、資本及保險等四個面向，擬具十項重點措施推動。唯臺灣能否發展成為香港以外第二個人民幣境外中心，還需要有其他更重要的配套措施，其中大陸政府的政策支持非常關鍵。

CHAPTER 2

陸資來臺的趨勢與挑戰

【Author】蔡宏明

現職　中華民國全國工業總會副秘書長
　　　台灣師範大學全球經營與策略研究所兼任副教授
學歷　成功大學工業管理研究所碩士
經歷　2008 年 05 月　　國家安全會議諮詢委員
　　　2001 年 04 月　　全國工業總會副秘書長
　　　1992 年 04 月　　工業總會貿易發展委員會副執行秘書
　　　1990 年 09 月　　國家政策研究中心政策研究員
　　　1988 年 06 月　　經濟部國際貿易局科員

一、前言

　　臺灣自 1991 年開放對中國大陸地區投資以來，兩岸投資呈現不相稱現象。依據經濟部投審會統計，迄 2009 年 5 月經核准赴中國大陸投資累計金額達 771 億美元；若據非正式統計，赴中國大陸投資金額高達 1,500 億至 2,000 億美元，從而導致臺灣資金、技術、人員等資源往中國大陸單向傾斜流動現象。

　　2008 年 5 月 20 日新政府上任後，持續改善兩岸關係，推動兩岸經貿關係正常化，依據「全球連結新藍圖」理念，結合開放市場、自由競爭以活絡經濟的「活水計畫」，逐步推動開放大陸資金投入臺灣資本市場。

　　2008 年 12 月 31 日，大陸胡錦濤總書記在紀念《告臺灣同胞書》發表 30 周年座談會上的講話中明確提出：「鼓勵和支援有條件的大陸企業到臺灣投資興業。」，使得陸資來臺投資成為兩岸互動之重要議題。

　　2009 年 4 月 26 日，第三次「江陳會談」雙方達成「共同推動陸資來臺投資」的共識，並自 2009 年 6 月 30 日起實施大陸地區人民來臺投資相關辦法，正式受理陸資來臺投資或設立辦事處申請案件。

　　本文將分析臺灣對陸資來臺投資之開放趨勢與管理機制，探討製造業、服務業和公共建設等領域陸資來臺現況，進而分析未來陸資來臺之展望與所面對的挑戰。

二、臺灣對陸資來臺投資之開放與管理

　　1987 年臺灣開放民眾赴陸探親後，於 1991 年宣告終止動員戡亂，並允許與大陸進行間接貿易或投資，然考量國家安全，除禁止證券投資外，對含有陸資之外國企業，以「原則禁止，例外許可」方式管理，故實際上並無陸資來臺記錄。

　　2002 年 1 月 1 日臺灣加入 WTO 後，制定「加入 WTO 兩岸經濟政策調整執行計畫」，分階段、有限度開放陸資來臺，2002 年 1 月行政院通過「開放陸資來臺投資 58 項服務業清單」；3 月行政院通過《臺灣地區與大陸地區人民關係條例》修正草案，為開放陸資來臺提供法規依據，規定：經過主管機關許可，大陸地區人民、法人、團體或其他機構，或其在第三地區投資之公司，可以在臺灣投資土地及不動產，並在 8 月 8 日已發布實施「大陸地區人民在臺灣地區取得設定或移轉不動產物權許可辦法」開放陸資來臺投資土地及不動產。2003 年 10 月陸委會修訂「兩岸人民關係條例」第 73 條並增訂第 40 條之 1，訂定「陸資來臺投資許可制」。然受當時政治因素及兩岸關係不穩影響，陸資多透過香港及第三國成立公司，或與臺企合作間接來臺。[1]

　　2008 年兩岸「海基」、「海協」復談後，雙邊關係趨於和緩，經濟部針對陸資來臺進行規劃，如同年 7 月行政院通過「適度開放陸資投資國內股市方案」；12 月通過「大陸地區投資人來臺從事證券投資及期貨交易管理辦法」，開放大陸境內合格投資人

---

[1] 〈陸資入島的現況、問題及前景展望〉，新華澳報，2011 年 3 月 22 日，〈http://www.waou.com.mo/detail.asp?id=51713〉。

（QDII）來臺投資股市；2009年1月修正「不動產證券化條例」，允許陸資可透過房地產投資信託基金模式來臺開發土地。[2]

2009年4月26日第3次「江陳會」達成共同推動陸資來臺共識後，因為依據「臺灣地區與大陸地區人民關係條例」第73條第1項明定「大陸地區人民、法人、團體、其他機構或其於第三地區投資之公司，非經主管機關許可，不得在臺灣地區從事投資行為。」同條第3項並明定「第1項所定投資人之資格、許可條件、程序、投資之方式、業別項目與限額、投資比率、結匯、審定、轉投資、申報事項與程序、申請書格式及其他應遵行事項之辦法，由主管機關擬訂，報請行政院核定之。」

依據該規定，行政院於5月21日核定「大陸地區人民來臺投資許可辦法」及「大陸地區之營利事業在臺設立分公司或辦事處許可辦法」，並於6月30日公佈。其中，許可辦法對於陸資來臺投資所建立的管理機制包括：

（一）採事前許可制：大陸地區人民、法人、團體、其他機構或其於第三地區投資之公司，須事先取得經濟部許可後，始得來臺設立子公司、分公司、獨資或合夥事業。另大陸地區之營利事業，亦須事先取得經濟部許可後，始得在臺灣地區設立分公司或辦事處。

（二）設定合宜的管理門檻：為避免陸資經由第三地來臺投資，規避陸資投資規範，已於許可辦法第三條明訂經第三地來臺投資的外國公司，其含陸資比率逾30%，或陸資對該第三地區公司具有控制能力者，比照陸資直接投資管理。

---

[2] 〈陸資來臺投資趨勢研析〉，工業總會服務網，2009年4月2日，〈http://www.cnfi.org.tw/kmportal/front/bin/ptdetail.phtml?Part=magazine9804-469-2〉。

（三）證券投資超過一定比率視同直接投資：許可辦法第四條明定陸資來臺投資可以持有臺灣地區公司或事業的股權、設立分公司、獨資或合夥事業。購買上市、上櫃及興櫃公司的股票，單次或累計達 10%以上者視為直接投資，必須先向經濟部申請許可；至於單次且累計均未達 10%者，則適用金管會依據兩岸關係條例所訂定之「大陸地區投資人來臺從事證券投資管理辦法」。

（四）訂定防禦條款：許可辦法第六條、第八條則明定相關的防禦機制，包括大陸地區軍方投資或具有軍事目的之企業，將限制其來臺投資。陸資來臺投資在經濟上如具有獨占、寡占或壟斷性地位者，在政治、社會或文化上具有敏感性或影響國家安全者，或對國內經濟發展或金融穩定有不利影響，政府得禁止其投資。

（五）建立後續查核機制：為加強對資金透過第三地公司來臺投資之查核，必要時，主管機關得要求其申報資金來源及其他相關事項。另針對實收資本額新臺幣 8000 萬元以上的陸資投資事業，明定其每年應向主管機關申報財務報表，及接受檢查之義務。

在開放陸資投資業別項目方面，則依據「先緊後鬆、循序漸進、先有成果、再行擴大」原則，[3] 採「正面表列」方式分階段開放：

---

[3] 經濟部對陸資之界定為只要是大陸人民、法人、團體或其他機構，直接或間接持有第三地區公司股份或出資額逾 30%，抑或其該地第三區公司具控制能力者，便視為陸資，其相關投資須依相關規定辦理。〈陸資來臺手冊〉，兩岸經貿服務網，2009 年 8 月 18 日，〈http://www.ssn.com.tw/eip/download/attdown/0/book980818.pdf〉。

在第一階段（2009 年 6 月 30 日至 2011 年 3 月）中，以正面表列方式，於 2009 年 6 月 30 日第一階段共開放 192 項陸資可投資項目，其中包括製造業 64 項、服務業 117 項、公共建設 11 項，2010 年 5 月再開放銀行、證券、期貨等 12 項，2011 年 1 月配合兩岸簽署 ECFA，關於服務業早收清單有開放其他運動服務業 1 項。

第二階段（2011 年 3 月 7 日至 2012 年 3 月 18 日）則公告開放 42 項，包括製造業有 25 項、服務業 8 項、公共建設 9 項，其中如投資於關鍵性製造業（如半導體、面板、封測、工具機），其參股比例不得高於 10%，如與臺灣企業合資設立新公司時，其持股也不得高於 50%。

至於第三階段則是於 2012 年 3 月 19 日公告開放包括製造業 115 項、服務業 23 項及公共建設 23 項，並修正部分已開放陸資投資製造業項目之限制條件。

陸資來臺投資的業別項目之檢討與選擇原則主要是：一是對國內產業具有因應能力且有共識。二是大陸有投資意願且對我國經濟及就業有利的。三是兩岸具有互補性且有助產業分工。四是與公共建設項目具關聯性之服務業併同檢討開放。

歷經三次檢討後，累計開放陸資來臺投資業別項目計 408 項，其中製造業 204 項，開放比例已達 96.68%；服務業 161 項，開放比例已達 50.95%；公共建設 43 項，開放比例已達 51.19%。（如表 2-1）

特別是自 2010 年 9 月 12 日 ECFA 生效實施以來，臺灣製造業開放比率從原先 42%大幅提高到 96.68%，服務業開放比率也從原先 42%提高到 50.95%，顯示臺灣對於陸資來臺的推動，已逐漸落實兩岸經貿正常化。

同時，經濟部針對陸資來臺投資面板、半導體和工具機等五大敏感關鍵性產業，由原持股比率不得超過 10%，合資新設須低於 50%，進一步開放為不論現有、新設一律低於 50%，改以專案審查及陸資不具控制力（不得超過半數有表決權股份；或不可操控公司的財務，營運及人事方針；或不得主導董事會超過半數的投票權；無權任免董事會超過半數的主要成員；未達財務會計準則公報第 5 或第 7 號規定的其他具有控制能力等，即持股須低於 50%，作為管理原則。）

表 2-1　開放陸資來臺分類項數統計

項目	第 1 階段 2009 年 6 月 30 日	第 2 階段 2011 年 3 月 2 日	第 3 階段 2012 年 3 月 19 日	合計 （總項數）	開放比例
製造業	64	25	115	204（211）	96.68%
服務業	130	8	23	161（316）	50.95%
公共建設	11	9	23	43（84）	51.19%
合計	205	42	161	408（611）	66.78%

說　　明：第一階段原開放 192 項，包括 64 項製造業、117 項服務業及 11 項公共基礎建設；2010 年 5 月 20 日配合行政院金管會修正金融三法，開放銀行、證券、期貨等 12 項；2011 年 1 月 1 日，配合 ECFA 服務業「早收清單」，開放其他運動服務業 1 項，合計 205 項。

資料來源：綜整自經濟部投審會陸資來臺投資事業名錄。參見經濟部投審會網站，http://www.moeaic.gov.tw.

三、陸資來臺概況

　　事實上，在 2002 年《兩岸人民關係條例》將「禁止陸資來臺投資」修改為「陸資來臺從事投資行為應經由相關主管機關事

前許可」之後，就開始有少數大陸名優企業以迂迴間接方式，進入臺灣市場。例如 2002 年 8 月底，青島啤酒集團公司與臺灣三洋藥品工業股份有限公司簽署協議，在臺灣屏東建設年產 10 萬噸的一家啤酒廠；2004 年 1 月，北京中藥老店同仁堂在臺北市長春街設立第一家分店；2005 年 2 月 24 日，上海季風書園與臺灣聯經出版公司合作成立的上海書店臺北市忠孝東路開張；同年 5 月 1 日，聯想集團完成對於美國 IBM 公司的 PC 部門的收購，臺灣 IBM 的 PC 部門隨之成為聯想集團的子公司。[4]但是，因為當時政治因素及兩岸關係不穩定，使得陸資來臺投資未成為風潮。

直到 2008 年 12 月 31 日，大陸胡錦濤總書記在紀念《告臺灣同胞書》發表 30 周年座談會上的講話中就明確提出：「鼓勵和支援有條件的大陸企業到臺灣投資興業。」2009 年 5 月 17 日，大陸商務部和國台辦正式發佈《關於大陸企業赴臺灣地區投資或設立非企業法人有關事項的通知》，明確了大陸企業赴臺投資的辦理程序。國台辦主任王毅也在 2009 年海峽論壇大會上的講話中表示：「大陸主管部門近期將有序組織電子、通訊、生物醫藥、海洋運輸、公共建設、商貿流通、紡織、機械、汽車製造業等行業的骨幹企業赴臺投資考察，依據雙方確定的優先領域，進行企業洽商與項目對接，推動赴臺投資取得實際進展。同時還將鼓勵和支持符合條件的大陸機構、企業單獨或與臺資企業合作，在臺灣舉辦培訓會、洽談會、展覽展銷會、商務合作等活動」，顯示大陸在臺灣政黨輪替後積極推動兩岸雙向投資的政策取向。

---

[4] 張莉，〈大陸企業赴台投資亟待新突破〉，〈http://www.caitec.org.cn/c/cn/news/2009-02/20/news_1429.html〉。

在此背景之下，根據投審會公佈資料，自 2009 年開放以來截至 2012 年 8 月，總計核准 330 件陸資來臺投資案，投資金額僅達到 3.5 億美金。其中，2009 年 7-12 月核准 23 件陸資來臺投資案，投資金額 3748 萬美元，2010 年核准 79 件陸資來臺投資案，投資金額 9434 萬美元，2011 年核准 102 件陸資來臺投資案，投資金額 4373 萬美元，2012 年核准 138 件陸資來臺投資案，投資金額 3 億 28,06 萬美元，2012 年的成長率達到 650%，顯示陸資來臺投資有逐漸加溫的趨勢。

表 2-2　2009 年 7 月至 2012 年 11 月陸資來臺投資概況

單位：千美元

	件數	成長率	金額	成長率
2009 年 7-12 月	23	-	37,486	-
2010 年	79	-	94,345	-
2011 年	102	29	43,736	-54
2012 年	138	35	328,067	650
合計	342	-	503,634	-

資料來源：經濟部投資審議委員會（2012）

就業別觀之，2009 年 7 月至 2012 年底核准陸資來臺投資案件，前 3 名分別為港埠業 1 億 3,910 萬 8 千美元（27.62%）、銀行業 9,148 萬 1 千美元（18.16%）及批發及零售業 8,416 萬 5 千美元（16.71%），顯示港埠業、服務業不論申請件數或投資金額均倍於製造業，但是就平均每個投資案的規模大小而言，除了港埠與銀行業之外，製造業每件投資金額則高於服務業。

表 2-3　2009 年 7 月至 2012 年陸資來臺投資業別統計表

單位：千美元

	件數	金額	比重%
港埠業	1	139,108	27.62
銀行業	2	91,481	18.16
批發及零售業	186	84,165	16.71
電腦、電子產品及光學製品製造業	16	56,728	11.26
資訊軟體服務業	24	39,491	7.84
機械設備製造業	18	24,578	4.88
食品製造業	2	13,775	2.74
會議服務業	15	11,813	2.35
廢棄物清除、處理及資源回收業	3	9,183	1.82
電子零組件製造業	23	8,355	1.66
餐館業	12	6,947	1.38
電力設備製造業	3	3,690	0.73
汽車及其零件製造業	1	3,344	0.66
成衣及服飾品製造業	2	2,919	0.58
塑膠製品製造業	4	2,537	0.50
住宿服務業	2	1,821	0.36
運輸及倉儲業	15	1,803	0.36
專業設計服務業	4	658	0.13
技術檢測及分析服務業	2	424	0.08
橡膠製品製造業	1	271	0.05
產業用機械設備維修及安裝業	1	217	0.04
研究發展服務業	1	206	0.04
廢污水處理業	3	78	0.02
家具製造業	1	40	0.01
合計	342	503,634	100.00

資料來源：經濟部投資審議委員會（2012）

　　其中，銀行業係陸資來臺投資總金額最高業別，目前計有中國銀行、交通銀行、招商銀行及建設銀行等 4 家設立代表機構，[5]其

---

[5]　〈「經合會」第三次例會成果〉，鉅亨網，2012 年 5 月 22 日，http://tw.

中，「中行」、「交行」已匯入約新臺幣 27.5 億元作為營運資金（占服務業總金額 20.19%），並分別於 2012 年 6 月 27 日、7 月 16 日開設臺北分行。

批發及零售業則是目前投資件數最多者，投資金額排名第二，主因為資金需求量不大、投資回報較快，[6]且投資零售業數量、規模漸增，如 2010 年 5 月福州超大現代農業公司投資新臺幣 1,000 萬元，來臺從事農產品批發與零售業；中浙國際貿易中心投資新臺幣 1,500 萬元，在臺設立臺灣浙江名品展示中心公司等。[7]

在餐飲業方面，且部分餐廳在大陸已具高知名度，有利來臺拓展市場，如大清花飲食館、四川潭魚頭、北京全聚德烤鴨店、均已在臺經營設點。同時因為餐飲業佈局臺灣市場所需資本額少、進入門檻低，亦有許多以個人名義來臺投資者。[8]

至於製造業，陸資來臺投資主要是以國際市場競爭力較強產業為主，如電子零組件製造業、IT、電子產品、光學製品及機械設備製造業。其餘包括兩岸「搭橋」專案重點產業，如汽車及其零件製造業、電話與手機製造業；上中下游產業鏈完整、製造及管理能力強之產業，如紡織、橡膠、塑膠製品製造業；設計及行銷能力強產業，如傢俱製造業等。

mag.cnyes.com/Content/20120522/098B9AAA5DB1640729E89ABFD8015 565B.shtml。

[6] 「2010 年兩岸相互投資情況分析」，《海峽科技與產業》（北京），2011 年第 3 期，頁 47。

[7] 〈「福州超大等 5 家陸資企業獲准赴臺投資」〉，新華網，2010 年 5 月 27 日，http://www.fj.xinhuanet.com/hxla/2010-05/28/content_19919489.htm。

[8] 〈陸資來臺 8 件過關，鍾愛餐飲業〉，旺報，2010 年 12 月 1 日，〈http://www.want-daily.com/News/Content.aspx?id〉。

在新興產業方面，2012 年 11 月，三安光電（Sanan Optoele ctronics）宣佈從 LED 製造商璨圓光電（Formosa Epitaxy）購買價值 8100 萬美元、近 20%的股權，這是大陸企業對臺灣新興產業最大手筆的投資。

在公共建設方面，由於大陸企業具基礎建設和大型工程項目經驗，對參與臺灣公共建設，有極大興趣。2010 年 6 月桃園縣政府與交通部民航局推出「桃園航空城」計畫，8 月大陸太平洋建築集團即表明投資興趣，並來臺進行實地考察，同時參訪臺北港、航空城自由貿易港區、經貿展覽中心等。[9]2012 年 9 月，大陸的中遠集團、中海集團、招商局集團和臺灣陽明海運簽署入股陽明海運在高雄港貨櫃碼頭項目的備忘錄。

四、陸資來臺之展望與挑戰

（一）陸資來臺之展望

雖然自 2009 年開放以來截至 2012 年 8 月，總計核准 330 件陸資來臺投資案，投資金額僅達到 3.5 億美金。但相對地，2012 年 1 月至 8 月臺資赴陸投資案件就達 291 件，投資金額高達約 72 億美金，兩岸資金投資仍呈現失衡現象。其原因至少有三：

---

[9]　〈「大陸建築企業赴臺考察或參與『桃園航空城』計畫」〉，投資臺灣網，2010 年 8 月 11 日，〈http://www.iitw.chinataiwan.org/trade_express/201103/t20110330_1804496.htm〉。

1. 臺灣強調陸資開放是以「先緊後鬆、循序漸進、先有成果、再行擴大」為原則，經過三階段之開放，目前包括製造業、服務業及公共工程項目之開放比率分別為 97%、51%和51%，且都採取正面表列，且為確保掌握關鍵技術產業的發展優勢與主動權，在擴大開放陸資的同時，很多開放項目都規定陸資「不得具有控制能力」，且對積體電路製造業、半導體封裝及測試業、液晶面板及其元件製造業、金屬切削工具製造業、電子及半導體生產用機械設備製造業等 5 項關鍵技術產業限制 「陸資不具控制力、有產業合作策略、投資個案須由專案小組審查」，使陸資難以取得外資同等待遇。

2. 臺灣內部之政治情勢與兩岸投資協議是否簽署影響陸資來臺，特別是 2010 年 9 月 9 日，中國商務部部長陳德銘在廈門投洽會建議「大陸企業不急著赴臺投資，等投保協議談好，兩岸有正常的經濟關係後再去。」

3. 大陸專業、商務人士來臺，發證期長，且需經過層層審查，一直是大陸專業人士及大陸商務人士抱怨最多的地方，而此也影響陸資來臺投資。

　　展望未來，在 ECFA、兩岸投資保障協議和兩岸貨幣清算機制開始運行之後，陸資來臺投資將有更大的發展空間。特別是因為陸企來臺投資涉及極微妙的兩岸關係，故其在來臺投資前，必須先經中國大陸國務院臺灣辦公室推薦之後，再由其發展和改革委員會審批通過。因此，就大陸政府對陸資赴臺投資的政策取向，將是關鍵因素。特別是在下列三方面：

1. 《海峽兩岸經濟合作框架協定》（ECFA）將為兩岸關係和平發展提供堅實的物質基礎；提供更加廣泛堅實的社會基礎；

為兩岸全方位交流合作奠定堅實的民意基礎。陸資來臺必將加速兩岸經濟的整合，同時促進兩岸社會的融合。

2. 大陸已頒布「『十二五』利用外資和境外投資規劃」中，明確提出「加強與臺灣地區在高新技術和先進製造業、現代服務業等領域投資合作，落實海協會與海基會關於加強兩岸產業合作的共同意見。」依據該規劃，未來陸資來臺之投資型態與領域可能包括：

(1) 引導境內資金通過收購、參股、在境外設立研發中心、合資企業、產業投資基金等多種方式，投向境外高新技術產業、先進製造業項目，推進傳統產業優化升級和戰略性新興產業加快發展。

(2) 支持企業獲取境外知識產權，加快推動境內具有自主知識產權的技術標準在境外推廣應用。

(3) 鼓勵有條件的企業在境外積極開展通信、物流等生產和市場服務領域，以及文化、旅遊等個人消費服務領域的投資合作，提高境內服務業的供給能力和水準。

3. 雖然大陸公布之「對外投資國別產業導向目錄（一）、（二）、（三）」與「對外投資國別產業指引（2012 年版）」均未列入臺灣，但事實上，「大陸企業赴臺灣地區投資管理辦法」已提出下列三項作法，推動陸資赴臺投資：

(1) 國家發展改革委、商務部、國務院台辦加強大陸企業赴臺灣地區投資的引導和服務，通過對外投資合作資訊服務系統、投資指南等管道，為企業提供有效指導（第十四條）。

(2) 國家發展改革委、商務部、國務院台辦加強對大陸企業赴臺灣地區投資的培訓工作，特別是政策、人員和投資

環境等方面的培訓，提高企業赴臺灣地區投資的針對性和可操作性（第十五條）。

(3) 鼓勵各有關協會、商會、諮詢機構加強對臺灣地區投資環境、市場訊息和產業發展狀況的研究分析，發佈研究和發展報告，為大陸企業赴臺灣地區投資提供參考（第十六條）。

特別是在第 8 次江陳會簽署兩岸投資保障協議之後，大陸商務部副部長蔣耀平在 2012 年 8 月 8 日率領海峽兩岸經貿交流協會（簡稱海貿會），舉行陸企赴臺投資洽談會，並帶領陸企實地考察，讓陸企能和臺灣廠商進行有效的對接。同時，強調「將積極鼓勵陸企赴臺投資，並研究完善赴臺投資的配套政策。」顯示陸資來臺已經成為未來兩岸經貿的重頭戲。

其中，對陸企而言，大陸製造業業者在對臺投資上，係以「拓展臺灣市場」、「建構臺灣與大陸兩地分工體系」、「成為全球佈局重要環節」和「運用臺灣高階人才」為主要動機；至於服務業業者則是以「開拓臺灣市場」和「成為全球佈局重要環節」為主要動機，而在兩岸經貿關係日趨緊密的趨勢下，透過來臺投資加強與臺灣企業合作，有助於汲取臺灣的人才、技術、研發及經營經驗，並開發 ECFA 後的兩岸市場整合商機。

對臺灣而言，由於歐債危機愈演愈烈，臺灣產業訂單減少，消費者信心指數呈現連續下降，連行政院主計總處也多次下調今年臺灣經濟成長率預測值，使臺灣經濟瀰漫低迷與悲觀氛圍。對此，行政院宣佈將推動「經濟動能推升方案」，希望在未來每年可為 GDP 成長創造至少 1 至 1.6 個百分點的動能。其中，「鬆綁陸資來臺」被視為是經濟動能推升的途徑之一。

對此，經濟部目前正在檢討第四波陸資來臺，包括增加開放項目、已開放項目附條件鬆綁和配套措施等，陸資來臺

所有項目，都在檢討中，國內企業登陸投資鬆綁，也同樣在檢討之列。

同時，行政院 2012 年 9 月 5 日批定具兩岸特色金融業務計畫，金管會將啟動執行，在 2014 年 2 月底前全面落實 10 大亮點，包括放寬 QDII（大陸境內合格機構投資者）來臺投資上限（現行規定的上限是 5 億美元，金管會將研議放寬至少到 10 億美元以上），並研議開放大陸銀行業及保險業 QDII 來臺投資（目前僅證券業的 QDII 可以來臺投資）。

另外，為便利大陸專業人士及商務人士來臺簽證申請手續，移民署已決定表示，簡化大陸專業、商務人士申請入出境許可證之行政手續，使得發證期可望從 14 天縮短為 6 天。

上述措施，預期將對陸資來臺之件數與規模，帶來刺激效果。至於其發展趨勢，吾人可以參考在 CEPA 與大陸企業「走出去」戰略之下，香港中資企業快速發展，據中聯辦數據表明，截至 2011 年底，駐港中資企業已達到 3375 家，涉及金融、建築、鋼鐵、地產、製造、運輸、貿易、物流、旅遊、文化、科技、教育等眾多產業，總資產規模達到 10.2 萬億港元，淨資產 3.3 萬億港元，與 1997 年相比，企業數量增長了近 1 倍，總資產增長了 5 倍，淨資產增長了 15 倍，整體負債率下降了 17 個百分點，成為香港經濟的重要組成部分，其對香港經濟社會之影響大增。

（二）面對之挑戰

對在臺投資的陸資企業而言，他們普遍認為臺灣的投資環境佳、市場經濟成熟、政府服務態度良好，以及無攤派（分擔地方建設費用）、無故查稅等情形。惟在營運上仍面臨下列問題：

1. 目前開放項目不具吸引力，無法滿足其需求：陸資企業多表示，現階段臺灣開放項目多屬於大陸過剩產業，在臺灣投資對陸資不具成本優勢，也無市場潛力。

2. 資訊提供不足：如投資機會、優惠鼓勵措施、相關法律規定等對陸資之說明及溝通仍顯不足。

3. 配套措施不完善：如人員進出及居住、金融需求、就學、就醫等管制過多且手續不便；邀請商務人士來臺投資考察不便利。

4. 陸資投資事業在臺融資困難，購置房地產受到限制。

5. 目前在臺陸籍幹部所持有的入出境許可證，因為無雙證件（例如：身分證、護照、居留證、工作證、駕照、健保卡等其中 2 種）無法申辦網路及購買商業保險，造成生活上之不便利。

6. 政治和社會安定度：兩岸缺乏互信及臺灣部分民意對陸資之負面看法，增加陸資的投資風險。

對臺灣而言，儘管 ECFA 第五條第二款規定「逐步減少雙方相互投資的限制」，且兩岸投保協議僅宣示雙方將本著互利互惠原則逐步減少或消除對相互投資的限制，而未涉及實質市場開放內容。但是，由於後續 ECFA 服務貿易之談判仍然無法迴避服務業市場開放與陸資來臺之壓力。

對於臺灣開放之投資項目無法滿足陸資需求，經濟部目前正在檢討第四波陸資來臺，但是因為陸資涉及敏感性與政治性，臺灣朝野對開放陸資看法仍有歧見，例如政府表示開放陸資來臺投資已產生正面且具體之效果，其中包括：為臺灣產業及金融市場注入資金；透過兩岸企業合作與互補關係，帶動臺灣產品出口；

協助臺灣企業拓銷大陸內銷市場；創造我國就業機會，截至 2012
年 6 月底，陸資來臺投資事業已僱用我國員工人數計 5,126 人。

　　但相對地，在野黨則批評為「依賴中資罔顧經濟與產業安
危」，認為使得臺灣失去財經的自主力，讓臺灣更加依賴北京；
而對中國開放關鍵產業，將使得臺灣重要的技術流向中國、臺灣
的失業率將因此增加，甚至還可能出現陸資炒作股票和房地產的
情形。展望未來，隨著兩岸投資保障協議的生效，陸資來臺投資
開放範圍逐漸增加，陸資來臺併購觸及「國家安全」之爭議也可
能增加。

五、結語

　　整體而言，ECFA 正式生效與陸資來臺之開放，除了有利於
改善兩岸投資失衡問題之外，也有助增進雙方的貿易與投資關
係，建立有利於兩岸經濟繁榮與發展的合作模式。

　　特別是「海峽兩岸投資保障和促進協議」中有關「透明度」、
「逐步減少雙方相互投資限制」、「便利化」和「提供投資諮詢」
（提供包括交換投資訊息、開展投資促進、推動投資便利化、提
供糾紛處理及與本協議相關事項的諮詢）等條文，有利於創造公
平的、透明的、穩定的法律架構，以促進投資、減少投資障礙等
方式，將有助於改善陸資企業在臺灣之投資環境，預期陸資企業
來臺投資將會顯著成長。

當然，由於大陸企業對於臺灣「循序漸進」的開放政策，認為是「在政策上設置了重重障礙與關卡，不僅投資領域、項目有嚴格限制，且在投資金額、持股比例、審批程式等方面有諸多限制」，「在人員往來等方面還有諸多限制與不便」等批評。對此，臺灣也應有修訂「兩岸人民關係條例」中有關陸資來臺、人員往來等法規限制，逐漸給予陸資企業完全的國民待遇及最惠國待遇，並積極規劃與研擬進一步開放陸資企業來臺投資之業別項目，才能達成為兩岸創造更多「和平紅利」之目標。

【參考文獻】

〈陸資入島的現況、問題及前景展望〉，《新華澳報》，2011 年 3 月 22 日，http://www.waou.com.mo/detail.asp?id=51713。

〈陸資來臺投資趨勢研析〉，工業總會服務網，2009 年 4 月 2 日，http://www.cnfi.org.tw/kmportal/front/bin/ptdetail.phtml?Part=magazine9804-469-2。

《陸資來臺手冊》，兩岸經貿服務網，2009 年 8 月 18 日，http://www.ssn.com.tw/eip/download/attdown/0/book980818.pdf。

張莉，〈大陸企業赴台投資亟待新突破〉，http://www.caitec.org.cn/c/cn/news/2009-02/20/news_1429.html。

〈「經合會」第三次例會成果〉，鉅亨網，2012 年 5 月 22 日，http://tw.mag.cnyes.com/Content/20120522/098B9AAA5DB1640729E89ABFD8015565B.shtml。

〈2010 年兩岸相互投資情況分析〉，《海峽科技與產業》（北京），2011 年第 3 期，頁 47。

〈福州超大等 5 家陸資企業獲准赴臺投資〉，新華網，2010 年 5 月 27 日，http://www.fj.xinhuanet.com/hxla/2010-05/28/content_19919489.htm。

〈陸資來臺 8 件過關，鍾愛餐飲業〉,《旺報》,2010 年 12 月 1 日，
http://www.want-daily.com/News/Content.aspx?id。

〈大陸建築企業赴臺考察或參與『桃園航空城』計畫〉,投資臺灣網，
2010 年 8 月 11 日，http://www.iitw.chinataiwan.org/trade_express/
201103/t20110330_1804496.htm。

CHAPTER 3

陸資入臺投資政策檢視：
開放過程、執行現狀與調整趨勢

【Author】唐永紅

現任　廈門大學臺灣研究院經濟研究所所長、副教授
　　　國家發改委及國台辦兩岸產業合作研究諮詢小組特約專家
　　　國台辦海峽兩岸關係研究中心兼職研究員
　　　商務部海峽兩岸經貿交流協會理事
　　　中國國家「985 工程」哲學社會科學臺灣研究創新基地研
　　　究員
　　　中國教育部人文社會科學重點研究基地臺灣研究中心研
　　　究員
　　　《臺灣研究集刊》、《海峽經濟》編委會委員
學歷　經濟學博士
　　　福建省第六屆優秀青年社會科學專家
研究　臺灣經濟與兩岸經貿關係、特殊經濟區與國際經濟貿易、
　　　科技發展與產業化研究。
　　　18 項研究成果在中國獲評部、省、市社會科學優秀成果獎
　　　專著《兩岸經濟一體化問題研究──區域一體化理論視角》
　　　獲第 15 屆「安子介國際貿易研究獎」（中國教育部部級獎）
　　　優秀著作二等獎

一、前言

　　據臺灣經濟部投資審議委員會統計，臺灣自 1991 年開放對大陸地區投資，至 2009 年 6 月底累計核准投資專案近 3.8 萬件，投資金額近 800 億美元[1]。但因臺灣未開放大陸資本（陸資）入臺投資，不僅導致兩岸資金流動長期呈現失衡狀態，而且長期阻礙兩岸資源要素的流動與配置，無法達到兩岸產業資源要素的優勢互補。更重要的是，在大陸已經成為世界經濟全球化的一個中心的國際環境下，這種對大陸資本與其它方面的不開放政策，嚴重制約了投資臺灣內部的企業的全球化運作，影響到臺灣內外投資人對臺灣內部經濟發展環境與投資環境的評估與信心，從而一方面加速了臺灣內部產業資本的外移步伐，另一方面影響到臺灣內外資本投資臺灣內部的意願，進而影響到臺灣產業的創新與升級，最終影響到臺灣內部經濟成長的速度以及就業與薪資的成長。

　　時勢比人強。隨著經濟全球化深化發展、隨著兩岸經貿關係對臺灣經濟發展的重要性與日俱增，特別是為有助於克服全球金融危機的不利衝擊，臺灣政府在開放臺資投資大陸 18 年後的 2009 年 6 月底，不得不開放陸資入臺投資。但在開放陸資入臺投資問題上，臺灣政府一開始就以保守主義的開放思維為指導，確定了「先緊後鬆、循序漸進、先有成果，再行擴大」的陸資開放原則，並進行歧視性的安排。這種保守主義的開放思維、原則與

---

[1]　臺灣經濟部投資審議委員會，〈98 年 6 月核准僑外投資、國外投資、對中國大陸投資統計速報〉，2009/7/21，《臺灣經濟部投資審查委員會網頁》http://www.moeaic.gov.tw/system_external/ctlr?PRO=NewsLoad&id=651。

歧視性的做法，貫穿於臺灣開放陸資入臺投資政策措施的方方面面，加之存在兩岸關係穩定性之虞等其它因素，制約了陸資入臺投資的意願、步伐與規模。據臺灣經濟部投資審議委員會統計，開放陸資入臺投資 3 年半，截至 2012 年 12 月底，核准陸資入臺投資案僅 342 件，投資金額約 5.03 億美元[2]。

臺灣政府對陸資入臺的保守主義開放思維與政策以及歧視性做法，嚴重制約陸資投資臺灣的意願、步伐與規模，反過來影響到臺灣開放陸資入臺的動機與目的的實現，並可能因臺灣民眾對經濟成長「無感」而影響到國民黨政府 2016 年後繼續執政的可能性。而事實上，進一步開放與鬆綁陸資入臺，讓包括兩岸投資關係的兩岸經貿關係儘快正常化，不僅是作為 WTO 會員的臺灣經濟體遵守最惠國待遇原則等普世價值的應盡之責，更是在國際經濟環境不佳、臺灣自身提振經濟民生的內部舉措有限的背景下，促進臺灣經濟成長、就業與薪資水準的一個重要選擇。可以預期，臺灣政府將不得不進一步檢討其陸資入臺政策措施，將不得不盡速實現兩岸投資關係的正常化。

本文主要將分三部分展開：首先，介紹陸資入臺投資的背景與過程；進而，檢視陸資入臺投資的現狀及其成因；最後，在闡明進一步開放與鬆綁陸資入臺的意義的基礎上對臺灣政府的陸資入臺政策的調整趨勢進行展望。

---

[2]　臺灣經濟部投資審議委員會，〈101 年 12 月核准僑外投資、陸資來台投資、國外投資、對中國大陸投資統計速報〉，2013/1/21，《臺灣經濟部投資審議委員會網頁》〈http://www.moeaic.gov.tw/〉。

二、陸資入臺投資的背景與過程回顧

　　20 世紀 70 年代末以來，大陸實行改革開放政策，臺灣鬆綁赴大陸探親、經商政策，兩岸關係逐步改善，兩岸經貿交流迅猛發展。以後，隨著兩岸關係的演變與臺灣經濟環境的變化，兩岸政府特別是臺灣政府不斷調整陸資入臺相關政策。在多種因素共同作用下，陸資入臺從被禁止到逐步許可，從間接投資到直接投資，經歷持續發展的過程。

（一）1980 年－2000 年，臺灣政府嚴格禁止陸資直接投資臺灣

　　20 世紀 80 年代以前，兩岸政治甚至軍事對峙，兩岸關係高度緊張。臺灣政府實行「不接觸、不談判、不妥協」的「三不政策」，嚴格禁止兩岸交流往來。兩岸間因此處於相互敵視、相互隔絕的互不往來狀態。20 世紀 80 年代後，大陸實施改革開放政策，臺灣政府也先後開放赴大陸探親和經商活動。但因兩岸間長期政治上的敵意和意識形態上的對立，特別是當時執政的李登輝政府奉行「戒急用忍」和「兩國論」的分裂主義路線，不僅規定兩岸經貿交流往來只能經香港等第三地間接進行，而且嚴格禁止陸資入臺。因此，這一時期，兩岸經貿交流往來形成「間接、單向」的不對稱格局，主要是臺灣資金單向投資大陸。

（二）2000年－2008年，臺灣政府醞釀鬆綁陸資入臺投資政策

　　進入 21 世紀後，大陸經濟崛起，兩岸民間日益要求兩岸正常交流往來；與此同時，臺灣加入 WTO 後，實現兩岸經貿關係正常化成為臺灣政府應盡之責。當時執政的民進黨政府迫於形勢，開始醞釀鬆綁對大陸的經貿政策，包括雙向投資政策，逐步開放陸資入臺投資。2001 年 8 月 12 日，臺灣行政院屬下的經濟發展諮詢委員會兩岸組在「臺灣經濟發展會議」上，達成對大陸經貿政策鬆綁建議，初步確定原則上分三階段開放陸資來臺。2002 年 1 月 16 日，臺灣加入 WTO，在加入 WTO 承諾書中允許開放 58 個服務行業允許陸資間接投資。2002 年 2 月 13 日，臺灣經濟部發佈修正的《臺灣地區與大陸地區貿易許可辦法》，取消兩岸貿易的須經第三地間接進行的限制，允許直接貿易。2002 年 8 月 8 日，臺灣內政部發佈實施《大陸地區人民在臺灣地區取得設定或轉移不動產物權許可辦法》，規定自 2002 年 8 月 10 日起，有條件開放陸資來臺投資不動產。這一時期，臺灣民進黨政府雖然迫於形勢開始對陸資來臺投資的相關政策作了原則性的初步鬆綁，但因擔心兩岸交流往來不利於追求臺獨，而以可能衝擊臺灣產業、影響臺灣安全為由，在相關措施方面實際上以高度設限的方式嚴格限制陸資來臺投資。

（三）2008年－2009年6月底，兩岸政府為開放陸資入臺逐步創造條件

　　2008 年 3 月臺灣總統選舉期間，作為國民黨的候選人馬英九把開放陸資入臺投資作為其重要的競選政見。當選後，馬英九政

府推行務實開放的大陸經貿政策，強調開放陸資入臺，提出歡迎陸資投資「愛臺十二建設」。2008 年 6 月 12 日，臺灣立法院三讀通過「臺灣地區與大陸人民關係條例」修正案，允許人民幣在臺灣兌換業務分階段實施。2008 年 7 月 13 日，臺灣政府正式開放大陸合格境內投資者 QDII 投資臺灣證券及期貨市場，同時放寬大陸臺資企業回臺上市的資格限制，取消臺灣上市公司可持有大陸企業股權不得超過 20% 以及企業投資大陸不得超過其淨值 40%的規定。2009 年 4 月 26 日，兩岸簽署《海峽兩岸金融合作協定》，並就陸資赴臺投資達成原則性共識。2009 年 5 月 1 日，大陸商務部公佈實施《大陸企業赴臺投資管理辦法》，參照「大陸企業境外投資管理辦法」，規範在大陸設立的企業通過新設與併購等方式投資臺灣非金融產業的行為；規定大陸中央企業投資金額在 1 億美元以上須向商務部申請審查；地方企業投資額在 1 億美元以下、1 千萬美元以上者由省級商務主管機關核准。所有這些為臺灣政府開放陸資入臺投資逐步創造條件。

（四）2009 年 6 月底－2011 年 2 月底，臺灣政府第一階段開放陸資入臺投資

為有助於充裕臺灣產業資金，活絡臺灣金融市場，擴大兩岸產業合作的領域；並為透過兩岸雙向的投資，結合彼此的優勢，共同合作開拓大陸以及國際市場；更為彰顯臺灣經濟的高度自由開放，讓國際投資人對於臺灣市場具有更大信心，有利於外商以臺灣作為全球運籌的基地，考慮對臺灣內部產業發展、總體經濟、社會的影響及國家安全等因素，2009 年 6 月 30 日，臺灣經濟部公佈《大陸地區人民來臺投資許可辦法》與《大陸地區之營

利事業在臺設立分公司或辦事處許可辦法》,決定依據所謂「先緊後寬」、「循序漸進」、「有成果再擴大」的原則,採「正面表列」方式分階段開放陸資來臺投資,並從即日起開始受理陸資入臺投資、設立分公司或設立辦事處的申請[3]。醞釀多年的開放陸資入臺投資由此正式進入實施和操作階段,兩岸雙向投資格局也初現端倪。

操作上,一是採事前許可制。二是設定嚴謹的管理門檻,避免陸資經由第三地投資事業來臺投資,規避「大陸地區人民來臺投資許可辦法」的適用。三是規定證券投資如果單次或累計投資股份在 10% 以上者,視為直接投資,應依「大陸地區人民來臺投資許可辦法」辦理。四是訂定防禦條款:投資人如為大陸地區軍方投資或具有軍事目的之企業者,主管機關應限制其來臺投資;陸資來臺投資在經濟上如具有獨佔、寡占或壟斷性地位,在政治、社會、文化上具有敏感性或影響國家安全,或對臺灣經濟發展或金融穩定有不利影響,得禁止其投資。五是建立後續查核機制:為了加強對資金透過第三地公司來臺投資之查核,必要時,主管機關得要求投資人申報資金來源或其它相關事項;另針對實收資本額新臺幣 8000 萬元以上的陸資投資事業,明定其應每年向主管機關申報財務報表,以及接受檢查之義務。

2009 年 6 月 30 日,臺灣經濟部宣佈了第一階段開放中的 192 項陸資可投資的項目和領域。其中,製造業部分開放了 64 項,占臺灣行業標準分類-製造業細類 212 項的 30%。主要係考慮以下原則:一是「僑外投資負面表列——禁止及限制僑外人投資業

---

[3]　臺灣經濟部投資審議委員會,〈開放陸資來台,實現兩岸雙向投資「優勢互補、互利雙贏」〉,2009/6/30,《臺灣經濟部投資審議委員會網頁》〈http://www.moeaic.gov.tw/system_external/ctlr?PRO=NewsLoad&id=648〉。

別專案」、「在大陸地區從事投資或技術合作禁止類製造業產品專案」（晶圓、TFT-LCD 等），暫不開放；二是配合兩岸產業合作，納入搭橋專案之重點產業專案（汽車等）；上下游產業鏈完整，在國際市場上具有競爭力，並具有製造及管理能力者（紡織業、橡膠製品製造業、塑膠製品製造業等）。

服務業部分開放了 25 項，占臺灣加入 WTO 服務業承諾表承諾開放之次行業 113 項的 22%（經轉換成臺灣行業標準分類，共計開放服務業細項 117 項，占臺灣行業標準分類——服務業細類 326 項之 36%）。主要係考慮以下原則：一是有助於商業活動及行銷通路的服務業，且業者具因應能力者（批發業、零售業），優先開放；二是配合兩岸已簽署的協定，開放大陸籍業者來臺設立船舶運送業、民用航空運輸業的分公司或辦事處；三是凡涉及學歷認證、專業證照（律師、會計師），或需考慮業者調適能力之服務業（營造及相關工程服務業），暫緩開放。

公共建設部分開放了 11 項，占促參法公共建設次類別分類 81 項的 14%。陸資在臺灣地區投資（非承攬）公共建設，則應依據「促進民間參與公共建設法」及其相關規定辦理。主要內容如下：一是開放以民間參與公共建設的方式進行投資，但對於公共工程，其承攬部分暫不開放；二是第一階段開放專案，「民用航空站及其設施」須位於航空站陸側且非涉及管制區，並明訂陸資持股比率限制；「港埠及其設施」明訂陸資持股比率限制及投資總額下限。其它則為「觀光及遊憩重大設備」。

2010 年 5 月 20 日及 2011 年 1 月 1 日分別配合行政院金管會金融三法的修正及 ECFA 服務業早收清單，再開放陸資入臺投資銀行業、保險業及證券業等 12 項，以及其它運動服務業 1 項。

第一階段臺灣政府累計開放陸資可投資的專案計 205 項,其中:製造業 64 項、服務業 130 項、公共建設(非承攬)11 項。

(五) 2011 年 3 月－2012 年 3 月,臺灣政府第二階段開放陸資入臺投資

兩岸簽署 ECFA 後,預期兩岸經貿關係將更進一步的發展,為深化兩岸產業合作及擴大陸資來臺投資效益,臺灣經濟部」陸續協調各目的事業主管機關進行開放陸資投資專案的檢討及評估。檢討開放原則包括:一是臺灣內部產業具有因應能力且有共識;二是大陸有投資意願且對臺灣經濟就業有利;三是兩岸具有互補性且有助產業分工;四是與公共建設項目具關聯性的服務業並同檢討開放。2011 年 3 月 2 日第二階段開放 42 項業別項目核准陸資入臺投資,包括製造業 25 項、服務業 8 項以及公共建設 9 項[4]。開放業別專案內容如下:

1. 製造業部分:本次開放 25 項,累計開放 89 項,累計占臺灣行業標準分類——製造業細類 212 項之 42%。包括:

   (1) 染料及顏料製造、清潔用品製造、金屬模具製造、金屬結構製造、金屬建築元件製造、金屬熱處理、金屬表面處理、電池製造、風力發電設備製造、產業用機械設備維修及安裝等 10 項,無限制條件。

---

[4] 臺灣經濟部投資審議委員會,〈第二階段開放陸資來台投資業別專案新聞稿〉,2011/3/2,《臺灣經濟部投資審議委員會網頁》〈http://www.moeaic.gov.tw/system_external/ctlr?PRO=NewsLoad&id=756〉。

(2) 肥料製造、冶金機械製造、其它金屬加工用機械設備製造、木工機械設備製造、化工機械設備製造業、橡膠及塑膠加工用機械設備製造、未分類其它專用機械設備製造、原動機製造、污染防治設備製造、其它通用機械設備製造等 10 項，開放陸資得參股投資現有事業，持股比率不得超過 20%；合資新設事業，陸資持股比率須低於 50%；對該投資事業不得具有控制能力。

(3) 為確保臺灣關鍵技術產業的發展優勢及掌握主動權，策略性引進陸資投資人得參股投資或合資新設積體電路製造業、半導體封裝及測試業、液晶面板及其零元件製造業、金屬切削工具機製造業、電子及半導體生產用機械設備製造業等 5 項。陸資參股投資現有事業，持股比率不得超過 10%；合資新設事業，陸資持股比率須低於 50%；對該投資事業不得具有控制能力。此外，陸資投資前述業別專案，應提出產業合作策略，並經專案審查通過。

2. 服務業部分：開放 8 項，累計開放 138 項，累計占臺灣行業標準分類──服務業細類 326 項之 42%。主要系配合公共建設開放項目的服務業項目，包括其它陸上運輸業（限觀光用空中纜車運輸服務）、停車場業、遊樂園及主題樂園（非屬森林遊樂區）等 3 項，無限制條件；另，陸資投資港埠經營有關的服務業包括港埠業、其它水上運輸輔助業、其它運輸輔助業、普通倉儲業、冷凍冷藏倉儲業等 5 項，除限依《促進民間參與公共建設法》投資公共建設案之營運區域及業務範圍外，其持股比率須低於 50%；對該投資事業不得具有控制能力。

3. 公共建設部分：開放 9 項，累計開放 20 項，累計占促參法公共建設次類別分類 83 項的 24%。包括民用航空站與其設施的維修棚廠、交通建設的停車場、環境污染防治設施的 5 項、污水下水道、重大商業設施的國際會議中心等，其中針對民用航空站與其設施的維修棚廠，除軍民合用機場不開放外，其持股比率須低於 50%。臺灣政府在開放的同時也加強了管理。對於涉及關鍵技術的業別項目，如積體電路製造業、半導體封裝及測試業、液晶面板及其零元件製造業、金屬切削工具機製造業、電子及半導體生產用機械設備製造業等，除訂有持股比例限制外，陸資投資人並應提出具體產業合作策略、須為上下游廠商、應有助通路拓展等，且應承諾陸資股東不得擔任或指派經理人、擔任董事之人數不得超過其他股東擔任的總人數，以及不得於股東大會前徵求委託書等。對於開放陸資投資港埠得並同經營港埠服務業，亦訂定相關管理措施，除有持股比例限制外，並要求陸資投資人應承諾陸資股東不得擔任或指派經理人、其擔任董事的人數不得超過其他股東擔任的總人數，以及不得於股東大會前徵求委託書等。

（六）2012 年 3 月 19 日──至今，臺灣政府第三階段開放陸資入臺投資

為持續深化兩岸產業合作及擴大陸資來臺投資效益，臺灣經濟部陸續協調各目的事業主管機關進行開放陸資投資專案的檢討及評估。檢討開放原則包括：一是國內產業具有因應能力；二

是對臺灣經濟發展與就業具成效者；三是開放項目在兩岸具有互補性，如能進行合作，有助於兩岸產業分工的深化者；四是同一產業鏈的業別項目，以及與公共建設專案具關聯性的服務業，可考慮並同檢討。臺灣行政院於 2012 年 3 月 19 日核定經濟部提報的「大陸地區人民來臺投資業別項目」修正案，第三階段新增開放部分業別專案核准陸資來臺投資，包括製造業 115 項、服務業 23 項及公共建設 23 項（臺灣行業標準分類第 9 次修訂版），並修正部分已開放陸資投資製造業項目的限制條件。[5]臺灣政府第三階段開放陸資入臺步伐加大，但仍然設限。

其一，總體上看，臺灣政府第三階段開放陸資入臺步伐明顯加大，表現在投資業別項目開放程度方面。

製造業部分，本次新增開放 115 項，若加計以往開放的 89 項，製造業已開放 204 項，開放幅度達 97%（據臺灣行業標準分類第 9 次修訂版，臺灣製造業細類 211 項）。

服務業部分，本次新增開放 23 項（主要以經濟部主管及與公共建設相關的服務業為主），若加計以往開放的 138 項，服務業已開放 161 項，開放幅度達 51%（據臺灣行業標準分類第 9 次修訂版，臺灣服務業細類 316 項）。

公共建設（非承攬）部分，本次新增開放 23 項，若加計以往開放的 20 項，公共建設（非承攬）共計開放 43 項，開放幅度達 51%（據臺灣行業標準分類第 9 次修訂版，臺灣公共建設細類 84 項）。

---

[5]　臺灣經濟部投資審議委員會，〈第三階段開放陸資來台投資業別專案新聞稿〉，2012/3/20，《臺灣經濟部投資審議委員會網頁》〈http://www.moeaic.gov.tw/system_external/ctlr?PRO=NewsLoad&id=853〉。

這樣，據臺灣行業標準分類第 9 次修訂版，臺灣行業細類共計 611 項，三個階段累計對陸資入臺投資的開放程度達到 66.8%。

其二，臺灣政府在對陸資入臺投資加大開放步伐的同時，較之於僑、外資入臺投資，對許多投資專案依然設定不平等的歧視性限制條件，兩岸投資正常化尚有較長的路要走。

1. 製造業部分

本次開放項目中有 75 項無限制條件，另有 7 項與僑外投資項目訂有相同的限制條件。而計有 31 專案限投資臺灣地區現有事業，且陸資持股比率不得超過 50%。計有 33 項分別依據產業發展規模及其因應能力，訂定不同的限制條件：

(1) 投資現有事業且持股比率不得超過 50%：包括食品製造業（17 項）、非酒精飲料製造業、紙漿紙及紙製品製造業（5 項）、化學製品製造業、原料藥藥品製造業（非屬中藥原料製造者）、生物藥品製造業、鋼鐵冶煉業、金屬手工具製造業、螺絲螺帽及鉚釘製造業、機車製造業、機車零件製造業等 31 項。

(2) 限制不得具有控制能力，並應提出產業合作策略經專案審查：新增開放發光二極體製造業、太陽能電池製造業等 2 項，投資前述事業不得具控制能力，且須由專案小組審查產業合作策略，陸資投資人於專案審查時應承諾陸資股東不得擔任或指派其所投資事業的經理人、擔任董事的人數不得超過其它股東擔任的總人數，以及不得於股東大會前徵求委託書等限制條件。同時，為因應臺灣業者全球佈局及策略聯盟實務運作需求，針對前一階段已開放的積體電路製造業、半導體封裝及測試業、液

晶面板及其元件製造業、金屬切削工具製造業、電子及半導體生產用機械設備製造業等 5 項的限制條件進行調整，即也按照上述限制條件執行，以確保臺灣關鍵技術產業的發展優勢與掌握主動權。

2. 服務業部分

本次開放項目中有 15 項無限制條件，計有 8 項依業別特性訂有不同限制條件：

(1) 大眾捷運運輸系統業、其它陸上運輸輔助業，限依《促進民間參與公共建設法》投資公共建設案的營運區域及業務範圍，並經目的事業主管機關專案審查，對投資事業不得具有控制能力。

(2) 創業投資公司，對投資事業及其轉投資公司不得具有控制能力。

(3) 廣告業，不開放一般廣告，僅開放戶外廣告及其它廣告。

(4) 未分類其它專業科學及技術服務業，僅開放能源技術服務業。

(5) 其它機器設備租賃業，不開放電信設備、醫療機械設備及電力設備。

(6) 清潔服務業，限建築物清潔服務。

(7) 汽車維修業，限依「促進民間參與公共建設法」投資公共建設案「國道服務區」的營運區域及業務範圍，或投資汽車製造業、汽車批發業所附帶經營。

3. 公共建設（非承攬）部分

本次開放項目中有 9 項無限制條件，而計有 14 項附帶限制條件：

(1) 其中公路，限國道服務區；大型物流中心，限採合資且對投資事業不得具有控制能力；轉運站、車站、調度站等，限公路客運；依法核准設置的殯葬設施，限殯儀館及火化場。

(2) 它經主管機關認定的社會福利設施，採個案認定；市區快速道路、大眾捷運系統、輕軌運輸系統、橋樑及隧道、其它經主管機關認定的社會福利設施、公立文化機構及其設施、依法指定的古蹟、登錄的歷史建築及其設施、其它經目的事業主管機關認定的文化、教育機構及其設施等，均訂有持股比例等限制條件，且對該投資事業不得具有控制能力。

三、陸資入臺投資的現狀及其成因分析

（一）陸資入臺投資的現狀

　　據臺灣經濟部投資審議委員會統計，從 2009 年 7 月至 2012 年 12 月，臺灣核准陸資赴臺投資專案 342 件，投資金額約 5.03 億美元。2009 年 7 月至 2012 年 12 月核准陸資入臺投資情況參見表 1。

　　從核准陸資入臺投資金額的業別分佈來看。2009 年 7 月至 2012 年 12 月核准陸資入臺投資案件，投資金額前 5 名分別為港埠業 1 億 3,910 萬 8 千美元（占累計核准陸資入臺金額的

27.62%)、銀行業 9,148 萬 1 千美元（占比 18.16%）、批發及零售業 8,416 萬 5 千美元（占比 16.71%）、電腦、電子產品及光學製品製造業 56,728 千美元（占比 11.26%）、資訊軟體服務業 39,491 千美元（占比 7.84%）。資料顯示，陸資入臺投資以服務業為主。

從臺灣核准陸資入臺投資件數的業別分佈來看。依序為：批發及零售業 186 件；資訊軟體服務業 24 件；電子零元件製造業 23 件；機械設備製造業 18 件；電腦、電子產品及光學製品製造業 16 件；會議服務業 15 件；運輸及倉儲業 15 件；餐館業 12 件；塑膠製品製造業 4 件；專業設計服務業 4 件；廢棄物清除、處理及資源回收業 3 件；電力設備製造業 3 件；廢汙水處理業 3 件；銀行業 2 件；食品製造業 2 件；港埠業 1 件；汽車及其零件製造業 1 件；橡膠製品製造業 1 件；產業用機械設備維修及安裝業 1 件；研究發展服務業 1 件；傢俱製造業 1 件。

據臺灣經濟部投資審議委員會統計，2012 年全年臺灣核准陸資入臺投資件數為 138 件，較上年增加 35.29%；投（增）資金額計 3 億 2,806 萬 7 千美元，較上年增加 650.11%。數據顯示，隨著臺灣政府開放陸資入臺投資的深化發展，陸資入臺投資的機會在增加，投資的意願在增強，投資的步伐在加快。

陸資入臺投資的動機，不外乎拓展臺灣市場、建構兩岸分工體系、打造全球佈局重要環節，以及利用臺灣人才與技術等。從投資方式看，陸資多以獨資型態，在臺設立子公司或分公司的模式經營。從投資收益角度看，多數在臺陸資經營時間尚短，業務發展處於初始階段，目前尚未獲利。

另據臺灣經濟部，陸資入臺投資對臺灣經濟社會發展已產生正面且具體的效果，包括：一是為臺灣產業及金融市場注入了資金；二是透過兩岸企業合作與互補關係，帶動了臺灣產品出口

（如：大陸中鋼集團在臺投資中國金貿有限公司，從事鋼鐵需求
原物料批發業務，供應臺灣內部中鋼、燁聯集團、長榮鋼鐵、華
新麗華四大鋼鐵廠使用，並協助採購國內鋼鐵廠商產品銷往大陸
以外的全球地區）；三是協助臺灣企業拓銷大陸內銷市場（如：
北京控股集團有限公司在臺投資京泰發展有限公司，與臺灣內
部耐斯集團愛之味公司策略聯盟，協助愛之味公司飲料產品進
軍大陸市場）；四是創造臺灣就業機會（依據臺灣勞保局截至
2011 年 12 月底統計，陸資來臺投資事業已雇用臺灣員工人數計
5189 人）。

表 3-1　2009 年 6 月至 2012 年底臺灣核准陸資入臺投資業別統計

投資業別	臺灣核准陸資入臺投資業別 （千美元；%）		
	件數	金額	比重%
港埠業	1	139,108	27.62
銀行業	2	91,481	18.16
批發及零售業	186	84,165	16.71
電腦、電子產品及光學製品製造業	16	56,728	11.26
資訊軟體服務業	24	39,491	7.84
機械設備製造業	18	24,578	4.88
食品製造業	2	13,775	2.74
會議服務業	15	11,813	2.35
廢棄物清除、處理及資源回收業	3	9,183	1.82
電子零元件製造業	23	8,355	1.66
餐館業	12	6,947	1.38
電力設備製造業	3	3,690	0.73
汽車及其零件製造業	1	3,344	0.66
成衣及服飾品製造業	2	2,919	0.58
塑膠製品製造業	4	2,537	0.50
住宿服務業	2	1,821	0.36
運輸及倉儲業	15	1,803	0.36

專業設計服務業	4	658	0.13
技術檢測及分析服務業	2	424	0.08
橡膠製品製造業	1	271	0.05
產業用機械設備維修及安裝業	1	217	0.04
研究發展服務業	1	206	0.04
廢汙水處理業	3	78	0.02
傢俱製造業	1	40	0.01
合計	342	503,634	100.00

資料來源：臺灣經濟部投資審議委員會統計。

（二）陸資入臺投資不如預期的原因

統計資料表明，儘管至今臺灣政府開放陸資來臺投資三年半了，但陸資入臺投資意願不足、步伐緩慢、規模較小，除了2012年成長勢頭良好之外（投資件數較2011年增加35.29%，投資金額成長650.11%），總體上不如預期，基本上還處於試探性投資階段。原因何在？

首先，在長達2年9個月的前二階段，臺灣政府開放給陸資投資的業別專案相當有限，對陸資投資有吸引力的行業領域更少。

2009年6月30日第一階段開放的192項中，製造業開放方面，據臺灣行業標準分類第8次修訂版，臺灣製造業細類共212項，但第一階段對陸資僅開放了64項，僅占總項數的30%；服務業開放方面，臺灣服務業細類326項（臺灣行業標準分類第8次修訂版），但第一階段分三次對陸資僅開放了130項，約占總項數的40%。若依WTO服務業承諾表行業分類，臺灣承諾開放的服務行業計113項，但2009年6月30日對陸資僅先開放25項，僅占22%；公共建設開放方面，臺灣公共建設分類共計81項（臺灣行業標準分類第8次修訂版），但第一階段對陸資僅開

放 11 項，占總項數 14%，而且陸資在臺投資僅限於非承攬部分，公共工程承攬部分不予開放。

在第一階段開放的基礎上，自 2011 年 3 月 7 日第 2 階段開放了 42 項業別專案，包括製造業 25 項、服務業 8 項以及公共建設 9 項。但第一、二階段累計開放陸資入臺投資專案計 247 項，其中製造業 89 項，占整體製造業 212 項的 42%；服務業 138 項，占服務業項目總數 326 項的 42%；公共建設（非承攬）20 項，占公共建設項目總數 83 項的 24%。

與此同時，在相當有限開放的業別專案中，對陸資投資有吸引力的更少。臺灣開放陸資投資的業別項目，主要集中在勞動力密集型、資源消耗型的傳統產業，製造業以食品、飲料、紡織等為主，服務業以餐飲和批發零售為主。但這些產業在臺灣內部不但發展相對飽和，市場競爭激烈，而且成本高，利潤低。顯然，臺灣開放陸資入臺投資的業別專案欠缺吸引力。而真正對陸資有較強吸引力的業別項目，如金融服務業、專業服務業與高科技產業等，都未開放陸資入臺投資。

表 3-2　臺灣政府開放陸資入臺投資進程及其分類項數統計

進程／項目	第一階段 2009 年 6 月 30 日 開放項數（開放程度）	第二階段 2011 年 3 月 2 日 開放項數（開放程度）	第三階段 2012 年 3 月 19 日 開放項數（開放程度）	累計開放項數（累計開放程度）
製造業	64（30%）	25（12%）	115（55%）	204（96.68%）
服務業	130（40%）	8（2.5%）	23（7.5%）	161（50.95%）
公共建設	11（14%）	9（11%）	23（27%）	43（51.19%）
合計	205（33.12%）	42（6.76%）	161（26.35%）	408（66.78%）

說　　明：第一階段原開放 192 項，包括 64 項製造業、117 項服務業及 11 項公共基
礎建設；2010 年 5 月 20 日配合行政院金管會修正金融三法，開放銀行、
證券、期貨等 12 項；2011 年 1 月 1 日，配合 ECFA 服務業「早收清單」，
開放其他運動服務業 1 項。

資料來源：整理自臺灣經濟部投資審議委員會網站（http://www.moeaic.gov.tw/）的如
下資料：
* 臺灣經濟部投資審議委員會，2009/6/30，〈開放陸資來台，實現兩岸雙向
投資」優勢互補、互利雙贏」〉，《臺灣經濟部投資審議委員會網頁》，
http://www.moeaic.gov.tw/system_external/ctlr?PRO=NewsLoad&id=648。
* 臺灣經濟部投資審議委員會，2011/3/2，〈第二階段開放陸資來台投資業
別專案新聞稿〉，《臺灣經濟部投資審議委員會網頁》，http://www.moeaic.
gov.tw/system_external/ctlr?PRO=NewsLoad&id=756。
* 臺灣經濟部投資審議委員會，2012/3/20，〈第三階段開放陸資來台投資業
別專案新聞稿〉，《臺灣經濟部投資審議委員會》，http://www.moeaic.gov.tw/
system_external/ctlr?PRO=NewsLoad&id=853。

**其次，臺灣政府對陸資投資人資格限制過於嚴苛，能夠入臺投
資的陸資企業有限，並設定嚴苛的管理門檻與歧視性的限制條件。**

臺灣政府不僅禁止大陸投資人的如下投資申請案：在經濟上
具有獨占、寡占或壟斷性地位的投資申請案；在政治、社會、文
化上具有敏感性或影響國家安全的投資申請案；對臺灣經濟發展
或金融穩定有不利影響的投資申請案，而且，高度限制大陸地區
軍方投資或具有軍事目的的投資人入臺投資。結果，大陸 138 家
國有企業中的 9 家軍方投資的國有企業入臺投資被禁止，其它
129 家非軍方投資的大陸國有企業入臺投資也被嚴加管制，若涉

及敏感性問題，將被禁止入臺投資。而眾所周知，大陸的國有企業目前是大陸對外直接投資的主要企業。

為避免陸資經由第三地投資事業入臺投資，規避《大陸地區人民來臺投資許可辦法》的適用，該許可辦法還設定嚴苛的管理門檻，對於大陸地區的人民、法人、團體或其它機構，直接或間接持有第三地區公司股份或出資額逾 30%，或其對該第三地區公司具有控制能力，亦視為陸資，應適用該許可辦法的規定。為了強化對入臺陸資的管控，該許可辦法規定大陸企業投資上市、上櫃及興櫃公司的股票，如果單次或累計投資股份在 10% 以上者，即被視為直接投資，即依該許可辦法辦理。

此外，臺灣政府在有限開放陸資入臺投資業別項目的同時，又對陸資入臺設立如前所述的諸多限制條件（特別是關於陸資的持股比例和對公司控制能力的有關限制），實際上是「開了大門，不開小門」，象徵性開放（而非實質性開放）意義明顯。這些限制條件不僅嚴苛，而且有違 WTO 最惠國待遇原則，嚴重影響到陸資入臺投資的意願。

再次，臺灣政府關於陸資來臺投資的相關規範及配套措施不力，損及陸資入臺投資的便利性，降低陸資入臺投資意願。

陸資入臺投資是一個涉及資金運作、職工招聘、土地房屋、人員居留等多個方面的系統工程。相應地，陸資來臺投資涉及的相關規範及配套措施，除了臺灣經濟部訂定的《大陸地區人民來臺投資許可辦法》、《大陸地區之營利事業在臺設立分公司或辦事處許可辦法》2 項許可辦法之外，尚涉及陸資投資人及其眷屬在臺的停留、就醫、就學、金融需求及購買不動產等配套措施，涉及臺灣內政部、教育部、衛生署、金管會等多個主管機關。然而，

臺灣政府有關部門的相關命令規章卻未能與時俱進加以調整和改進，基本上仍採取民進黨執政時期的抵制心態與管制做法，造成陸資入臺投資經營相當不便，從而也大大降低了陸資入臺投資的意願。

事實上，很多配套政策措施都還僅停留在規劃與討論階段，而沒有實質性的落實與執行。如大陸人士在臺投資企業中的任職規格和許可權問題，陸資商務人員在臺居留的時限問題，大陸技術人員在臺工作居留、房屋租賃和往返兩岸問題，大陸陸資資金的匯出匯入問題，大陸居民或企業向臺灣金融機構貸款融資的擔保品以及融資規模與途徑等問題。特別是，人員居留不易、申辦手續繁瑣已成為制約陸資在臺投資行為與投資方式的一個關鍵性因素。如規定大陸居民或企業在臺投資不動產，每次在臺停留 10 天可延長 1 次，但 1 年內總停留時間最長不得超過 1 個月。顯然，這種不近情理的規定對到臺灣投資經營的大陸人士有諸多不便。

此外，陸資也尚需時日與管道以瞭解與研究在臺灣的投資機會與投資環境等方面的資訊狀況。

由於先前臺灣政府禁止陸資入台投資、三通不通等因素，陸資對外投資的目的地規劃多設在其他經濟體。而今，臺灣政府雖然開放陸資入台投資，但陸資實際入台投資之前必須先行調研臺灣的投資機會與投資環境等情況。而兩岸資訊不對稱等因素又會影響到陸資完成入台投資的調研進程。簡言之，陸資尚需時日與管道以瞭解與研究在臺灣的投資機會與投資環境等方面的資訊狀況。

最後，陸資對當前兩岸關係的穩定性存疑，對臺灣投資環境與發展環境信心不足，對入臺投資抱持等待觀望的態度。

　　臺灣投資環境與發展環境雖然自 2008 年國民黨執政以來因兩岸關係的改善而處於改善之中，但由於兩岸經貿關係至今尚未實現完全的正常化，加之在臺灣的選舉政治下，兩岸關係和平發展的穩定性因民共兩黨（民進黨、共產黨）尚未形成兩岸同屬一個國家的政治共識與互信而具有不確定性，所有這些都影響到投資人對臺灣投資環境與發展環境的評估與信心，進而影響到陸資入臺投資的意願與步伐。

四、陸資入臺投資政策的調整趨勢展望

　　陸資入臺投資，正如臺灣政府所稱的，有助於充裕臺灣產業資金，活絡臺灣金融市場，擴大兩岸產業合作的領域；並可透過兩岸雙向的投資，結合彼此的優勢，共同合作開拓大陸以及國際市場；此外，更可以彰顯臺灣經濟的高度自由開放，讓國際投資人對於臺灣市場具有更大信心，有利於外商以臺灣作為全球運籌的基地。這些正是臺灣政府願意開放陸資入臺投資的動因所在。而今，「先緊後鬆、循序漸進、先有成果，再行擴大」的保守主義的開放思維、原則與歧視性的做法，貫穿於開放陸資入臺投資政策措施的方方面面，加之存在兩岸關係穩定性之虞等其它因素，使得陸資入臺投資的意願、步伐與規模不如預期。臺灣政府

須小心當初開放陸資入臺的動機與目的可能會因過於保守的開放政策而落空。

　　眾所周知，兩岸直接三通之前的十餘年來，由於臺灣內部政治民主運動的民粹化對臺灣內部社會經濟環境的不利衝擊，以及原政府對抗性的兩岸關係行為與鎖島性的大陸經貿政策對臺灣內部投資環境的負面影響（在大陸成為全球化中心的形勢下無法與大陸有機連接，無法善用大陸發展的機會來發展自身），臺灣內外投資人看淡臺灣經濟的投資環境與發展環境，不僅臺灣原有資本與產業不斷外移，而且臺灣內外資本都不願意在臺灣內部投資，使得臺灣產業經濟發展所需的資本形成不足，制約了臺灣內部技術與產業的創新與升級，從而造成產業空洞化與經濟停滯不前[6]。

　　當前，作為兩岸經貿關係正常化的一個重要標誌，開放陸資入臺投資，實現兩岸投資關係正常化，不僅可以直接吸引部分陸資入臺投資，創造產業與就業，而且意味著臺灣內外資本可以有機連接，臺灣內外產業可以融合發展，臺灣內部企業可以全球化運作，從而有效提升臺灣內外投資人對臺灣經濟發展環境與投資環境的信心並投資臺灣內部，從而促進臺灣技術與產業的創新與升級，最終促進臺灣經濟與就業的成長。

　　現在的問題是，過於保守的開放政策讓臺灣依然無法與大陸進而與全球有機連接，臺灣投資環境與發展環境將無法從根本上得到改善。這一旦被海內外投資人看破，投資人將可能再次裹足不前。這將無助於臺灣產業經濟發展所需的資本形成，無助於兩

---

[6]　唐永紅、孫海雅，〈陸資入台對臺灣經濟的影響〉，《兩岸關係》，第 2 期，2011/7，頁 36-37。

岸互補性優勢的整合發揮與兩岸產業的合作發展，無助於臺商根留臺灣以臺灣為全球營運中心，無助於外商以臺灣作為全球運籌的基地。更為重要的是，當前臺灣政府實行象徵性而非實質性的開放政策，必將導致開放成效不彰，從而致使臺灣民眾對經濟民生可能繼續「無感」，不僅將留給政策反對者以再次反對的理由，而且，將不可避免地影響到臺灣民眾對臺灣政府的繼續支持。

　　鑒於上述陸資入臺開放政策成效不彰及其連帶的不利影響，面對國際經濟環境的不利衝擊和提振經濟民生的自身舉措的有限性，可以預期，臺灣政府將不得不再次檢討其陸資入臺開放政策，進一步加大開放程度並改進配套政策措施，盡速實現兩岸投資關係正常化。

【參考文獻】

唐永紅、孫海雅，〈陸資入台對臺灣經濟的影響〉，《兩岸關係》，第 2 期，頁 36-37，2011/7。

臺灣經濟部投資審議委員會，〈開放陸資來台，實現兩岸雙向投資」優勢互補、互利雙贏〉，《臺灣經濟部投資審議委員會網頁》，2009/6/30，http://www.moeaic.gov.tw/system_external/ctlr?PRO=NewsLoad&id=648。

臺灣經濟部投資審議委員會，〈98 年 6 月核准僑外投資、國外投資、對中國大陸投資統計速報〉，臺灣經濟部投資審議委員會，2009/7/21，http://www.moeaic.gov.tw/system_external/ctlr?PRO=NewsLoad&id=651。

臺灣經濟部投資審議委員會，〈第二階段開放陸資來台投資業別專案新聞稿〉，臺灣經濟部投資審議委員會，2011/3/2，http://www.moeaic.gov.tw/system_external/ctlr?PRO=NewsLoad&id=756。

臺灣經濟部投資審議委員會，〈第三階段開放陸資來台投資業別專案新聞稿〉，臺灣經濟部投資審議委員會，2012/3/20，http://www.moeaic.gov.tw/system_external/ctlr?PRO=NewsLoad&id=853。

臺灣經濟部投資審議委員會，〈101 年 12 月核准僑外投資、陸資來台投資、國外投資、對中國大陸投資統計速報〉，臺灣經濟部投資審議委員會，2013/1/21，http://www.moeaic.gov.tw。

CHAPTER 4

大陸台商轉型升級：
政經背景與產官學互動

【Author】陳德昇
現職　政治大學國際關係研究中心研究員
學歷　國立政治大學東亞研究所博士
經歷　中華民國總統府國家安全會諮詢委員
　　　台北市兩岸經貿文教交流協會理事長
　　　政治大學國際關係研究中心第四研究所所長
　　　日本交流協會「專家獎助」訪問學者
　　　美國史丹福大學胡佛研究所訪問學者
研究　政治經濟學、地方政府與治理、兩岸經貿關係

【Author】黃健群
學歷　國立政治大學東亞研究所博士候選人

一、前言

　　自20世紀80年代開始，經濟全球化浪潮迅猛發展，產品、資本、技術，以及人力快速流動，自由化和國際化已經成為全球貿易的常態。在此一浪潮下，企業為尋求發展，跨國、跨地域的全球布局，已經成為經濟全球化時代的特色。擁有廣大腹地、廉價勞動力、豐富資源及潛在市場的中國大陸，自1979年改革開放以來，即成為全球企業、資金競相湧入的地區。在此一背景下，台商於1990年代形成大陸投資熱潮。然而，隨著大陸經濟的快速發展，中共當局開始意識到，作為工業主體的加工貿易發展過程中，造成包括分配不均、環境污染、區域發展失衡等諸多問題，因此積極思考產業發展策略的調整。

　　三十多年來，中共推動經濟改革開放政策，已經使中國大陸變成世界上最大，且最具經濟活力的國家之一。然而，自2000年迄今，中國大陸面臨包括全球金融動盪、海外主要市場經濟衰退，以及社會不穩定等因素的挑戰。與此同時，與西方先進國家現代化發展進程存在之挑戰，中共亦必須思考，如何能夠在環境永續的前提下持續維持經濟成長？又要如何在維持經濟成長的同時，抑制能源過度消耗，同時緩和國際日益重視的全球暖化問題？[1]這些發展中的困境，都是中國大陸在高度經濟發展下所必須面對的挑戰。

---

[1]　Ligang Song and Wang Thye Woo, "China's dilemmas in the 21st Century", *in China's Dilemma-Economic Growth*, the Environment and Climate Change (Washington, D.C. : Brookings Institution Press, 2008),pp.1-2.

由於希望改變大陸改革開放以來經濟增長所造成的國內外環境的失衡，中共自「九五」計劃時期，即思考透過調整加工貿易為主的製造業體質，以新型工業化來帶動整個產業結構的優化；2003 年中共「十六屆三中全會」提出取代傳統發展觀的「科學發展觀」概念，不僅成為中共的執政理念之一，也為大陸產業轉型升級提供論述基礎。對中共而言，所謂的產業轉型升級，就是一方面加速調整大陸產業結構；另一方面，針對長期扮演大陸經濟成長動能的加工出口貿易進行產業升級。對台商大陸投資而言，將無可避免面臨大陸投資環境之變遷，以及政府執行轉型升級政策之影響。台商如何順應此一經濟發展路徑，兩岸產官學界各行為主體扮演何種角色與功能，最終能否實現轉型升級與開拓內需市場之目標，應是當前值得關注與思考的課題。

表 4-1　中共推動產業轉型升級的歷程

時間	會議文件	說明
1990 年 12 月	第十三屆七中全會〈中共中央關於制定國民經濟和社會發展十年規劃和「八五」計畫的建議〉	1990-2000 年經濟建設的重點在於「調整產業結構，加強農業、基礎工業和基礎設施的建設，改組改造加工工業，不斷促進產業結構合理化」。
1995 年 9 月	十四屆五中全會「中共中央關於制定第九個五年計劃和 2010 年遠景目標的建議」	1995 年到 2010 年經濟建設要「切實轉變經濟增長方式」，在優化產業結構部分則是「著力加強第一產業，調整和提高第二產業，積極發展第三產業」。
2000 年 10 月	中共十五屆五中全會「中共中央關於制定國民經濟和社會發展第十個五年計劃的建議」	大陸經濟要持續快速健康發展，必須以提高經濟效益為中心，並應加快工業改組改造和結構優化升級。
2003 年 10 月	中共十六屆三中全會「中共中央關於完善社會主義市場經濟體制若干問題的決定」	提出科學發展觀，同時也強調「引導加工貿易轉型升級」。

2005 年 10 月	中共十六屆五中通過「中共中央關於制定國民經濟和社會發展第十一個五年規劃的建議」	「全面貫徹落實科學發展觀」、「調整優化產業結構」
2007 年 10 月	中共「十七大」工作報告	1. 強調「加快轉變外貿增長方式」； 2. 強調以質取勝、調整進出口結構、促進加工貿易轉型升級等產業政策方向； 3. 希望透過外資的利用，推動產業的自主創新、產業升級及區域平衡發展； 4. 十七大報告中也提到，隨著大陸經濟高速增長，在國際社會中必須承擔著越來越多的責任，特別是對溫室氣體排放標準的提高（所謂的節能減排），使得大陸產業結構必須調整，高污染、高耗源產業必須遷移，或必須進行技術的提升。
2010 年 10 月	中共十七屆五中全會通過「中共中央關於制定國民經濟和社會發展第十二個五年規劃的建議」	強調「十二五」（2011-2015 年）將是全面建設小康社會的關鍵時期，「加快轉變經濟發展方式」是這個時期的重點工作，而經濟結構調整是加快經濟發展方式的方向。
2011 年 11 月	大陸商務部等六個部門 頒布《關於促進加工貿易轉型升級的指導意見》	要將大陸這個「世界工廠」轉型進行技術升級，由原來的「代加工」轉型為「代設計、代加工」一體化，這是大陸有關加工貿易轉型升級首次出台的國家級政策，除為大陸的加工貿易轉型升級提出更為完整的方向之外，也為中共產業轉型升級政策的落實，推進了重要的一步。

資料來源：本研究整理。

二、中共發展論述的改變：從傳統發展觀到科學發展觀

　　中共推動產業轉型升級，在論述上最重要的是由「經濟人」向「社會人」論述的轉變；換言之，就是「唯經濟成長」到「平衡發展」的改變。

　　中共自 1978 年「十一屆三中全會」後，推動改革開放的發展政策，其內涵是「唯經濟成長」的發展觀。這種「唯經濟成長」的傳統發展觀，源自於二次世界大戰結束後至 20 世紀 60 年代時期的西方，其內在蘊涵的邏輯，是認為經濟增長能夠實現生活水準的提高、平等的擴大和社會的進步。換言之，傳統發展觀是純粹「經濟人」的思維。傳統發展觀將經濟增長和累積財富作為社會發展的目的，並認為「社會如何快速有效發展」、「如何增加社會物質財富」才是國家／個人應該思考的問題。然而，依循著傳統發展觀，國家／個人將無止盡的追求經濟成長，同時為求成長而忽視經濟增長的品質、生態的保護及資源的耗竭。這種非理性、高投入、低產出；高生產、低效益；高排放、低回收的發展方式持續，將會造成包括資源危機、生態危機、環境危機及越來越嚴重的人的異化、物化等問題，[2] 甚至使經濟發展成本的增加，導致國家經濟「有增長無發展」。

　　1979 年中共改革開放以來，是以經濟增長作為施政的主軸，透過吸引外資、發展加工出口貿易，雖然造就高速經濟成長及世

2　張榮、張素蘭，〈科學發展觀對傳統發展觀的超越〉，《綿陽師範學院學報》（四川省綿陽市），第 30 卷第 9 期，2011 年 9 月，頁 105-106。

界第二的經濟總量，但在中共「讓一部分人、一部分地區先富起來」政策下，造成中國大陸日益嚴重的沿海／內陸、城市／鄉村等發展和收入的差距，許多隱而未顯的社會矛盾，衝擊中共的合法性危機。因此，中共透過對改革開放以來，中國大陸經濟成長動能的傳統發展觀進行反思，建構「科學發展觀」論述，以作為修正中國大陸經濟發展過程中造成的社會失衡。

中共「十六屆三中全會」提出「科學發展觀」，取代傳統的發展觀，並於 2007 年「十七大」將「科學發展觀」納入黨章，與毛澤東思想、鄧小平理論及「三個代表」並列。自此，科學發展觀不但成為中共執政理念之一，亦成為社會主義現代化建設的思想指導。對中共來說，被納入黨章的中共領導人思想，即被視為中共意識型態組成部分，理論上是由馬克思主義基本原理原則與中國實際相結合，並因應不同現實情況所建構。也就是說，中共科學發展觀的提出，顯示其意識到傳統發展觀雖造成的社會失衡，中共遂有改變舊有發展方式的必要性與壓力。

中共一向強調「理論先行」，科學發展觀之提出，是為了有別於僅強調經濟增長、看重 GDP 等指標的傳統發展觀；而中共「十七大」後推動的產業轉型升級，事實上就是為了實踐科學發展觀。因此，透過對科學發展觀「發展」、「以人為本」、「全面協調可持續」、「統籌兼顧」等重要概念的梳理，不但可理解大陸產業轉型升級內在邏輯，進而掌握中共相關政策的推動方向。

對中共而言，科學發展觀是最重要的概念就是「發展」。中共強調，科學發展觀的「發展」概念延續毛澤東解放生產力、鄧小平理論「發展才是硬道理」、江澤民「把發展作為黨執政興國的第一要務」等有關的「發展」概念。中共強調科學發展觀繼承自歷代領導的思想體系，一方面為新的發展觀提供意識型態的合

法辯護基礎；另一方面，則是再強調新的發展觀「以經濟建設為中心」的發展思維並不能因此而改變。中共認為，21 世紀中葉之前中國大陸仍處在「社會主義初級階段」，因此在建設社會主義現代化過程中，仍必須依靠不斷的發展，因此，要解決大陸經濟發展過程中造成的社會矛盾，乃至於維持社會穩定、提高國家競爭力，甚至是鞏固共產黨的執政地位、建設小康社會、提高民眾物質文化水平等等，都必須靠「不斷的發展」。[3]也就是說，對中共來說，作為一個威權政體，經濟成長仍是共產黨賴以維持統治權的最重要基礎，因此科學發展觀仍必須延續傳統發展觀的思維；但和過去不同的是，科學發展觀必須在傳統發展觀的基礎上體現「新傳統主義」（neo-traditionalism）路線，必須透過找回毛澤東時期社會公平的理念，在發展與公平兩個價值之間找到平衡點。[4]

為了回應「如何發展」及「解決分配不均」，中共透過科學發展觀「全面協調可持續」及「統籌兼顧」等概念，指出其與傳統發展觀不同的經濟發展策略方向。中共強調，過去中國大陸只重視經濟建設，但更應重視的是社會、政治、文化等各層面的「全面」發展；與此同時，城鄉、區域及貧富之間應彼此支援「協調」，更重要的是，不能為經濟的增長而犧牲環境，經濟增長必須建立在「可持續」的基礎上。[5]至於「統籌兼顧」，即是以宏觀調控、

---

3   劉德偉、陳克惠主編，《科學發展觀黨建理論研究》（北京：人民出版社，2009 年 8 月），頁 59-60。

4   趙建民，〈科學發展觀與胡錦濤路線〉，《展望與探索月刊》（台北），第 5 卷第 12 期（民國 96 年 12 月），頁 44。

5   在「全面」發展部分，中共近年來不斷強調除了經濟發展之外，中國大陸還應該進行政治改革、社會改革，更應該強化文化建設；而「協調」這個概念，最顯而易見的就是中共的「對口支援」政策，也就是經濟實力較強的省份地區對經濟實力較弱的省份地區實施援助的一種政策性行為；「可持續」概念的具體落實，可由 2007 年以來大陸政府頒布的各項

適時適當干預的方式，在社會利益調整過程中調和各方面的矛盾。[6]具體的說，即是國家／政府在發展的基礎上，透過宏觀調控協調統籌資源，以調合城市／鄉村、沿海／內陸、國內發展／對外開放彼此間落差，促使中國大陸能夠在穩定中發展。

　　總之，依循「以 GDP 為中心」的傳統發展觀，雖然促使中國大陸經濟快速成長，但卻造成包括城鄉、區域、分配、生態環境等各方面的社會矛盾。事實上，大陸經濟發展過程中的諸多失衡現象若無法解決，將影響政權的穩定，甚至衝擊中共作為唯一執政黨的合法性。因此，中共提出科學發展觀來取代傳統發展觀，其主要目的是要解決大陸經濟快速發展過程中所帶來的危機；若以更高的戰略層次來看，中共科學發展觀的提出，意味中國大陸經濟發展，將由改革開放時期的體制轉軌型、20 世紀 90 年代以來的高速增長型，轉變到現在的科學發展型。

三、中共推動產業轉型升級的策略意圖

　　中共「十一五」時期推動以加工貿易為主的產業轉型升級，並以科學發展觀，作為產業轉型升級的理論基礎。在經濟策略層面，中共主要目的是為改變大陸加工貿易在全球價值鏈低端的位置，不希望再扮演以能源損耗及環境污染來成就 GDP 的「世界

針對「兩高一資」企業的環保法規來觀察，此部分後文會再提到。
[6]　張啟富、舒蘇平，〈樹立科學發展觀，推動經濟社會和人的全面發展〉，頁 15-16。

工廠」；在政治戰略層面，中共則是希望藉由產業體質的調整，為中國的崛起提供一個堅實的物質基礎，成為一個真正的強國。

（一）大陸長期推動加工貿易所造成的問題

　　歸納來看，改革開放以來大陸經濟之所以高速成長，主要依賴投資驅動和外貿導向，但也造成了以下幾個問題：（一）產業整體競爭力不足。由於大陸各地方政府「重數量、輕品質」的招商引資政策，引進過多勞動密集型簡單加工行業，使得大陸加工貿易長期停留在「主要原材料和技術設備的加工生產」階段，造成大陸加工貿易產業結構仍集中在傳統勞動密集型產品和中低技術工序；（二）受外資企業發展影響。長期以來大陸加工貿易的主體是外資企業，所以產業關聯和技術外溢效應有限，使得大陸加工貿易受外資企業自身發展戰略影響；（三）缺乏自主研發能力。大陸加工貿易多依賴外資企業跨國公司，大陸企業在生產過程中多從事貼牌生產，而較少掌握核心專利和開發品牌，也就是說無法掌握附加價值較高的研發和行銷兩端；（四）大陸企業產品缺乏競爭優勢。由於品質不穩定、國際營銷管道不通暢，再加上研發環節多在海外等因素，大陸企業產品較缺乏競爭優勢，且由於原材料和零組件多向海外採購，因而削弱其在加工貿易中的國內配套能力；（五）區域發展不平衡。中共基本上是「由東向西，由南向北」開放外來企業投資大陸，因此造成加工貿易區域發展的不平衡。[7] 此外，由於大陸加工貿易長期作為代工的利

---

[7]　徐冬青，〈關於我國加工貿易轉型升級的思考〉，《學海》（江蘇省南京市），2004 年第 6 期，2004 年 12 月，頁 102-103。

潤不高，出口企業只能增加出口數量來維持利潤，然而持續以出口為導向的產業政策，則導致了與其他國家的貿易摩擦及傾銷訴訟，甚至面臨貿易保護主義。[8]

　　總的來說，中共長期發展加工出口貿易，視其為「承接國際產業轉移、參與國際分工的重要途徑」，但由於加工貿易准入門檻過低、產品附加價值低，再加上出口多為高能耗、高污染和資源性產品等因素，以及 2008 年全球金融海嘯後大陸加工貿易發展面臨資源短缺、出口持續下降、經營成本上升、環境資源壓力加大、國際競爭愈加激烈等多重壓力，因此推動以加工貿易為主的產業轉型升級，成為中共「重要而緊迫」的戰略任務。[9]

　　對中共來說，推動產業轉型升級，在經濟戰略上的意涵，就是要改變中國大陸「世界工廠」的角色，讓中國大陸製造業脫離全球產業價值鏈低端的位置，並不再以犧牲勞工權益、耗損資源環境來成就 GDP，讓「中國製造」成為「中國創造」。然而，這個經濟戰略目標必須透過減少工業耗能及環境污染的綠色發展道路，以及提升全球產業價值鏈地位等方式來達成。換言之，強調自主創新研發，以及綠色發展，將是中共推動產業轉型升級政策的核心意涵。

---

[8] 大陸商務部產業損害調查局《全球貿易摩擦報告（2011）》指出，自 1995 年以來，截至 2010 年，中國大陸已連續 16 年成為全球貿易調查的首位，並自 2006 年以來連續 5 年成為全球反補貼措施的「重災國」。

[9] 「2011 商務形勢系列述評之五：遵循規律 穩中求進 推動加工貿易轉型升級」（2012 年 1 月 5 日）。

（二）推動以綠色發展為主軸的經濟發展策略

　　中國大陸經濟快速發展下，發展過多資本與資源高度密集性的產業，導致中國大陸的經濟成長高度仰賴環境資源，「中國製造」的產品雖然包括勞力密集度高的玩具、紡織品及價值附加高的高科技電腦與通訊產品，但是中國大陸仍被歸類為低收入、非核心創新者的國家，而當西方學者在談及中國大陸產業競爭性時，多認為其整體產業水準遠落後於西方先進國家。[10]因此，對中共來說，以耗損資源、破壞環境、犧牲勞工權益等「以 GDP 為中心」的傳統發展觀不再適合中國大陸。換言之，傳統發展觀雖使得中國大陸經濟快速成長，但隱而未顯的經濟損失，卻逐漸影響多年來的經濟發展成果。

　　隨著環境問題的惡化，中共近幾年制定經濟政策時都將對環境的保護同時納入思考，[11]大陸學者曾指出，中國大陸所面臨的基本問題是「要綠色 GDP 還是要黑色 GDP」，GDP 可以理解為國內生產總值（Gross Domestic Product），也可以理解為國內污染總量（Gross Domestic Pollution），綠色發展道路和黑色發展道路是兩條不同的發展模式，而中國大陸歷經了六十年工業化，不能重走工業化國家的老路，要實現綠色發展，以創新來促成綠色中國。[12]由此可知，環境污染造成的經濟損失、生存危機，已是中

---

[10] Richard Sanders and Yang Chen, "Crossing which river and feeling which stones? China's transition to the 'New Economy'", in *Globalization, Competition and growth in China*(New York : Routledge, 2006), p.309.

[11] James Roumasset, Kimberly Burnett, and Hua Wang, "Environmental Resources and Economic Growth", in *China's Great Economic Transformation* (Cambridge : Cambridge University Press, 2008),p.281.

[12] 胡鞍鋼，〈當十幾億中國人一起創新〉，華衷（Jonathan Watts）著，（台北：

共思考經濟發展時不得不面對的問題。因此，中共推動加工貿易轉型升級、改變中國大陸「世界工廠」角色的第一步，即是走綠色發展道路，讓中國大陸經濟「可持續發展」。

（三）強調創新研發，提升在全球價值鏈的地位

在經濟全球化下建構的國際產業分工體系中，產業發展系統是由全球價值鏈上的各個參與者共同組成。然而，這樣的全球產業發展系統雖然可以提高各國產業結構之間的關聯度，但同時卻使得位於產業價值鏈低端的產業結構調整自主性受到衝擊，並增加該國經濟運行的風險及國家宏觀調控的難度；[13]事實上，麥可波特（Michael E. Porter）的全球價值鏈理論（Global Value Chain）指出，高附加值的價值環節其實就是全球價值鏈上的戰略環節，也是獲利最多的環節，而加工貿易處於全球價值鏈的價值生產階段，獲取的附加價值是價值鏈最低端的價值。大陸經濟學家郎咸平則認為，在目前的全球競爭格局下，大陸加工貿易卻只能佔據附加價值最低、最消耗資源、最破壞環境及剝削勞動者的製造環節。[14]

由於跨國公司通過整合產業鏈，把利潤最低的製造環節放到中國大陸等開發展國家，依靠產業價值鏈中最有價值的產品設計等環節來獲得最大的利潤，而當中國大陸等發展中國家的製造業

天下雜誌股份有限公司，2010 年 10 月），頁 7-8。

[13] 楊丹輝，〈全球競爭格局變化與中國產業轉型升級〉，《國際貿易》（北京），2011 年第 11 期，2011 年 11 月，頁 13。

[14] 郎咸平，產業鏈陽謀 I──一場沒有硝煙的戰爭（北京：東方出版社，2008 年 9 月），頁 2-6。

被產業鏈其他環節擠壓而無法生存，跨國公司再透過產業資本和金融資本收購這些製造業。基於這些理由，中共更積極希望透過加工貿易的轉型升級，強化全球產業鏈產品設計、原料採購、訂單處理、倉儲運輸、批發運營、終端銷售等具高附加價值的部分，改變已經失衡且缺陷的產業體系，走一條自主創新的路，提升大陸加工貿易在全球價值鏈的地位，讓中國大陸的經濟成長不再依附於資本主義先進國家的剝削。

四、台商轉型升級：兩岸產官學互動

　　無論是走綠色發展道路，亦或大陸加工貿易在全球價值鏈地位的提升，都是中共揚棄傳統發展觀並轉向科學發展觀的政策方向。中共在科學發展觀帶動下的經濟戰略，是透過產業轉型升級讓中國大陸在發展的同時，能夠兼顧環境，並創造最大的產業附加價值，以解決區域／城鄉／收入等失衡問題，並使得「中國製造」提升為「中國創造」。如同部分樂觀的西方學者認為，在經過快速產業轉型升級之後，中國大陸透過與外資、出口及經濟成長的連動，成為一個強而有力的製造業大國。[15]

　　台商作為大陸外商投資的組成部分，除須因應大陸政經環境與市場轉型之變遷外，如何順應大陸轉型升級的發展與競合態

---

[15] Kevin H. Zhang,"Is China the world factory?" in *China as the World Factory* (New York : Routledge,2006), p.267.

勢，並規避歐美市場持續下滑與生產要素持續上揚之風險，進而取得大陸市場經營優勢與主導地位，顯然是台商經營大陸市場必須面對的重要課題。然而，無論是政策因素或環境因素，對大陸台商來說，台商轉型升級已是不可迴避的課題，且台商的轉型若分為「轉內銷、轉產業、轉地區、轉回台、轉國家」，那相對於其它種轉型，「轉內銷」無疑是台商目前最容易做的轉型，也是最常見的轉型類型。

事實上，自 2010 年開始，大陸中央及各省都全面實施擴大內需戰略。許多城市更以戰略的角度將擴大內需作為經濟發展的主軸，同時頒布相關的內銷扶持政策。擴大內需更成為中國大陸的熱點話題。然而，隨著大陸勞動合同法實施、出口退稅調整等一系列出口貿易加工政策調整，以外向型企業為主的台商產業帶來巨大的衝擊，再加上全球金融風暴影響，對企業的經營更是雪上加霜，台商產品銷路愈發變得舉步維艱。轉內銷市場必將是未來外銷企業轉型升級的重要出路。拓展大陸內銷市場成為許多台商的選擇，台商如何為自己的產品打開大陸內銷市場成為最大的挑戰，但由於法規、市場、秩序、政策、法令及通路等種種現實因素的束縛，要能夠落實需很大的努力。面對原來就已競爭激烈的大陸內需市場，台商出口企業想要轉為內銷市場，仍屬不易。台商在拓展大陸內需市場的過程中，普遍遇到「融資」、「行銷通路」、「品牌」、「智慧財產權」等問題，這些問題的解決，不但有賴我政府透過兩岸現有機制與大陸政府協商，同時也需要我政府的輔導協助。

台商大陸投資經營，將無可避免得涉及兩岸產官學之互動，其中既有宏觀政策面之關照，亦有產業諮詢輔導與學界研發、評估參與之必要。畢竟，台資企業大陸投資不僅涉及政治與政策面

向之連結，持續落實研發與生產力提升，亦是企業經營之重要議題。台商現階段推動之轉型升級，即為涉及兩岸產官學互動之具體案例（參見表4-2）。事實上，台商在兩岸產官學互動下，能否與個型為主體產生良性之互動關係，將攸關企業經營績效與存續。

表 4-2　兩岸產官學界參與台商轉型升級

兩岸產官學	台灣	大陸	
官方（政府部門）	1. 支持與協助、並提供有限輔導經費。 2. 法令限制人才與技術應用產生侷限。	中央	政策性支持
		地方	各地情況不一，以東莞、昆山較具代表性與積極性，提供較充裕輔導經費與相關服務。
產業界（產業諮詢）	1. 企業治理團隊進駐與輔導。 2. 包括中國生產力中心、電電公會、企業經理人協會受政府委託參與輔導。	參與產業諮詢人力與專業較不足，難兼顧台資企業發展。	
學界	1. 部分參與企業輔導與評估。 2. 欠缺相關學術論證。	1. 部分企業委請大陸大專院校參與研發與市場開拓。 2. 相關研究成果有限。	

資料來源：本研究整理。

基本而言，兩岸中央級政府皆對台商轉型升級給予政策性支持。不過大陸各級地方政府回應與政策作為則有差異性。這須視台商在當地的重要性與影響力而定。例如，昆山與東莞台商較多，影響力較大，地方政府較為重視。尤其是昆山與東莞地方政府以較充裕資源撥付企業診斷與輔導經費，關照台商轉型升級較具代表性。不過，在大陸新一輪的產業轉型升級過程中，各級地方政府是否有中央國企介入地方投資，且其投資佔當地 GDP 比重多寡，皆有可能影響地方政府對台商角色之重視程度。目前看來，昆山與東莞台商比重仍高，加之中央國企在該地未有重大投

資項目，因此尚不致產生對台資企業的排擠效應。基本而言，由於中共官方是政府主導型，具威權體制、政令貫徹之特質，因此對轉型升級之政策運作強度較高。不過，因為轉型升級政策之短期績效有限，因而此一政策是否真實列為地方政府之核心任務便有差異性。事實上，當前大陸地方政府領導，仍是以自身利益與前途做施政考量。因此，績效不易彰顯之政策易被推遲，甚或只是形式支持之口號性作為。

就台灣官方而言，在政策面雖支持台商轉型升級之努力，但是由於法令限制與官員保守性，而使得對台商轉型升級的協助較為間接與相對弱勢。換言之，儘管政府經貿官員多次赴陸參訪台商表達關心，但台商不乏對我政府官員形式參訪作為，且不能及時解決困難頗有微詞[16]，走馬燈式參訪與欠缺資源投入之企業輔導，對企業經營困境之克服難有貢獻。尤其是兩岸關係條例與相關政策法規，對大陸台商輔導作為便有相當之限制性。例如，工業技術研究院之技術移轉便受法規限制；[17]勞委會對培訓作為也因為大陸因素，而有相當之局限性。換言之，政府部門若未能針對兩岸經貿情勢與台商轉型升級之需要，做策略性與前瞻性開放評估，以及鬆綁法令之作為，則在技術移轉與培訓作為局限下，便難落實台商轉型升級之努力。再進一步來說，雖然政府為協助海外台商營運布局，已設置許多服務單位，例如海基會台商服務

---

[16] 訪問大陸台商所獲之相關訊息。

[17] 依現行法規，業界科專成果在兩年內不能移轉到台灣以外地區生產，法人科專的成果，若要技轉到包括中國大陸在內的境外生產，需經專案審查。因此，在協助大陸台商技術升級的過程中，政策雖然准許工研院等享有科技專案補助的法人，可以對大陸台商進行技術移轉，但其基本精神仍為保障國內關鍵技術採個案審查。而受限於不同法人的科專計畫，其對大陸台商的技轉規定有所不同。

中心、經濟部「台商聯合服務中心」,但對大陸台商來說,這些服務單位的功能並無明顯的區別,因此,國內產業界曾多次建議,政府應將輔導及服務台商的資源及平台做好分工及整合,了解及掌握台商的需求及問題,並就 ECFA 所形成的潛在商機,提供短期性支援服務平台,以及長期性資訊網絡及研發技術升級轉型方案,強化大陸台商優勢,進而迅速抓住新一波的機會。與此同時,由於大陸幅員廣大,台灣官方在進行所謂的大陸台商輔導過程中,並無法依產業別、地區別、上下游供應鏈別等,事先對大陸台商現狀進行調查研究,透過事前的了解與分析,擬定確切的輔導方向與策略;更由於受限於既有資源,讓大陸台商輔導僅限於「診斷」層次,使大陸台商具體面臨到的問題無法得到解決。

此外,由於台商在大陸經商相較於當地企業,受到稅制、環評標準及採購法上不公平的待遇,將影響台商爭取大陸十二五規劃中潛在的重要商機,包含地方公共建設、綠能規劃、設備更新等。稅制上,大陸本地廠商享有包稅制,台資企業雖然有三免兩減半優惠政策,但實際相比仍有 12%的差價;另在通關時,如台灣食品進入大陸須繳 17%加值稅、5%關稅,加之通關無標準程序,各省各市操作方式亦不同,導致台商無所適從;環評方面,台資企業在環保政策上採取國家標準,對陸商卻較為寬鬆;再者,大陸各省市的採購法研擬七年尚未公布,影響外資企業市場進入。因此,國內產業界多次呼籲,政府應藉由兩會協商機制,在兩岸平等互惠的前提下,向中國大陸爭取台商在稅制、環評及地方採購等更為平等的投資環境,以增加台商的競爭力。

在產學界方面,由於陸方對產業輔導,以及學界對台商研究參與本屬有限,故與台商轉型升級互動較弱,甚而欠缺具專業性與代表性之研究成果。不過,台灣產業界,尤其是企業經營輔導

部門（如中國生產力中心、台灣區電電公會）則在兩岸政府資助下，推動企業轉型升級之檢測與治理工作，期使台商及早脫離經營困境與自我提升。由於企業輔導與轉型升級之專業，台灣專業團隊顯然較陸方具經驗與實力，因而相關治理成果與實務操作便較具績效。

根據大陸台商的訪談資訊顯示，此波大陸經濟轉型與歐美經貿變局衝擊相當劇烈。其程度恐超越 2008 年金融海嘯之衝擊。[18]因此，儘管兩岸政府部門對企業推動輔導作為，但對企業永續經營實質貢獻恐仍有限。一方面，政府與產業諮詢輔導單位多停留參訪與病因診斷，而非在中長期永續經營或是融資面提供助益。因此，停留在表面性治理與有限資源之輔導作為，便難以發揮實質效果；另一方面，大陸整體經濟大環境惡化，加之內需市場不公平競爭，以及品牌經營與通路建構困難下，台商顯難在有限的輔導作為下脫胎換骨。此外，來自台灣各級輔導單位，固然有企業經營與管理專業，但其對大陸市場與消費之在地化理解和認知恐仍有不足，此亦將局限其輔導與治理之效果。

儘管如此，部分台資企業由於產業特性，較不受景氣波動影響，且較具規模競爭力與品牌優勢者，則對此波經濟挑戰與轉型升級並不表示擔心。反之，其企業成長與發展仍有較佳之表現。一位捷安特高階經理人即曾表示：「我們隨時都在思考轉型升級。不期待政府部門幫我們什麼，政府不要管太多，政府只要把周末加班的電力供應好就行了。兩岸 ECFA 早收清單中，相關優惠與關稅利益也反映了。慶幸的是，韓國沒有具規模之自行車廠，否則我們歐美國際市場關稅差異競爭壓力就大了！」[19]

---

[18] 東莞台商重要幹部之訪談。
[19] 台中市大里區訪捷安特決策階層獲悉之意見。

推動轉型升級後，不必然可實現成長與獲利目標。根據訪談資料顯示，台商不乏有「轉型較難，升級較容易」，但亦有「轉型升級，談何容易！」之感慨和難處。此外，東莞轉型升級較具代表性之台資商品通路商——「大麥客」之經營雖頗具規模，但卻未見大型商場之人潮與氣勢[20]，顯見大陸內需市場開拓與消費型態之掌握，仍有待學習與完善。

五、結語

中共發展觀的改變，影響其產業政策。中共以「全面、協調、可持續」的「科學發展觀」精神，於「十一五」時期積極推動加

---

[20] 大麥客（T-MARK）由東莞台商投資企業協會籌組，被視為台商從外銷轉型大陸內需市場的指標。據媒體報導，大麥客資本額3億港元，為中國大陸第一家取得全國「外資獨資」審批的通路商，而創始股東都是東莞台商會會員。大麥客第一家店開幕，備受兩岸政商界重視，目前岳豐科技為大麥客最大的股東，持股約10%。葉春榮表示，大麥客東莞店目前約3.1萬坪，營運模式採「會員制」，以提供會員高品質、低價位商品為主要營運模式，目前1、2樓共2.2萬坪，規劃為國內外食品、菸酒、生鮮、家飾、3C產品等賣場，3樓約9000坪面積，則是規劃為「台博商貿中心」，展售台商名品（MIC）、台灣精品（MIT），協助大陸台商將優良商品拓展至大陸內需市場，並打造結合零售、批發以及進出口貿易的交易平台。葉春榮表示，大麥客預定引進4000項國內外品牌產品，並以T-MARK作為自有品牌，目前已有40多種商品，「高品質」為首要要求，以奶粉為例，大麥客並取得紐西蘭牛初乳奶粉品牌中國代理權，雖然產品種類不像其他通路多，但必定是高品質產品。未來包括台灣農產品，也將可透過大麥客通路進入大陸內需市場。大麥客採會員制，企業會員年費300-350元人民幣，初期透過與大陸銀行合作，已經發出12萬張「聯名卡」，可享有3個月內免費進場優惠。

工貿易轉型升級，無論是在產業結構調整、節能減排、區域平衡等方面都略見成效，但中國大陸並未因此發展出具高增長性的核心產業。因此中共持續於「十二五」規劃中以「調結構、促轉型」作為產業政策基本方向。中共推動以加工貿易為主的產業轉型升級，在經濟戰略層面，主要是為提升大陸加工貿易在全球價值鏈的地位，不只是扮演以能源損耗及環境污染來成就 GDP 的「世界工廠」；在政治戰略層面，中共則是希望藉由產業體質的調整，為進一步融入經濟全球化、扮演經濟大國而做準備。因此，在中國大陸市場經濟與發展策略已出現結構變遷背景下，台商大陸經營策略就必須順應趨勢前瞻布局，才可能有生存空間。

2008 年全球金融海嘯的衝擊，歐美市場急遽萎縮，致使長期在大陸投資經營、以勞動力密集產業為主的加工出口台商和外資企業，受到重大衝擊。即使如此，中共仍未停下其遏制加工貿易發展，以淘汰勞動力密集產業的「騰籠換鳥」政策，持續推動產業轉型與升級。可以預期的是，隨著全球經濟情勢的快速轉變，中共勢必加大推動加工貿易轉型升級的力度，透過新技術、新產業改善製造業體質的同時，以城鎮化鼓勵消費、擴大內需，加大服務業在經濟增長中的比例。因此，對長期以出口為主的台商，包括技術如何提升、消費端改變如何因應，都將是全新的挑戰。此外，台商與陸商原本是「垂直分工」的合作伙伴，但隨著中共轉型升級政策之調整，以及本土企業崛起，台、陸商已由互補關係正轉變為競爭態勢。加之，現階段中共挾資源、市場及人才優勢，建構之大陸市場競爭新樣態，將對台商永續經營形成實質壓力與挑戰。

就比較觀點而言，台商大陸投資過去主要挑戰是制度規範不佳，但生產要素條件良好，故造就台商大陸投資的第二春，並獲

取超額利潤。不過，當前大陸生產要素條件持續惡化，若制度規範改善有限，恐將使台商經營陷於更為困難之境地。依目前情勢觀察，歐美經貿環境短期難有明顯改善，大陸制度性保障與市場開放條件仍不佳，加之品牌與通路，以及規模效益未能發揮，則台商大陸投資與經營之挑戰勢必更為尖銳。更值得注意的是，近年來在台商及外企協助下，中國大陸高科技產品的出口比重逐漸上升，而大陸的產業升級與「進口替代」策略必然和台商發生直接競爭。作為兩岸產官學界與大陸台商之互動，即應有更積極之行動與前瞻務實之策略作為，以化解台商經營困境。例如：兩岸 ECFA 服務業與貨品貿易，即應有針對台商拓展內需市場經營策略性評估與市場互補之安排。例如台灣面板產業若兩岸不能合作互惠，惡性競爭，勢必兩敗俱傷；台商大陸經營不應以「要求讓利」作為訴求，而應以公平競爭環境追求、法治實質保障，以及競爭力提升，爭取生存空間。此外，全面總結台商在大陸內需市場發展之優勢、機會、弱點與威脅，甚至「潛規則」運作，以及汲取香港 CEPA 之經驗與教訓，才有利於下一波台商大陸市場之經略與生存空間拓展。

【參考文獻】

〈2011 商務形勢系列述評之五：遵循規律 穩中求進 推動加工貿易轉型升級〉，2012/1/5。

〈閩出台多項措施支持台企轉型升級加快發展〉，《黃埔》，2012 年 02 期，頁 22。

丁飛飛，〈中小製造企業面臨生死存亡 轉型壓力逼迫台生搭起內銷平台〉，《IT 時代周刊》，2010 年 14 期，頁 46-47。

王榮平,〈兩岸關係和平發展新形勢下的蘇台經貿合作〉,《兩岸關係》, 2012 年 02 期,頁 49-50。

台灣區電機電子工業同業公會,《2012 年中國大陸地區投資環境與風險調查》,台北:商周編輯顧問(2012)。

江迅,〈台資進軍江蘇新突破〉,《亞洲週刊》,25 卷 40 期(2011.10.09)。

邱靜,〈台商轉型三路徑〉,《管理人》,2010 年 08 期,頁 57-58。

南方朔,〈台灣的經濟志氣小哉!〉,《中時雜誌》,2012/08/30。

胡石青,〈大陸台商邁上轉型升級之路〉,《兩岸關係》,2011 年 05 期,頁 33-34。

胡明,〈兩岸關係和平發展新形勢下 昆台經貿進一步合作發展的空間選擇〉,《江蘇政協》,2010 年 02 期,頁 46-48。

胡鞍鋼,〈當十幾億中國人一起創新〉,華衷(Jonathan Watts)著,《當十億中國人一起跳》,台北:天下雜誌股份有限公司,2010/10,頁 7-8。

楊丹輝,〈全球競爭格局變化與中國產業轉型升級〉,《國際貿易》(北京),2011 年第 11 期,2011/11,頁 13。

郎咸平,《產業鏈陽謀 I——一場沒有硝煙的戰爭》,北京:東方出版社,2008/09,頁 2-6。

張榮、張素蘭,〈科學發展觀對傳統發展觀的超越〉,綿陽師範學院學報,(四川省綿陽市),第 30 卷第 9 期,2011/09,頁 105-106。

劉德偉、陳克惠主編,《科學發展觀黨建理論研究》,北京:人民出版社,2009/8,頁 59-60。

趙建民,〈科學發展觀與胡錦濤路線〉,《展望與探索月刊》(台北),第 5 卷第 12 期(2007/12),頁 44。

張啟富、舒蘇平,〈樹立科學發展觀,推動經濟社會和人的全面發展〉,頁 15-16。

徐冬青,〈關於我國加工貿易轉型升級的思考〉,《學海》(江蘇省南京市),2004 年第 6 期,2004/12,頁 102-103。

陳堅,〈昆山台資企業轉型升級 走進「春天裡」〉,《中國檢驗檢疫》,2011 年第 6 期,頁 51-52。

陳筠,〈站在新起點上的台企聯——專訪全國台企聯第二任會長郭山輝〉,《兩岸關係》,2012 年 05 期,頁 22-23。

陶東亞，〈台資企業在大陸新經濟環境下的轉型升級〉，《企業導報》，2010
年 09 期，頁 20-21。

馮娜，〈昆山台企求變〉，《今日中國》，2011 年 11 期，頁 62-63。

鍾良、陳靜，〈「世界工廠」東莞的內憂外患〉，《中國中小企業》，2012
年 06 期，頁 42-43。

羅衛國、袁明仁，〈東莞台資企業轉型升級的實踐與探索〉，《廣東經濟》，
2012 年 04 期，頁 47-51。

龔鋒、劉繼雲，〈轉型升級背景下的珠三角台商：困惑與出路〉，《廣東
經濟》，2010 年 06 期，頁 27-31。

Ligang Song and Wang Thye Woo,"China's dilemmas in the 21st Century",
in *China's Dilemma-Economic Growth, the Environment and Climate
Change,* (Washington, D.C. : Brookings Institution Press, 2008), pp.1-2.

Kevin H. Zhang,"Is China the world factory?, in China as the World Factory,
(New York : Routledge,2006), p.267.

James Roumasset, Kimberly Burnett, and Hua Wang, "Environmental Resources
and Economic Growth", in *China's Great Economic Transformation,*
(Cambridge : Cambridge University Press, 2008), p.281.

Justin Yifu Lin, "Rebalancing equity and efficiency for sustained growth",
in *Dilemma-Economic Growth, the Environment and Climate Change,*
(Washington, D.C.: Brookings Institution Press, 2008),p.91.

Richard Sanders and Yang Chen, "Crossing which river and feeling which
stones? China's transition to the 'New Economy'", in *Globalization,
Competition and growth in China,* (New York : Routledge,2006), p.309.

CHAPTER 5

大陸臺資企業轉型的調研與思考
——基於長三角、珠三角等臺資企業聚集區調研分析

【Author】曹小衡
學歷 南開大學經濟學博士
現任 南開大學經濟學院教授、博士生導師
　　 南開大學臺灣經濟研究所所長
兼任 海峽兩岸關係協會（海協會）理事
　　 中國國務院臺灣事務辦公室海峽兩岸關係研究中心特邀研究員
　　 中國商務部海峽兩岸貿易協會理事
　　 （中國）全國臺灣研究會理事
　　 天津市臺灣研究會副會長
經歷 華北電力大學助教、講師
　　 中國社會科學院副研究員
　　 南開大學經濟學院副教授
　　 南開大學臺灣經濟研究所副所長

【Author】高一
學歷 南開大學經濟學院臺灣經濟研究所區域經濟學專業（2010 年 9 月至今）
　　 南開大學經濟學系經濟思想史專業（2008 年 9 月至 2010 年 7 月）
　　 山東大學商學院管理系人力資源管理專業（2003 年 9 月至 2007 年 7 月）
經歷 南開大學臺灣經濟研究所在讀三年級博士研究生
研究 臺灣產業研究、台資企業發展研究

【Author】朱航
學歷 南開大學經濟學院臺灣經濟研究所博士研究生（2008-至今）
　　 南開大學經濟學院風險管理與保險學系講師
　　 南開大學經濟學院風險管理與保險學系研究生，經濟學碩士
　　 （2001-2004 年）
　　 南開大學國際商學院企業管理專業本科，經濟學學士（1994-1998 年）

一、引言

　　兩岸關係和平發展是兩岸主流民意，這一主流民意的基礎之一是兩岸經貿關係的不斷深化，而在大陸辛勤耕耘三十餘年的臺資企業則是這一基礎的奠基者。當前，國際經濟情勢紛繁複雜，世界經濟下行風險加大。面對嚴峻的國際經濟形勢，兩岸如何在既有的基礎上深化兩岸經貿關係，抗拒外力的衝擊已成共同任務。與此同時，兩岸也面對大陸經濟快速發展、經濟轉型、ECFA全面落實及大陸十二五規劃帶出的重大機遇。擴大內需、拉動消費、持續推動城市化和工業化進程，既是大陸經濟短期政策的著力點，又是中長期的戰略選擇。這一戰略將進一步釋放大陸經濟發展的巨大潛力，是大陸經濟未來 20 年保持穩定增長的重要基礎。筆者認為面對上述重大的機遇與挑戰，大陸臺資企業能否完成轉型，是企業自身的發展問題，更關係到新形勢下臺資企業如何持續發揮深化兩岸經濟交流合作關係先行者作用的重大課題。本文將以我們調研小組在上海、深圳、惠州、東莞、昆山五地的臺資企業獲取的相關資料為基礎，對大陸臺資企業轉型問題進行分析。

二、調研對象與方法

　　受全國臺灣同胞投資企業聯誼會委託，調研組於 2011 年 6 月至 2012 年 1 月專程赴上海、深圳、東莞、昆山、惠州等臺商

聚集地區，對臺資企業進行了專題調研。我們通過資料分析、問卷調查、座談會和深入重點企業訪談四種主要方式，瞭解臺資企業對轉型發展的意願以及在轉型過程中遇到的問題。調研對象基本涵蓋了臺商在大陸經營的主要行業，既包括行業中的龍頭企業（約占調研樣本總量的 16.22%），也包括中小微型企業（約占調研樣本總量的 84.88%）。本次調研共召集了 7 次不同層級和規模的座談會，當面聽取了超過 100 人次的意見和建議；在五個地區先後共發放 283 份問卷，回收有效問卷 246 份，回收率為 87%。

三、大陸臺資企業及其轉型情況

截至 2012 年年末，在大陸的臺資企業有 2 萬 5 千家左右，註冊資本總額為 459.5 億美元，直接投資累計金額超過 570 億美元。如果算上異地投資則整個投資規模超過 900 億美元。臺商投資已經占到大陸吸引外資的 9%（如表 5-1）；大陸的臺資企業規模以中小型企業[1]為主，所占比例在 90%以上。目前在大陸經營的臺資企業主要是以製造業為主，而在製造業中從事加工貿易型業務的企業又占了極大比重，這樣的產業分工結構決定了臺資企業對外需依存度普遍過大，而且由於代工企業缺乏品牌和技術，其在海外訂單的議價博弈中又經常處於不利地位；同時大陸人力

---

[1]　中小型企業界定標準：製造業企業所持資本額在 6000 萬元新臺幣以下，常雇員工數量在 200 人以內。服務業企業年營業額在 8000 萬元新臺幣以下，常雇員工數量在 50 人以內。

與物料成本的不斷攀升，也給習慣於依靠低成本「優勢」的臺資企業帶來了極大的衝擊。以上多種因素共同決定了大陸臺資企業必須儘快打破傳統生產經營模式的束縛，兼顧好內外銷兩個市場，探索轉型再發展的合理路徑。我們調研的情況也表明，大陸臺資企業正在積極推動全方位的企業轉型工作。

表 5-1　2000-2012 年大陸接受臺商投資情況表

年度	項目數		實際使用臺資金額		
	個數	同比%	金額（億美元）	同比%	占當年總額比重%
2000	3108	24.4	23.0	-11.7	5.6
2001	4214	35.6	29.8	29.8	6.4
2002	4853	15.2	39.7	33.3	7.5
2003	4495	-7.4	33.8	-14.9	6.3
2004	4002	-11.0	31.2	-7.7	5.1
2005	3907	-2.4	21.6	-31.0	3.6
2006	3752	-4.0	21.4	-0.7	3.4
2007	3299	-12.1	17.7	-20.4	2.4
2008	2360	-28.5	19.0	7.0	2.1
2009	2555	8.3	18.8	-1.0	2.1
2010	3072	20.2	24.8	31.7	2.7
2011	2639	-14.1	21.8	-11.8	2.2
2012	1988	-16.3	25.6	31.2	2.6

1.更加重視內銷市場

在市場結構轉型方面，受訪臺企已開始重視開拓大陸內銷市場。從調查和走訪的資料情況來看，本次受訪臺企以內銷業務為主的占樣本總數 58.1%，略多於以外銷業務為主的臺企比重41.9%（如表 5-2）。臺灣經濟部投審會 2008 年《大陸投資事業營

運狀況調查分析報告》中公佈的大陸臺企內外銷比率為 57.4%：42.6%，與本次調研受訪臺企產品內外銷構成資料結果大體一致。這些都從一個側面反映了大陸臺資企業已經逐漸意識到大陸內銷市場的重要性，並且一部分臺資企業已經開始著手調整產品內外銷構成，開始由外需導向型向內外需兼顧型市場結構轉型。

表 5-2　受訪臺資企業產品內外銷構成

產品銷售結構	完全外銷市場	外銷多於內銷	內銷多於外銷	完全內銷市場
企業數量比重（%）	22.1	19.8	20.7	37.4
加總比重（%）	41.9		58.1	

2.合理佈局內銷市場

在市場區位轉型方面，受訪臺企對內銷市場區位選擇比較平衡。從調查結果來看，受訪臺企對大陸內銷市場區位選擇整體上比較平衡，並沒有出現東部沿海和一線城市紮堆的情況（如表5-3），東部沿海地區和一線城市的市場開發計畫各占 56.8%和59.5%，中小城市和中部地區的市場對臺資企業也具有十分強的吸引力，可見受訪臺商在未來開拓大陸內銷市場的區位規劃方面，還是比較理性的，也是符合市場預期的。東部沿海及一線城市市場的重要性自是不言而喻，而從中國大陸「十二五」發展的長遠角度看，中西部地區和中小城市的市場也會出現更多新的市場和商機，提早準備佈局，做好市場調研和趨勢分析，將有助於相當一部分臺資企業更好地融入大陸內銷市場。

3.加速研發內銷產品

從產業鏈角度看，受訪臺企更願從產品層面開始轉型。在調查中我們發現，約有 59.6%的臺企願意從產品層面推動企業轉

型，即從提高產品研發設計能力，在產業鏈上游，而非開拓銷售通路在產業鏈下游加大投入。這與我們在訪談中的感受是一致的，開拓市場對於專擅於生產製造的臺商來說還是稍顯陌生，許多受訪臺商對開拓市場都缺乏經驗，相反更願意通過提升產品設計研發水準和品質來尋求新的發展空間。

表 5-3　受訪臺資企業對大陸內銷市場區位選擇情況

市場區位	東部沿海	北部地方	中部地區	西部地區	一線城市	中小城市	村鎮
選擇比重(%)	56.8	48.7	51.4	46.0	59.5	56.8	35.1

4.更為重視服務業投資

在產業結構轉型方面，大陸臺資企業的加工製造業投資比重有所下降，服務業比重不斷增加。2012 年 1 至 9 月，臺灣經濟部投審會核准對大陸投資件數為 475 件，投資金額計 93.05 億美元。其中製造業投資占投資總額的比重為 62.26%，較去年同期下降了 10.06 個百分點，服務業投資占投資總額的比重為 37.58%，較去年同期提高了 10.49 個百分點。而從投資行業來看，2012 年 1 至 9 月臺商在大陸投資最多的五個行業依次是：電子零元件製造業、電腦電子產品及光學製品製造業、批發及零售業、化學材料製造業、金融及保險業，雖然電子零件製造業（加工製造業的代表行業）仍舊是投資比重最大的行業，但其占投資總額的比重已經下降了 8.85 個百分點；同時電子產品與化學材料製造業的投資比重則出現不同程度的提升；金融服務業及批發零售業也有所增加（如圖 5-1），以上資料分析顯示，大陸臺資企業的產業結構正在向協調發展方向的轉變，加工製造業「一枝獨秀」的時代已告結束。

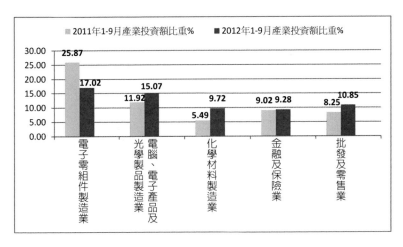

圖 5-1　臺商投資大陸五大行業比例對比

四、臺資企業轉型瓶頸

　　根據日本產經省《海外事業經營活動調查》的資料，中國大陸的日資企業生產的產品在中國大陸銷售的比率已經從 2000 年的 47.2%提高至 2008 年的 64.9%，升幅近 18%。而根據臺灣經濟部投審會的《大陸投資事業營運狀況調查分析報告》顯示，大陸臺資企業產品銷售大陸市場的比率從 2000 年的 45.8%提高至 2008 年的 57.4%，升幅僅 11%。另外，日本服務業在大陸的累計投資占總投資額已經超過 20%，而 1991 至 2011 年臺商在大陸的累計投資中，製造業占 84.1%，服務業僅占 15.5%。造成大陸臺資企業轉型進程相對落後的主要原因在於目前大陸臺資企業在

轉型發展仍然存在諸多制約因素。通過調研我們認為以下幾個層面的因素當引起相關單位的重視。

（一）企業層面

1. 生產經營模式轉換的挑戰。從對臺資企業的訪談情況來看，有相當一部分臺資企業不願改變固有的生產經營模式。在大陸投資打拼二十餘年的臺商，大都從事製造業，而這其中大多數又都以加工貿易起家，常年以歐美等發達國家市場為導向，「依靠大陸低廉的生產成本，在海外獲得訂單，採取 OEM 或 ODM 代工形式，走高產量低價位的加工貿易路線」慢慢地已成為一種固有經營模式。在臺資企業發展的起步階段，其效果十分明顯。但這樣的生產經營模式卻也引發了加工貿易型臺資企業的兩大問題（1）產能過度膨脹，由於代工生產的單位產品利潤偏低，臺企為保證一定的利潤水準，必須持續擴大產能，在產品供給上造成數量過剩，又致使同類企業間競相壓低價格，使這些企業陷入了低效發展的惡性循環；（2）對國際市場依賴過大，對加工貿易類臺資企業的問卷結果顯示，各有 37.84%和 32.43%的企業反映「外國客戶大幅壓低價格」和「客戶訂單減少」是目前經營最大的困難。所以固有的生產經營模式已不適應世界市場環境與大陸經濟結構調整發展的要求。突破固有模式的限制，對大多數臺資企業來說仍是不小的挑戰。

2. 自有品牌匱乏，已有品牌知名度不夠，直接制約內銷市場的開拓。根據問卷調查的結果顯示，有超過 87%的受訪企業認為企業自身產品品牌在大陸的認同度需要進一步提高。

3. 銷售管道不暢，產品難登大陸行銷平臺。根據問卷調查的結果顯示，有超過 45%的受訪企業認為開拓內銷市場的管道建設有困難，這中間有相當比例的臺商表示，不適應大陸現有銷售管道的運作模式，不願意與大陸內地的銷售商合作，擔心自身權益受到侵害。而靠臺商自建行銷通路又需要大量的資金和時間，對於中小企業占大多數的臺商來說，很難獨自承擔這部分投入。

4. 專業人才缺乏，阻礙了企業轉型。根據問卷調查的結果顯示，有 76.6%的受訪企業表示，目前設計研發和市場開發方面的專業人才招募與儲備不足，特別是市場開發型人才的緊缺程度已達到 40%，這與一向從事加工製造業務，不重視培養專業人才的內部培養有很大的關係。再加上當前大陸人才市場上，這部分專業人才本來就是各大企業爭奪的焦點，所以也增大了外部的招募的難度。

（二）體制層面

1. 部分體制設計增加了轉型成本。首先從出口加工區的情況來看，出口加工區外的加工貿易企業一般按原材料稅率繳稅內銷，而區內企業則以最終產品繳稅內銷。這樣，區內企業比區外企業多承擔兩個方面的費用，一是制工費部分需要交納稅金。二是成品涉及關稅率一般遠高於材料關稅率。再次，內銷審價制度缺乏合理性。在出口加工區內企業產品內銷報關徵稅審價時，海關一般參照國外製造商品進口價格定價，而沒有考慮在出口加工區製造的成本優勢，各關區甚至對同

樣產品內銷有不同的核價標準。最後，部分臺資企業還反應，在產品轉型內銷時須經申報、審價、繳稅、放行等環節耗時較長，效率較低。此外，在內銷補稅環節申請商檢通關單時，商檢部門查驗的程序多、效率低。這些問題不僅延誤了內銷完稅時效，還增加企業運營成本。

2. 轉型內銷稅費體系複雜、稅費偏高。當前大陸政府稅收政策對企業外銷沒有太多的稅負負擔，而且還有出口退稅優惠。而內銷的稅費體系對臺資企業而言，比較複雜且稅負較重。在當前大陸稅費體系中，稅主要是增值稅、企業所得稅、營業稅等；費主要包括教育費附加、水資源費、社會保險費等，根據一般企業估算，每交 1 元稅，就要交 0.5-0.7 元的費。除此之外，還包括城建稅、車船稅、流轉稅附加、印花稅、契稅、勞動站管理費、派出所暫住證費、治安費、檢驗局查驗費、工傷保險費，共濟金、環保站排汙費、關稅增值稅，以及各種捐款、贊助等等。企業為了應付各種名目繁多的檢查還需要付出人力和時間成本。的確有研究表明，當前中小企業（包括臺企）的實際稅負已經超過 30%，有的地方甚至超過 50%。並且本調研的問卷資料也證明了目前大陸的臺資企業反映最為集中的問題還是稅負問題，集中度達到了 43.24%（如圖 5-2）。

3. 稅收種類繁多、繳納手續繁瑣。據統計，中國大陸地區平均稅收種類 34 種（視不同地區、不同行業有所區別），遠高於發達國家平均水準 16.9 種；企業在中國大陸平均每納一種稅需要花費的時間平均值 17 小時（也視不同地區有所區別），而發達國家是 12 小時。

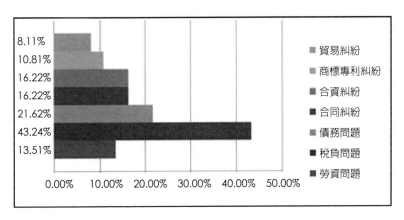

8.11%
10.81%
16.22%
16.22%
21.62%
43.24%
13.51%

■ 貿易糾紛
■ 商標專利糾紛
■ 合資糾紛
■ 合同糾紛
■ 債務問題
■ 稅負問題
■ 勞資問題

0.00%　10.00%　20.00%　30.00%　40.00%　50.00%

圖 5-2　大陸的臺資企業面臨問題的集中度分佈

（三）市場層面

1. 智慧財產權領域的潛在風險使臺資企業轉型尚存顧慮。我們從調研訪談過程中瞭解到，大部分臺商非常擔心「一旦進行轉型，將會立即面臨臺商研發的產品遭到仿冒，智慧財產權及商標被侵權的風險。」在一些行業中，品牌和產品好不容易獲得消費者的認可，剛剛站穩腳跟，「山寨」和假冒產品就紛至沓來。儘管大陸政府近年來加大了對智慧財產權的保護力度，但是市場上盜版、盜用的現象依然比較普遍。

2. 目前大陸的物流與銷售行業管理還處於初級發展階段，專門的法律尚不健全。例如，不同地域的物流網點分佈不平衡，中西部地區物流效率不高，而且運送過程中出現貨品損壞的情況也常常得不到滿意的賠付解決。此外，個別經銷商對企業盤剝比較嚴重，上架費、入場費、先供貨後交款等私立規定，讓許多中小臺資企業難以承受。

3. 交易雙方資訊不對稱，信用調查不易，市場交易道德風險過高，交易成本相對較高。因此許多臺商常常遭遇貨款無法收回或三角債務問題。這大大加大了企業在轉型內銷市場上的交易成本和沉沒成本，許多企業無奈之下，只能放棄賒銷制度，在大陸市場上完全採取款到發貨的銷售模式，極大地限制了企業的銷售規模。而我們在問卷調查中得到的結果也顯示 6 成以上的企業認為目前的行銷成本偏高。

五、推動大陸臺資企業轉型的思考

綜合以上調研結果，當前大陸的臺資企業轉型發展整體上已經起步，部分行業轉型效果已初步顯現。但由於存在多方面的制約因素，影響了大陸臺資企業轉型的進程，增大轉型發展。我們對加大推動臺資企業轉型發展有以下幾點思考：

（一）加速推動 ECFA 及相關協定的落實

兩岸經濟合作框架協議（ECFA）是旨在推動兩岸經濟關係正常化、制度化的框架性協議，ECFA 的不斷落實對臺資企業開拓大陸市場具有「綱舉目張」的效果，為推動大陸臺資企業開拓大陸市場，必須加速圍繞 ECFA 落實創造更為寬鬆的政策環境：

1. 增設諮詢單位，説明臺資企業解讀 ECFA 內容及如何申請落實。在調研中，有一些臺商向我們反映，兩岸 ECFA 條文的目錄編號與內容兩岸尚存在諸多不一致之處，常出現專案重疊，或是同類產品中有幾項是不一樣的情形，需要專業指導。

2. 強化對《兩岸投資保護和促進協議》和《兩岸智慧財產權保護合作協定》的落實與監督。這兩項協議的有效落實，非常有利於臺資企業的相關權益在大陸得到更全面的保護，將進一步促進大陸的臺資企業開拓內銷市場與增加技術研發投入的轉型發展意願。

3. 擴大開放兩岸的服務貿易，有利於配合大陸臺企轉型發展。兩岸服務業的開放，尤其是金融領域的開放，對臺企在融資、品牌建設、批發零售、會計法律、運輸物流等都將提供更多熟悉和有力的合作夥伴，使大陸的臺資企業多一個幫手。

（二）出臺財政稅收方面的鼓勵政策

據我們調研，大多數外向型的大陸臺資企業對在轉型的過程中，外部的體制性障礙往往有很大的制約影響，因此，政府可以考慮對大陸的臺資企業在轉型發展方面給予一定的財政稅收政策支持。首先可以建立中央或地方專項財政資金，適度支援臺資加工貿易企業研發、行銷、創立內銷品牌、參加內銷展會；其次需要統一出口加工區內外的加工貿易企業內銷補稅的歸類方法，建議統一各關區加工貿易產品的海關估價分類和稅率標準，建立全國統一的加工貿易產品估價徵稅查詢系統，規範各地的海

關管理，或允許內銷時按內銷合同價格徵稅，對零關稅的商品取消審價。

（三）鼓勵大陸臺資企業培育自主品牌

1. 鼓勵臺資生產企業聯合創立集群品牌。發揮地方行業協會或商會的作用，聯合產業集群區內多家製造型企業，共同培育集群品牌，這可以有效地避免重複投資，節約單個企業的品牌推廣成本，而且與零散的單個品牌相比，集群品牌更容易被消費者辨識，形成品牌效應。
2. 鼓勵有條件的臺資生產企業開發、培育自主品牌。應積極鼓勵有條件的外貿生產企業加強研發、設計，指導企業加強技術基礎工作，建立健全標準、技術和品質管制體系，完善產品檢測設備與手段，儘快建立自有品牌。
3. 在臺資企業較為集中的地區，由地方政府牽頭，將臺資企業轉型內銷的優質產品納入免檢、名牌評價目錄，予以重點培育和推薦，獎勵兩岸企業品牌建設合作與交流，擴大其自主品牌的市場影響力。

（四）引導臺資企業參與大陸現代商品流通體系的建設

現代商品流通體系的建立，既關係到物流及商務平臺自身的轉型，更可以為製造型臺資企業轉型內銷市場提供便捷的管道通路。

1. 引導有實力的臺資進出口公司向大型批發商、代理商轉型。進出口公司既與眾多的外貿生產企業有著密切的聯繫，又與國外的進口商有著長期的業務關係，通過加強物流能力、融資能力、銷售網路建設和在地人脈關係，完全有可能向大型國際化的批發商、代理商轉型。

2. 鼓勵中小型臺資批發商和代理商橫向聯合，向集內外貿商品銷售的批發商、代理商或者綜合商社轉型。

3. 進行管道創新。隨著物聯網與數位化等技術的發展，大陸內銷管道已開始了從傳統銷售管道向新型銷售管道的轉變，以電子商務為主體的網路經濟興起，並已成為現代商品流通體系的重要組成部分。大陸臺資企業也應充分利用電子商務這一平臺，促進其向內銷市場的轉型發展。

【參考文獻】

單玉麗，《臺灣經濟 60 年》，智慧財產權出版社，2010。

楊桂菊，〈代工企業轉型升級演進路徑的理論模型——基於 3 家本土企業的案例研究〉，《管理世界》，第 6 期，頁 132-141，2010 年。

于洪，〈中小企業稅負及結構性稅收扶持政策探析〉，《稅務研究》，第 8 期，頁 8-11，2009 年。

王進猛、沈志漁，〈進入方式、內部貿易與外資企業稅負關係的實證研究〉，《財貿經濟》，第 11 期，頁 57-65，2011 年。

劉孟俊等，《大陸投資事業營運狀況調查分析報告》，臺灣經濟部投資審議委員會，2009 年。

CHAPTER 6
兩岸產業合作的機遇與挑戰
——以「搭橋專案」為例

【Author】龐建國

學歷　美國布朗大學（Brown University）社會學博士

現任　中國文化大學中山與中國大陸研究所教授
　　　財團法人海峽交流基金會顧問

經歷　台灣大學社會學系暨研究所副教授
　　　台北市議員、立法委員
　　　馬英九科技政策撰稿人（2008 年）
　　　連戰和宋楚瑜全國競選總部發言人（2004 年）
　　　宋楚瑜和張昭雄台北市競選總部主任委員（2000 年）

研究　國家發展比較研究、台灣發展經驗、中國大陸體制改革與
　　　發展模式、東亞發展、全球化。

一、前言

　　2008 年 5 月，臺灣領導人馬英九就職總統之後，兩岸關係明顯改善。2008 年 6 月，臺灣的海峽交流基金會和大陸的海峽兩岸關係協會恢復了中斷多年的交流協商。然後，到 2012 年底為止，經過八次「江陳會談」，海峽兩岸簽署了 18 項協議，為兩岸關係的和平發展奠定了基礎。

　　在 18 項協議中，2010 年 6 月第五次「江陳會談」簽署的《海峽兩岸經濟合作架構協議》（ECFA），為兩岸的經貿往來規劃了制度性的框架，包括成立「兩岸經濟合作委員會」，下設「產業合作工作小組」，[1]試圖透過官方的力量協助兩岸的企業在某些產業項目上形成合作關係。不過，從實際行動來觀察，早在 2008年底之時，兩岸官方就已經以「搭橋專案」的名義，展開了兩岸產業合作試探性的交流往來。所以，要理解兩岸產業合作的機遇與挑戰，不妨從這個已經推動了四年的合作方案談起。

---

[1]　「兩岸經濟合作委員會」於 2011 年 1 月成立，由兩岸雙方各自指定代表組成，其下設有貨品貿易、服務貿易、投資、爭端解決等 4 個工作小組，負責 ECFA 後續貨品貿易、服務貿易、投資、爭端解決等 4 項協議之協商，以及設置產業合作、海關合作等 2 個工作小組，負責推動兩岸產業合作及海關合作。

二、「搭橋專案」推動概況

　　「搭橋專案」的構想是馬英九總統就職之後，由臺灣方面主動提出。它是時任臺灣經濟部長的尹啟銘，為了落實馬英九第一次參選總統時的政見當中，「開啟兩岸經貿協商新時代」和「深耕臺灣、全球連結」的施政理念，所提出來的政策方案。這個構想於 2008 年 8 月由臺灣的行政院院會通過，成為官方的政策措施，並獲得了大陸官方正面回應。於是，海峽兩岸從 2008 年 12 月開始，先後展開了一連串的活動，為兩岸產業合作搭橋鋪路。

　　從臺灣官方所公布的資料中，我們可以看到「搭橋專案」的政策意旨和主要作法如下：首先，從全球分工體系的格局中，挑選出海峽兩岸可以優勢互補並且具有龐大商機或者發展潛力的產業項目。其次，採取「政府搭橋，民間上橋」的作法，由政府撥發經費，舉辦兩岸產業合作及交流會議，搭建雙方的交流橋樑與合作平臺。第三，以一產業一平臺的模式，讓民間企業在此一平臺上，進行互補性的合作。第四，此種互補性的合作形式包括共同研發、共同生產、產銷合作、共同投資，乃至於兩岸的跨國企業攜手，展開營運管理、產業集資、金融服務、和倉儲轉運等等方面的合作。第五，藉由海峽兩岸的產業合作機制，希望促成兩岸企業聯手進軍國際市場，以期在全球化的競爭中，創造海峽兩岸產業發展的互利雙贏。最後，在期程規劃上，以「一年交流，兩年洽談，三年合作」作為政策目標。[2]

---

[2]　「搭橋專案」有關資料可參閱臺灣經濟部網站〈重大政策〉欄目中〈兩岸產業合作——搭橋專案〉部份，網址 http://www.moea.gov.tw/Mns/doit/content/Content.aspx?menu_id=5324。

為了推動「搭橋專案」，臺灣的經濟部技術處於 2009 年 5 月成立了「搭橋專案辦公室」，作為臺灣方面的聯絡窗口，該辦公室設有「兩岸產業智庫諮詢小組」和「兩岸產業合作工作小組」，邀請相關的公協會、智庫、和學者專家組成了協力團隊。「搭橋專案辦公室」的職責包括：一、研擬兩岸產業交流合作策略建議；二、制定兩岸產業交流合作共通性原則；三、綜整兩岸產業合作及交流會議的成果與效益；以及四、協助推動兩岸產業技術標準的交流合作等等。

　　「搭橋專案」獲得了大陸方面積極正面的回應。相應於臺灣方面的「搭橋專案辦公室」，大陸方面也由國務院臺灣事務辦公室邀集有關部委派員成立了「協調小組」，由國臺辦的經濟局擔任聯絡窗口。在「協調小組」下，設有「專家小組」和臺灣之「兩岸產業智庫諮詢小組」對口，並依據兩岸專家學者經過討論所篩選出來的產業合作優先項目，成立「工作小組」，與臺灣的「兩岸產業合作工作小組」對接，負責執行兩岸產業合作試點工作。

　　到 2012 年底為止，「搭橋專案」選擇了 19 項產業，在兩岸輪流舉辦了 44 個場次的「產業合作及交流會議」。各項產業合作及交流會議結束後，雙方均發表共識結論或者簽署合作意向書。根據「搭橋專案辦公室」發布的統計資料，四年下來，已經促成了海峽兩岸大約 1,610 家的企業進行交流合作。

　　臺灣方面認為，這些活動不僅提供了業界有效率的溝通平臺，也暢通了兩岸的溝通管道，讓兩岸企業能夠形成策略夥伴合作關係，為共同開創商機奠定了基礎。到目前為止，在「搭橋專案辦公室」的評估中，「搭橋專案」展現了以下成果：一、擴大及深化市場、標準、技術、和法規之合作。例如，臺灣的工研院量測中心與北京鑒衡認證中心，建立了太陽光電相關實驗室交互

認證機制,有效縮短臺灣業者取得大陸檢測認證之時程,可以即時切入大陸太陽光電市場商機。二、透過試點合作計畫醞釀出經濟效益。例如,LED 照明透過廈門道路照明及廣州地鐵室內照明作為示範工程,實際使用成效良好,如果未來能夠複製這種合作模式,將可以為臺灣的廠商帶來倍數效益。和三、吸引跨國企業參與合作平臺。以通訊產業為例,「搭橋專案」為臺灣帶進了中國大陸的三大電信運營龍頭廠商和設備廠商,促成直接採購。這些廠商在臺灣的採購品項和金額都大幅成長,2011 年的金額就超過新臺幣 1,500 億元,較 2010 年成長了將近 40%。

不過,若以「搭橋專案」原先所設定的「一年交流,兩年洽談,三年合作」的政策目標來衡量,那麼,「搭橋專案」實際上的推動成效和此一目標有相當差距。如果以共同進行試點作為達成「合作」的指標,那麼,已經舉辦過合作及交流會議的 19 項產業中,只有通訊、LED 照明、和冷鏈物流三個項目,進入了共同進行試點的層次,以及太陽光電在檢測認證上取得了進展。其餘項目,大多停留在簽署了合作意向書,但未進入實質性合作的階段。

「搭橋專案」的推動成效為何不如預期?兩岸產業合作的主要障礙是什麼?在回答這些問題之前,讓我們先探討兩岸產業合作的意義與必要性。

三、兩岸產業合作的意義與必要性

　　臺灣的經濟部會主動提出「搭橋專案」,尋求兩岸產業合作,是因為發現到臺灣的產業發展已經遭遇到一些難以突破的瓶頸,這些瓶頸主要表現在缺乏關鍵性的專利技術和制定標準的能力,以及未能擁有足夠的知名品牌和行銷通路,而要突破這些瓶頸,與中國大陸合作是一條必要的路徑,以下略加說明。

(一) 全球價值鏈分析

　　近年來在國際間產業分工和發展中國家產業升級的研究上,由 Gary Gereffi 和他的同事們所建構的全球價值鏈 (global value chain) 分析日益受到重視。融合了全球化、產品供應鏈、生產網絡、交易成本經濟學、以及技術能力和企業學習的相關學說,全球價值鏈分析提供了一套比較周延和細緻的理論架構,這套理論架構告訴我們,在全球化和區域經濟整合的趨勢下,發展中國家的產業升級必須基於本身既有的資源稟賦,依據比較優勢的原則進入產品供應鏈中具有比較優勢的環節,先成為先進國家領導廠商的供應商,與國際經貿網絡掛勾接軌。然後,再透過從做中學習的過程,獲得生產和行銷的技術及知識,努力進入高附加價值的環節,逐步往全球價值鏈中領導廠商的位置移動 (Gereffi, Humphrey and Sturgion, 2005;Gereffi and Fernandez-Stark, 2011)。

　　不過,在後進國家的廠商企圖往高附加價值環節移動之時,全球價值鏈上的領導廠商會設法維持其本身的主宰地位。領導廠

商所擁有的優勢，就是研發能量、專利技術、乃至於標準制定的能力，以及知名品牌和行銷通路。在全球價值鏈的治理上，領導廠商經常會藉著壟斷技術及標準和品牌及行銷來形成各式各樣的經濟租（economic rent），[3]建立起阻擋競爭的壁壘，防止後進國家的產業升級行動影響到它們的既得利益（Kaplinsky and Morris, 2003）。所以，後進國家的廠商必須能夠積累足夠的技術和品牌實力，才可能打破領導廠商的壟斷。

正是從突破先進國家領導廠商技術和品牌壁壘的角度來觀察，我們發現兩岸產業合作的重大意義和必要性。從產銷流程規劃和生產要素鏈結來觀察，兩岸本來在全球價值鏈的治理上就存在著優勢互補的空間，可以透過加強合作、減少競爭的方式，在許多產業形成更具競爭力的組合。大致說來，兩岸產業合作的概括模式，是將臺灣的研發創意、設計能力、商品化效率、和經營管理，以及大陸的市場規模、生產條件、科研實力、和政策力道，進行適當組合，以打造出更完整且更具競爭力的產業鏈。ECFA的簽署為臺灣爭取到了利用大陸市場的先機，使得臺灣廠商可以就近利用大陸的市場條件去布局產業鏈、開拓市場、和尋求產業升級。所以，對於臺灣的產業發展來說，加強及加速與大陸進行產業合作是一條重要的路徑。

---

[3]　經濟租是指支付給生產要素的報酬，超出為了獲得該項要素而必須支付的最低報酬（或機會成本）的部份，它是一種有超額利潤存在的現象。

（二）經濟規模

值得注意的是，在兩岸產業合作上，有一項既定的資源稟賦是大陸方面享有而臺灣方面無法企及的，就是經濟（市場）規模。中國大陸目前擁有 13 億 4 千萬左右的人口，是臺灣 2,330 萬人口的大約 58 倍，以及全世界 70 億人口的將近五分之一。2011 年，中國大陸的國內生產總值（GDP）達到 7.3 兆美元，是臺灣 4,668 億美元的 15.6 倍。[4] 同時，中國大陸自從 1979 年採取改革開放路線之後，經濟成長一直有很好的表現，以國民總收入（GNP）的增長率來說，從 1979 年到 2007 年期間，平均成長率為 9.9%。金融海嘯發生後，當全球都陷入景氣低迷狀態時，中國大陸仍然能夠透過擴大內需市場的途徑維持經濟成長的動力，在 2008 年到 2011 年期間分別達到 9.6%、9.2%、10.4%和 9.2%的 GDP成長率。[5]

眾多的人口加上快速的經濟成長，使得中國大陸不僅具有「世界市場」的吸引力，也擁有動員人力（包括海歸人士和海外華人）和物力投入技術研發、標準制定、和品牌打造的巨大潛力。這項優勢使得中國大陸擁有籌碼，可以和世界上科技領先的國家，以及和全球價值鏈上的領導廠商進行談判周旋，尋求合作機會，要求技術移轉。[6]

---

[4] 有關數字來自《維基百科》中文版〈中華人民共和國〉、〈中華民國〉和〈世界人口〉等條目。

[5] 相關資料可參閱中國大陸國家統計局網頁，網址為 http://www.stats.gov.cn/tjgb/ndtjgb/qgndtjgb/t20100225_402622945.htm；http://www.stats.gov.cn/was40/gjtjj_nodate_detail.jsp?channelid=75004&record=53。

[6] 截至 2009 年底，中國大陸已與 152 個國家和地區建立了科技合作與交流關係，其中，與 97 個國家簽訂了 104 個政府間的科技合作協定，包括美

相對而言，臺灣經濟發展和產業升級的先天限制乃是經濟規模不夠大。同時，在既有的產業發展路徑上，臺灣的官方並未像南韓一樣全力扶植少數大企業，而是讓中小企業有較大的發揮空間，形成了以中小企業為主的產業結構。這種發展路徑過去為臺灣締造了「成長和公平攜手並進」（growth with equity）的成就，使得臺灣的經濟發展模式得到國際間的肯定（Fei, Ranis and Kuo, 1979），但是，也讓臺灣如今在面對全球化競爭的時候，較難憑藉自身的經濟規模和現有的產業結構培養出世界級的領導廠商。

到目前為止，臺灣企業在全球價值鏈的布局上，主要是切入製造、加工和組裝的段落，採用歐美日所擁有的專利技術和所訂定的產業標準，為品牌大廠或大通路商代工，練就了「快速追隨者」的本事，在全球市場中擁有一席之地（王振寰，2010）。但是，就附加價值來說，代工則是利潤最微薄，最容易被擠壓的段落。臺灣若想要走產業升級的道路，就勢必要往專利技術與產業標準，或行銷通路與自有品牌的高附加價值段落邁進。然而，受到科研實力、人才數量、和市場規模的限制，臺灣不容易憑自身力量去突破現有格局，大陸卻在這些環節上可以和臺灣形成優勢互補的組合，這也是臺灣方面主動提出「搭橋專案」的基本思維。

國、加拿大、歐盟、俄羅斯、日本、及南韓等等國家，有關情形可參閱張超群、李佩縈，〈第七章　兩岸產業科技合作現況與展望〉，林祖嘉主編，《ECFA 與東亞經濟整合及產業合作》（台北：財團法人國家政策研究基金會，2012 年），頁 234-240。

（三）社會資本

　　除了市場規模和經濟動能的考量之外，另外一個可以突顯兩岸產業合作的意義與必要性的觀察角度，是社會資本（social capital）的概念。產業發展需要進行資本累積，而國家發展的相關研究注意到，所謂的「資本」，除了傳統所重視的物質資本之外，還有後來由 Theodore Schultz（1963；1964；1971）所提出的人力資本（human capital），以及近年來受到重視的社會資本。

　　綜合有關社會資本的重要學說，我們大致上可以將社會資本分為兩種形式，一種是個人取向的「關係性資本」（relational capital），另外一種是集體取向的「體系性資本」（system capital）。其中，關係性資本是指一個行動者有意圖地運用與其他握有資源的行動者之間直接或間接的私人關係，而得以利用的資源數量。體系性資本則是個人之間，或者一個團體、組織、社區、地區、以至於社會，所形成的整體關係網絡（或行動者體系）所具有的特性，像社會控制、相互信任、和道德風氣等等方面的表現（Esser, 2008）。

　　換言之，我們可以從個人取向的人脈關係和集體取向的社會氛圍這兩個層次來理解社會資本的累積形式。就國家發展或產業升級的追求來說，人力資本的概念提醒我們要注重教育和訓練，以提升人力素質；社會資本的概念則告訴我們，善用人脈關係和培養團結和諧、積極進取的社會氛圍的重要性。

　　從人脈關係的層次切入，我們可以將社會資本視為鑲嵌在社會網絡（social network）中，而可以被個人利用的資源，或者在市場裡可以有回報的投資（Lin, 2001；2008）。企業經營或事業發展想要成功，必須廣拓人脈，聚合多方面的資源，產業升級的

行動亦復如是。理論上來說，文化隔閡小、地理位置近、以及有既存人脈關係可資利用的情況下，可以減少串連社會網絡所需要支付的交易成本，社會資本因而比較容易累積。兩岸之間同文同種，在人脈關係的串連上，本來就可以減少許多語言和文化上的障礙或交易成本。同時，多年以來眾多臺商在大陸的經營，已經為兩岸的社會網絡鋪陳了比較廣泛和深入的基礎。這些因素使得社會資本在兩岸共同市場或者大中華經濟圈的思維下，更容易得到開發利用。換句話說，在全球市場上，兩岸之間可以形成一個因為文化和地理的親近性，因而交易成本較低的資源網絡，海峽兩岸都應該善加利用。

不過，從社會氛圍的層次切入，情形就變得比較複雜。一方面，海峽兩岸都傳承了中華文化傳統中勤勞節儉、重視教育、和集體為先等等特質，因而形成了一個比較有利於產業發展的共同文化圈或整體社會網絡。然而，長期分立對峙的歷史背景，則使得兩岸之間的互信基礎不足，因而造成了兩岸之間生產要素流通和資源串連匯聚的障礙。這種情形同樣出現在兩岸產業合作的推動上，成為「搭橋專案」推動成果未盡理想的主要原因之一。以下我們對於「搭橋專案」推動過程中所遭遇的障礙加以分析。

四、兩岸產業合作的障礙與克服之道

審視過去四年以來兩岸產業合作的歷程，我們發現，兩岸產業合作未能達到預期目標的主要原因有三：一、雙方對於彼此的

產業發展狀況瞭解得不夠透徹；二、大陸方面在制度安排上存在較多關卡；和三、互信不足。兩岸產業合作若要見到較佳的成效，就必須面對這些問題並採取因應措施，以下分別略做說明。

（一）產業發展信息的交流

兩岸產業合作遭遇的第一個障礙，是雙方對於彼此的產業發展狀況瞭解得不夠透徹。「搭橋專案」最初選擇了 15 個優先進行交流合作的產業項目，包括中草藥、太陽光電、車載資通訊、通訊、LED 照明、資訊服務、風力發電、車輛、設計、流通服務、光儲存、食品、精密機械、生技醫藥和航空等。其後，經過增刪，到了 2012 年底為止，舉辦過「合作及交流會議」的產業項目共有 19 項，分別是中草藥、太陽光電、車載資通訊、通訊、LED 照明、資訊服務、風力發電、流通服務（包括連鎖加盟和物流）、車輛、精密機械、食品、生技與醫材、紡織與纖維、數位內容、電子商務、電子業清潔生產暨廢電子產品資源化、金屬材料和 TFT-LCD 等。其中，紡織和纖維、數位內容、電子業清潔生產暨廢電子產品資源化、電子商務、金屬材料和 TFT-LCD 是新增項目；設計、光儲存和航空等三個項目則一直未能啟動雙方的交流合作；同時，有些項目在經過雙方接觸後，發現繼續交流合作的需求或意願不強。

前述情形乃由於最早的兩岸產業合作清單是由臺灣單方面提出，事先未與大陸方面商量，在實際推動的過程中發現，其中有些項目並非大陸方面想要優先發展的產業，或者優先合作的對象不是臺灣。同時，從優勢互補、互利雙贏的角度來看，有些產業兩岸之間的競爭性大於互補性，無法形成一加一大於二的組

合；也有的產業兩岸目前所掌握的技術能量尚無法達到全球競爭的水平，還不急於列入優先合作項目。

這些情況顯示，臺灣方面對於大陸方面產業發展的實際情形瞭解得不夠透徹，需要更用心地做好知己知彼的基礎研究工作，更務實地找尋兩岸產業合作的可行模式。[7]同樣的，大陸方面的專家學者表示，他們對於臺灣產業發展的實況也有霧裡看花的感覺，對於兩岸如何進行產業合作還需要做大量的工作。所以，為了增進兩岸產業合作的實效，雙方應該同心協力，做好產業分析的基礎研究，並充份交換信息。

兩岸經濟合作委員會產業合作工作小組的設立和「兩岸產業合作論壇」的舉辦，[8]為雙方產業發展信息的交流搭建了官方的對話平臺。不過，兩岸經濟合作委員會每年召開兩次，「兩岸產業合作論壇」每年舉辦一次，如此的互動頻率顯然不足以因應雙方產業發展信息交流的需要，而應該建立互動聯繫更直接、更頻繁的信息交換機制。

在現階段，此種互動聯繫更直接、更頻繁的信息交換機制，可以由兩岸的產業研究智庫做起，透過共同研究的作法，來建立雙方產業發展信息的交流渠道。事實上，經過「搭橋專案」兩岸專家諮詢小組的會商，雙方都覺得需要就兩岸產業合作的後續推

---

7 臺灣方面透過中華經濟研究院、臺灣經濟研究院、工業技術研究院產業
   經濟與趨勢研究中心、資訊工業策進會產業情報研究所和拓璞科技研究
   所等單位，做了頗多兩岸產業發展與競合關係的研究，除了紙本出版品
   之外並儲存在《ITIS 智網》的資料庫中，網址為：http://www.itis.org.tw。
   不過，研究單位承認，這些研究報告若能得到大陸方面的協助，將會更
   精確和深入。

8 「兩岸產業合作論壇」由兩岸經濟合作委員會產業合作工作小組主辦，
   每年輪流在兩岸舉行，到目前為止，已經舉行過兩屆，第一屆於 2011 年
   10 月在江蘇昆山舉辦；第二屆於 2012 年 11 月在臺灣的新竹舉辦。

動，進行重要議題的共同研究。例如，如何在兩岸之間切實地打造優勢互補的產業鏈，避免重覆投資和不必要的競爭；以及如何透過兩岸之間園區對園區的形式，來構建具有綜合效益的產業合作模式等等。為了彼此能夠開誠布公地做好共同研究，筆者認為，兩岸可以雙方已經簽署的《海峽兩岸智慧財產權保護合作協議》為依據，在智庫之間建立智慧財產權保護和利益分配的機制，減少信息交流上的關關卡卡和交易成本，提升合作的效益。

（二）制度的創新

兩岸產業合作需要雙方的產官學研共同參與，臺灣方面在產官學研的合作上有比較豐富的經驗，已經習慣於透過專案辦公室的制度設計，組成跨部會的任務編組，處理跨部會的產業發展方案。大陸方面由於組織體系龐大，傳統上即經常出現「條條塊塊」的現象，不僅橫向方面各個部委之間較少透過跨部委的任務編組來推動政策，縱向方面中央和地方之間也時常出現上令未必能下達的「諸侯割據」問題。[9]所以，一旦事涉跨部委或者上下層的協調時，工作推動就會比較困難。

在「搭橋專案」的推動過程中，就出現了一些部委之間不協調和地方政府不能貫徹中央政策的情形。例如，LED 照明產業在中國大陸的發展是由科學技術部率先投入，可是，在行業管理和標準制定上，牽涉到了工業和信息化部的職掌，同時，城鄉建設

---

[9] 鄭永年認為，中國大陸形式上是中央集權，事實上則是聯邦式的地方分權。有關論點可參閱 Yonnian Zheng, *De Facto Federalism in China: Reforms and Dynamics of Central-Local Relations* (Singapore: World Scientific Publishing Co., 2007)。

部對於 LED 照明的應用推廣，也有一定的話語權。於是，當兩岸要進行工作推動對接的時候，大陸方面要由那一個部委來牽頭，就必須經過一番摸索。而結果是，必須另外由國家發展和改革委員會來統籌協調，事情才比較好處理。又例如，大陸許多地方政府對於「搭橋專案」表示有興趣，爭取產業「交流及合作會議」到該地舉辦，或者爭取成為兩岸產業合作的試點城市，但主要的思考點是「招商引資」，以及爭取上級政府的政策支持或經費補助，但未必有兩岸合作打造具有競爭力的產業鏈，共同進軍全球市場的企圖或規劃。同時，臺灣廠商在參與「搭橋專案」的試點工作時，常常會覺得關卡太多，許多商機看得到卻吃不到。其原因有一部份是因為臺灣廠商不瞭解大陸行政體系的特性，沒有找到適當的對口單位，但也有一部份是因為大陸地方政府某些部門的「潛規則」，讓臺灣廠商不得其門而入。

中國大陸原本就擁有廣大的市場，再加上經濟成長較為快速，所以，臺灣方面很自然地會期待透過「搭橋專案」的推動，為臺灣的廠商尋找出路。大陸方面也利用不同場合，如「江陳會談」、「國共論壇」和「兩岸產業合作論壇」舉行的時機，做出了開放市場空間或者適度讓利的政策宣示。可是，到目前為止，臺灣方面參與「搭橋專案」的部份工作人員或廠商，仍然會有不知道大陸方面誰說了才算的感受，以及商機看得到卻吃不到的抱怨。

針對前述這些問題，大陸方面需要一些制度創新。例如，針對兩岸產業合作的優先項目，仿照臺灣方面專案辦公室的制度設計，組成跨部委的任務編組，建立產官學研共同參與的平臺性機制。事實上，如前所述，在 LED 照明這個產業項目上，大陸方面就組成了跨部委的工作小組；另外，在「兩岸經濟合作委員會」

的組織安排上，包括「產業合作工作小組」的組成，也是採取跨部委的編組方式，並且都由國務院國家發展和改革委員會來牽頭。這些制度安排就是著眼於由發展和改革委員會來牽頭，比較容易發揮統籌協調的功能作用。不過，受限於行政層級和互動頻率，這些制度創新的功能作用尚未能充份發揮。

另外，在約束地方政府和破除潛規則的部份，大陸方面如果真心願意促成兩岸產業合作，不妨考慮在特定部委和地方政府的工作考核上，將兩岸產業合作的成效列為工作考核的硬指標。透過正式規則的制定和創新，來鼓勵有關部委和地方政府認真看待兩岸產業合作，並破除潛規則所形成的關卡。

（三）互信的增進

最後，兩岸產業合作最大的障礙，或者說主要的癥結，乃是互信的問題。「搭橋專案」原本的政策意旨和主要作法是要從全球分工體系的格局中，挑選出海峽兩岸可以優勢互補並且具有龐大商機或者發展潛力的產業項目，透過共同研發、共同生產、產銷合作、共同投資，乃至於兩岸跨國企業攜手，展開營運管理、產業集資、金融服務、和倉儲轉運等等方面的合作，促成兩岸企業聯手進軍國際市場。要現實這些目標，就必須降低兩岸之間資金、技術和人才往來的障礙，甚至於建立支持鼓勵的機制。

不過，我們發現，臺灣方面對於兩岸產業合作一直抱有相當程度的戒心。以陸資赴臺為例，臺灣方面過去經常抱怨兩岸之間都是資源從臺灣單向流往大陸，對臺灣的產業發展不利，2009年6月底，臺灣方面終於開放大陸資金赴臺投資，但至今成效並不理想。追究其主要原因，是臺灣方面有較大的「國家安全」考

量，相關作為因而顯得相當謹小慎微。於是，在過去的一段時間裡出現了下列情形：一、大陸想要投資的許多項目臺灣都未開放；二、臺灣限制具有黨政軍背景的大陸企業赴臺投資，使得許多具有海外投資能力的大陸企業被排除在來臺投資的行列之外；和三、臺灣對於大陸人士入境，仍有諸多限制，降低了大陸企業家來臺投資的意願。這些情形所反映的，就是臺灣方面對於大陸赴臺投資行為的不信任。

我們可以說，互信的問題如果不能改善，兩岸產業合作必然無法達成預期目標。事實上，兩岸產業合作的前兩個障礙也和互信問題有關。由於互信不足，兩岸之間很難開誠布公地進行產業發展信息的交換，遑論共同進行產業發展的研究。同樣的，在互信不足的情況下，大陸方面未能認真地要求地方政府採取配套措施，各種「條條塊塊」和「潛規則」就會橫亙在兩岸產業合作的路徑上。

值得注意的是，兩岸產業合作的拖延雖然對於雙方的產業發展都會有不利影響，但是，對於臺灣方面的影響尤大。近年來海峽兩岸經濟實力消長明顯，從產業發展的角度來觀察，大陸藉由龐大的經濟（市場）規模而能發揮匯集資源的吸引力，金融海嘯之後，美、歐、日的景氣低迷雖然對於中國大陸的出口造成衝擊，但是，大陸內需市場和新興國家市場的開發，則讓中國大陸能夠維持相當的成長動能。從生產要素投入（資金充沛、人力素質提高），產業結構升級（基礎設施改善、城市化有序進行、七大戰略性新興產業展開布局），技術改進（科研實力雄厚、海歸人士助陣、併購能力增強），和制度改革（制度經濟學成為顯學、市場化改革仍在持續）等等面向來觀察，大陸雖然面對人口紅利不

再的制約，但仍然有機會如林毅夫所做的推估，再維持 20 年到 30 年的高速成長（林毅夫，2009）。

相對而言，臺灣受限於本身經濟（市場）規模不夠大，因此，無法靠本身的市場作為吸引資源的條件，而必須瞄準其他市場，在全球價值鏈中積極卡位。過去，臺灣結合大陸的市場條件成為許多產品全球價值鏈的重要代工者，但是，隨著新興國家尤其是中國大陸的崛起，臺灣企業在全球價值鏈中代工製造的環節所能獲得的利潤越來越薄，地位也逐漸不保，必須設法謀求產業升級。然而，同樣受限於經濟（市場）規模，臺灣無法在本身的市場內聚集足夠的資源（人才、技術、市場份額），順利地朝全球價值鏈領導廠商的位置邁進。

在前述的大環境背景下，大陸方面在兩岸產業合作上毫無疑問地握有較多的籌碼。因為，藉著龐大的市場規模和快速的成長力道，大陸方面可以和世界上科技領先的國家，以及和全球價值鏈上的領導廠商進行談判周旋，尋求合作機會，要求技術移轉。相對而言，在產業合作上，臺灣可以運用的籌碼不多，可以選擇的對象較少。雖然從語言相同、地緣鄰近、和全球價值鏈的既有分工關係來說，海峽兩岸較容易形成優勢互補的組合，但是，在產業升級的路徑上，臺灣並非不可替代的夥伴，中國大陸可以從全球尋找合作對象，其中，韓國就是臺灣最大的競爭者。

在全球分工體系的座落位置上，臺灣和韓國的位置幾乎一樣，現有的產業和將來想要發展的產業也高度雷同，從國際貿易的角度來看臺韓兩地，彼此實處於高度競爭的局面。所以，當臺灣和大陸簽署 ECFA 的時候，韓國相當在意。在此之前，韓國有心人士就已經率先提出了 China 加 Taiwan 等於 Chaiwan 的說法，

提醒韓國人注意兩岸經貿情勢的變化。[10]過去，韓國因為和臺灣一樣擔心技術流失，所以，對於投資中國大陸採取比較保守的態度，但是，當兩岸簽署 ECFA 的消息傳出後，韓國對於中韓之間的經濟合作乃至於中日韓自由貿易區的推動，態度轉趨積極。所以，中國大陸和韓國之間產業合作的可能發展，是臺灣不能忽視的挑戰。

「搭橋專案」為兩岸產業合作開啟了制度化的門徑，成為臺灣產業升級的突破口。依據全球價值鏈和社會資本理論的分析，兩岸的確有頗多優勢互補的可能性，兩岸官方可以在建立信息交換機制，篩選產業合作項目，提供適當誘因，減少貿易障礙和促進生產要素流通等等點面做出努力，以彌補市場機能的不完善和降低經濟活動的交易成本，形成互利雙贏的合作關係。

但是，要讓「互利雙贏」能夠真正落實而不流為口號，兩岸雙方，尤其是臺灣方面，需要調整基本心態。國際關係研究中社會建構主義的理論告訴我們，兩個政治實體之間是會形成零和競爭關係或是非零和的相互依存關係，主要是看雙方如何界定彼此的身份認同和利益所在（Wendt, 1999）。海峽兩岸分治以來，先是經過長時期的敵視對峙，後來又有李登輝和陳水扁的「去中國化」，臺灣的官方乃至於一般民眾，不免會形成「習慣性的防衛心理」，習而不察地形塑出一種與大陸對抗的「臺灣主體意識」，對於兩岸關係容易採取零和式的認知和界定，看不到互利雙贏的空間。

10　「Chaiwan」的說法是由韓國的《朝鮮日報》最先提出來，並以「兇猛追擊的 Chaiwan」作為標題，報導兩岸經貿合作對於韓國產業發展的威脅。有關報導可參閱《天下雜誌》的網頁，網址為 http://www.cw.com.tw/article/article.action?id=37940。

在前述情況下，面對中國大陸的崛起，臺灣朝野，尤其是綠營人士，常常視之為威脅，而忽略了其中的機會。對於兩岸產業合作或者陸資赴臺總是聯想到臺灣會進一步依賴大陸，會像掉入黑洞般地無法脫身，而不是彼此可以相互依存，能夠攜手因應全球化的挑戰。

然而，我們必須指出的是，任何負責任的臺灣政治人物，無論朝野，都必須認真思考如何適當地界定和經營兩岸關係，務實地面對臺灣經濟發展的困境（如經濟規模不夠大和以代工為主），以及如何藉由與大陸的合作，突破產業升級的障礙。馬英九執政以來，兩岸關係已經相當程度擺脫了零和競爭的互動狀態，但是，還需要兩岸雙方共同努力，一起建構相互依存的身份認同和利益界定。就此而言，大陸方面需要切實到位地適度讓利，臺灣方面需要認真地檢視本身「習慣性的防衛心理」。唯有雙方都願意從相互依存的思維角度出發，不斷夯實互信的基礎，兩岸的產業合作才能邁開大步。

五、結語

從經濟效益來考量，兩岸產業合作原本是順理成章之事，不過，兩岸往來互動無法擺脫政治因素的干擾，[11]臺灣方面對於涉

---

[11] 對於兩岸產業合作的政治經濟學分析可參閱龐建國，〈ECFA 後兩岸產業合作展望——政治經濟學的分析〉，《國家發展研究》，第 11 卷，第 1 期，2011 年 12 月，頁 43-95。

及兩岸的事務，總是帶有較高的風險意識。只是，我們必須指出，在兩岸產業合作上，「時機」也應該被視為重要的風險因素來考量。如果臺灣政府一直延續謹小慎微的決策模式，在臺灣方面遲疑猶豫的同時，大陸方面仍會從全世界吸取養份，繼續朝產業升級和建構完整產業鏈的道路邁進；臺灣方面則將喪失掉許多互利雙贏的產業升級機會，並在中國大陸的崛起力道中逐漸邊緣化。所以，臺灣的決策當局應該表現出更大的自信心，勇於在兩岸關係的處理上採取更多積極的作為，不要讓兩岸之間「機會極大化，威脅極小化」的說法淪為口號。當然，在此同時，我們也期望見到大陸方面展現更大的耐心和包容力，體諒臺灣方面難免會有的戒慎恐懼。

　　從全球化和區域經濟整合的大趨勢著眼，運用全球價值鏈的分析，並考量社會資本的累積，我們可以很肯定地說，兩岸產業合作乃是臺灣促進產業升級和經濟成長較佳的途徑，同時，也有助於中國大陸以較少的成本更有效地調整產業結構，促進經濟增長。但是，兩岸產業合作能否有效地推動，還要看雙方是否能夠互相釋放善意，強增互信基礎。如果臺灣方面不能夠去除習慣性的防衛心理，仍然在兩岸產業合作中表現得缺乏自信心，乃至於顯露出敵意，就很難要求大陸方面持續釋放善意。如果大陸方面因為耐不住臺灣方面的謹小慎微，而出現了較為強烈的言語動作，兩岸產業合作之路也可能橫生曲折，並且對兩岸關係造成負面影響。所以，就兩岸產業合作乃至於兩岸關係和平發展來說，臺灣方面需要多一些信心，更大膽進取；大陸方面需要多一些耐心，更大度能容！

【參考文獻】

王振寰，《追趕的極限──臺灣的經濟轉型與創新》，高雄：巨流圖書公司，2010 年。

林毅夫，《解讀中國經濟》，臺北：時報文化出版公司，2009 年。

張超群、李佩縈，〈第七章　兩岸產業科技合作現況與展望〉，林祖嘉主編，《ECFA 與東亞經濟整合及產業合作》，臺北：財團法人國家政策研究基金會，頁 215-262，2011 年。

龐建國，〈ECFA 後兩岸產業合作展望──政治經濟學的分析〉，《國家發展研究》，第 11 卷第 1 期，頁 43-95，2011 年。

Esser, Hartmut, 2008. "The Two Meanings of Social Capital," in Dario Castiglione, Jan W. van Deth and Guglielmo Wolleb eds., *The Handbook of Social Capital*. New York: Oxford University Press, pp.22-49.

Fei, John C. H., Gustav Ranis and Shirley W. Kuo, 1979. *Growth with Equity: The Taiwan Case*. New York: Oxford University Press.

Gereffi, Gary, John Humphrey and Timothy Sturgeon, 2005. "The Governance of Global Value Chains," *Review of International Political Economy*, Vol.2, No.1, pp.78-104.

Gereffi, Gary and Karina Fernandez-Stark, 2011. *Global Value Chain Analysis: A Primer*. Durham, NC: Center on Globalization, Governance and Competitiveness, Duke University.

Kaplinsky, Raphael and Michael Morris, 2003. "Governance Matters in Value Chains," *Developing Alternatives*, Vol.9, No.1, pp.11-18.

Lin, Nan, 2001. *Social Capital: A Theory of Social Structure and Action*. Cambridge, UK: Cambridge University Press.

Lin, Nan, 2008. "A Network Theory of Social Capital," in Dario Castiglione, Jan W. van Deth and Guglielmo Wolleb eds., *The Handbook of Social Capital*. New York: Oxford University Press, pp.50-69.

Schultz, Theodore, 1963. *The Economic Value of Education*. New York: Columbia University Press.

Schultz, Theodore, 1964. *Transforming Traditional Agriculture*. New Haven, CT: Yale University Press.

Schultz, Theodore, 1971. Investment in Human Capital: The Role of Education and of Research. New York: The Free Press.

Wendt, Alexander, 1999. *Social Theory of International Politics*. New York: Cambridge University Press.

Zheng, Yongnian, 2007. De Facto *Federalism in China: Reforms and Dynamics of Central-Local Relations. Singapore: World Scientific Publishing Co.*

CHAPTER 7

兩岸產業合作的回顧與前瞻

【Author】張冠華

現任　中國社會科學院臺灣研究所副所長、研究員
　　　（中國）全國臺灣研究會理事
　　　中國國際經濟關係學會常務理事
　　　中國世界貿易組織研究會常務理事
　　　海峽兩岸經貿交流協會第二屆理事會理事
　　　中國戰略文化促進會常務理事
兼任　國台辦海峽兩岸關係研究中心兼職研究員
　　　中國發改委及國台辦「兩岸產業合作研究諮詢小組」專家
　　　重慶國際交流促進會副理事長
　　　促進平潭開放開發顧問團成員
經歷　中國社會科學院臺灣研究所資料研究室副主任
　　　中國經濟研究室副主任、主任、所長助理
研究　臺灣經濟及兩岸經濟關係問題研究

一、前言

　　兩岸產業合作，是兩岸經濟合作框架協定（ECFA）的重要內容之一，也是 ECFA 兩岸特色的重要體現。過去幾年來，兩岸產業合作在推動制度化、機制化方面取得實質性進展，但產業合作的方向、模式、路徑仍在探索之中。

二、兩岸產業合作的緣起

　　兩岸產業交流與合作是與兩岸貿易、投資相伴隨而生的。自上世紀 70 年代末特別是 80 年中期至今，兩岸貿易、投資總體上保持快速增長勢頭，目前兩岸已成為彼此最重要貿易、投資夥伴之一。由兩岸貿易投資帶動的兩岸產業交流與合作，也同步發展，並在兩岸貿易與投資中有所體現。但總體觀察，在 2008 年之前，兩岸產業交流與合作更多體現在兩岸臺商之間，兩岸各自產業之間的合作無論是市場化水準還是制度化建設均不足。

　　綜觀 2008 年之前的兩岸產業交流與合作，呈現以下幾個特點：

　1. **兩岸產業交流與合作主要發生在兩岸臺商之間**。即移向大陸的中下游臺商與臺灣內部中上游臺商之間，以及臺商在兩岸不同生產階段、不同層次產品以及工序之間的交流與合作，並形成不同形式的產業分工關係。這種關係可以從兩岸貿易

的主要承擔者得到驗證。按照中國海關統計，外商獨資企業（主要為臺商）一直為兩岸貿易主體，2011 年外商獨資企業（主要為臺商）從事兩岸貿易額達 981.56 億美元，占61.34%；其中大陸對臺灣出口 196.07 億美元，占大陸對臺出口值的 55.84%；自臺灣進口 785.49 億美元，占大陸自臺總進口的 62.88%。2011 年外商獨資企業在兩岸貿易中的份額已連續出現下降，但仍占主導地位，說明臺商在兩岸貿易中的主體地位仍未發生實質改變。

2. 臺商與大陸當地產業體系和市場關聯度不高，以**獨資經營為主，形同「飛地」**。這主要表現在大陸臺商中從事加工出口業比重較高，其原料、設備取得及產品出口最終市場的重心不在大陸。從臺灣歷年發佈的《製造業對外投資實況調查報告》觀察，上世紀 90 年代初期大陸臺商原材料和半成品 80%左右來自臺灣和當地臺商，90 年代末期下降至 70%左右。2000 年後，大陸臺商當地採購比重持續增加，到 2010 年從臺灣採購比重降至 28%，在大陸當地採購則上升至 62%[1]。但大陸臺商當地採購比例的提高，更多發生於臺商之間的採購。從臺商產品銷售的地區結構看，上世紀 90 年代初銷售海外及回銷臺灣的比重在 65%左右，1990 年代末下降至 55%左右，2008 年全球金融危機後歐美市場需求減弱，臺商大陸市場內銷比重快速上升，2010 年當地銷售比重已超過 60%。需要指出的是，雖然 1990 年以後臺商在大陸當地銷售比重有不斷升高的**趨勢**，但其中相當部分屬於「間接外銷」[2]，

---

[1]　臺灣經濟部歷年《製造業對外投資實況調查報告》。
[2]　陳添枝、顧瑩華，〈全球化下臺商對大陸投資策略〉，陳德昇主編，《經濟全球化與台商大陸投資》，（臺北：晶典文化事業出版社，2005 年 11 月）。

這部分廠商是跟隨大型組裝廠一起赴大陸的配套廠商,其產品主要銷售大陸臺商。這種「間接外銷」在長三角、珠三角的臺商產業集群地區是普遍現象。同時,臺商在大陸投資多年以來一直以獨資為主,目前大陸臺商獨資形態比重占七成以上,合資比重占二成多,而且合資多半與外商合資。

3. **加工貿易方式成為兩岸產業交流的主要形態。**兩岸貿易方式是兩岸產業分工的直接表現形式,過去兩岸產業分工的特點決定了兩岸貿易中加工貿易比重偏高。長期以來,以來料加工和進料加工為主的加工貿易,在兩岸貿易中佔有相當高的比重。據中國海關統計,2010 年,大陸對臺來料加工和進料加工貿易出口為 150.02 億美元,占對臺總出口的 50.55%;自臺灣的相應進口額為 700.38 億美元,占自臺總出口的 60.52%。值得關注的是,2010 年無論是加工貿易出口還是進口,所占比重均較 2009 年下降 4 個百分點左右。說明在國際金融危機後大陸擴大內需政策在兩岸貿易中產生效應,兩岸一般貿易比重開始上升。但是,對照 2010 年大陸對外貿易總額中來料加工裝配貿易、進料加工貿易兩項的比重為 36.7%,其中出口比重 45.45%,進口比重為 27.11%,顯然兩岸貿易中加工貿易比重過高,而一般貿易比重偏低。

4. **兩岸間產業鏈成為亞太地區生產網路的重要組成部分。**過去兩岸產業交流大至形成了臺灣接單—日本進口—大陸生產—海外銷售的四角關係,從根本上看是美日主導的亞太地區生產網路建構過程中,梯次將中下游產業、產業的中下游生產階段、以及產品的不同生產流程和工序向外轉移、擴散和外包形成的。隨著 1990 年代中後期國際跨國公司採用供應鏈管理模式,其下游的庫存、供貨和服務也開始外包和轉

移，從而使亞太地區尤其是東亞地區生產網路持續升級和擴散。美日跨國公司始終佔據此一分工體系的主導地位，掌握標準、品牌與核心技術；而最終市場也以歐美市場為導向。

2008 年以後，隨著臺灣馬英九當選總統與國民黨重新執政，兩岸關係開啟和平發展新局面。在「九二共識」基礎上，兩岸本著先經後政、先易後難的步驟，先後實現「三通」、大陸居民赴臺旅遊、大陸資金入臺投資等一系列實質性突破。同時，全球金融危機後世界經濟也正在發生一系列深刻變革，全球需求結構的變化、發達國家特別是美國的「再工業化」以及全球產業正在醞釀的新一輪技術革命，對於兩岸產業交流與合作提供了新的環境條件，提出更多迫切需求。通過兩岸產業交流與合作，共同提高兩岸產業的國際競爭力，促進兩岸經濟的轉型升級，成為兩岸的共同要求。

2008 年 8 月，臺灣經濟部提出「一年交流、二年洽商、三年合作」的兩岸產業「搭橋專案」，並選定中草藥、太陽光電等 15 項產業為重點內容，以「一產業一平臺」等方式建立兩岸產業合作新模式[3]，並於 2008 年 12 月正式啟動。「搭橋專案」得到大陸積極回應與配合，2009 年兩岸設立相應平臺，並分別成立產業合作研究資詢小組和工作小組，研究和促成兩岸產業合作事宜，提出產業合作試點專案並相應設立試點專案工作小組。國台辦主任王毅 2009 年 10 月在成都舉辦的兩岸關係研討會上，將這種新的合作方式定義為「有規劃指導、有政策支持、有產學研一起參與」

---

[3]　臺灣經濟部技術處網站，http://doit.moea.gov.tw/Policy/100-specialproject.aspx。

的新型產業合作。2010 年兩岸簽署兩岸經濟合作框架協定
（ECFA），明確將「研究雙方產業合作佈局和重點領域，推動雙
方重大項目合作，協調解決雙方產業合作中出現的問題」列為經
濟合作的重點內容之一。2011 年初，按照 ECFA 有關條文成立的
兩岸經濟合作委員會，專門成立產業合作工作小組，使兩岸產業
合作機制上升至產業部門間的協商與互動階段，開啟了兩岸產業
合作的制度化、機制化進程。2011 年大陸海協會與臺灣海基會舉
辦第七次商談，達成關於加強兩岸產業合作的共同意見，選擇
LED 照明、無線城市、冷鏈物流、TFT-LCD 和電動汽車作為試
點合作項目。2011 年 10 月在昆山召開由兩岸產學研參與的第一
屆產業合作論壇，2012 年 11 月第二屆產業合作論壇在臺灣新竹
舉辦，標誌著兩岸新型產業合作的制度化、機制化初步形成。

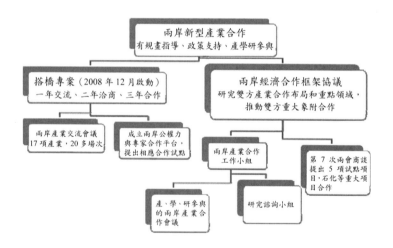

圖 7-1　兩岸產業合作制度化架構

三、兩岸產業合作面臨的形勢與問題

　　兩岸產業合作是 ECFA 的重要內容，也是 ECFA 兩岸特色的重要體現。兩岸產業合作的主要目的與方向，在於通過兩岸產業的合理佈局、重大項目合作，充分發揮雙方各自產業、資源、要素優勢，在全球經濟與產業發生重大和深刻變革的形勢下，促進兩岸產業的轉型升級，提高國際競爭力，在全球產業分工中佔據更有利的位置。從兩岸經濟交流與合作角度看，兩岸產業合作具有重大意義。

1. 兩岸產業合作是全球經濟變局下推動兩岸經濟關係轉型升級的重要策略

　　全球金融危機後，世界經濟形勢發生的一系列深刻變革，對過去兩岸經濟關係發展方式產生深遠影響。第一，國際金融危機後歐美日等發達經濟體復甦緩慢，並受到債務危機等問題的困擾與衝擊，影響到全球及兩岸經濟增長，IMF 在 2012 年 10 月的世界經濟展望報告中指出，2013 年先進經濟體的增長率從 2.0% 調低到 1.5%，新興市場和發展中經濟體的增長率從 6.0% 調低到 5.6%。2012 年兩岸經濟均出現下行態勢。第二，全球需求結構再平衡的調整正在深化。美國等發達國家鼓勵居民增加儲蓄和適當降低消費率，同時採取再工業化和促進出口戰略以拉動就業和投資。歐元區則因債務問題影響消費增長。新興市場和發展中國家和地區將不得不謀求擴大消費，從主要依靠擴大出口帶動經濟增長轉向更多地依靠擴大內需特別是居民消費需求推動經濟增長。全球需求結構的再平衡將是中長期過程。第三，全球產業進

入新的變革與調整時期，各國積極調整產業政策，將發展低碳經濟、積極培育戰略性新興產業、進行科技創新作為戰略重點。而世界上關於第三次工業革命的討論也開始成為熱點，有觀點認為，當前正在經歷的第三次工業革命，其核心是數位化製造，新軟體、新工藝、機器人和網路服務正在逐步普及，大量個性化生產、分散式就近生產將成為重要特徵[4]。

全球經濟正在發生的深刻變革，對過去兩岸經濟關係發展方式將產生重大影響。自上世紀 80 年代以來的 30 多年間，臺灣製造業向大陸進行產業轉移促成臺商赴大陸投資、投資拉動貿易的發展方式面臨空前挑戰。全球需求結構的變革，使過去臺灣接單—日本進口—大陸生產—出口歐美的兩岸投資貿易格局難以持續。全球產業發展的新趨勢，也對兩岸製造業能否擺脫過去以 OEM/ODM 為主的方式轉向品牌、服務升級，並在全球新興產業發展中取得重要一席之地提出新的挑戰。未來兩岸經濟關係的轉型升級方向，重點是要順應全球需求結構再平衡過程，充分運用兩岸及新興市場擴大內需趨勢，將兩岸特別是大陸內需市場作為帶動兩岸貿易投資增長的新動力甚至是主動力。這種轉變將是個艱巨的綜合性工程，不僅要求兩岸加快市場開放，也意味著企業的生產經營方式、產業發展方向、品牌與管道的建立等都需要有新的重大調整。而兩岸產業間如果能夠深化合作，形成密切的產業鏈、供應鏈、價值鏈，將對促進兩岸經濟關係的轉型升級產生積極影響。

---

[4]　馮飛、王忠宏，〈第三次工業革命的挑戰〉，《21 世紀經濟報導》，2012 年 12 月 24 日。

2. 兩岸產業合作是促進兩岸經濟整合的重要載體

隨著ECFA早期收穫清單的實施與後續主要協定協商進程的加快，兩岸經濟關係正從正常化、制度化、機制化逐步向自由化方向發展。尤其如果服務貿易與貨物貿易在未來一、二年內能夠完成協商並開始實施，將大大促進兩岸的市場開放與准入，推動兩岸貿易、投資的自由化進程。在ECFA的落實、推動進程中，兩岸產業合作與服務、貨物貿易等領域的自由化進程是相輔相成的。如果說未來服務貿易與貨物貿易協定的達成是打開了兩岸市場大門，哪麼兩岸產業合作有助於進一步減少兩岸存在的非關稅壁壘與制度、政策障礙，打開一個個可能存在的阻礙市場開放的小門。兩岸產業合作的根本是要在市場力量主導下兩岸產業與企業的共同參與，但在當前兩岸關係現實情況下，如果沒有兩岸公權力的參與和政策支持，兩岸產業合作客觀上面臨著許多制約。如兩岸市場化程度並不一致，兩岸產業交流與合作仍存在許多政策與制度性障礙。通過兩岸產業合作，可以根據不同產業在交流與合作中出現的問題，有針對性地化解阻礙性因素。同時，兩岸如果能夠產業合作的規劃指導和政策支持，還可以促進兩岸相關制度、政策的協調、對接，從而促進兩岸更深度開放與整合。

3. 有助於實現兩岸產業合理分工與佈局，避免惡性競爭

總體來看，當前兩岸經濟發展水準仍處於不同的發展階段，兩岸經濟結構與產業結構具有很強的互補性。從經濟發展階段上看，大陸仍處於工業化加速發展的中後期，而臺灣自上世紀80年代中期開始從工業化社會逐步進入服務業社會，兩岸產業結構總體上呈現高度互補性。但同時也要看到，隨著大陸經濟的持續

高速增長與工業化水準的快速提高，兩岸在部分產業領域已呈現一定的競爭性。尤其兩岸經濟發展特徵有所不同，大陸是大經濟體，隨著經濟規模的擴大與市場化水準的提高，產業體系日益完整；而臺灣作為以外向經濟為主的較小經濟體，更注重培育在某一領域競爭力強的產業，如 IT 產業。近 30 多年來，隨著臺灣產業的梯次外移尤其是向大陸轉移，以及大陸相關產業的快速發展與崛起，臺灣優勢產業與大陸同類產業間的技術差異不斷減少，呈現出一定的競爭性。同時，在新興產業領域，兩岸幾乎同步切入發展的產業領域也在增多。如大陸的「十二五規劃」重點推動的七大戰略性新興產業，與臺灣提出的「六大新興產業」就有很多重合之處。如果兩岸難以通過產業合作形成合理分工與佈局，未來兩岸部分產業的競爭性增強是可預見的。事實上，過去兩岸曾有過產業由互補走向競合的實例。如面板產業，臺灣面板有很強的製造能力但缺乏下游品牌電視機廠的支撐，大陸眾多的品牌電視機廠商有管道、品牌，但在面板供應、價格上受制於人，兩岸有著很好的互補與合作基礎。但因各種因素，兩岸面板產業合作失去黃金機會，大陸面板廠的產能迅速擴張，兩岸將進入新的競合時期。也鑒於此，近來兩岸呼籲加強產業合作、避免重複投資、惡性競爭的聲音日益強烈，並成為 2012 年第二屆產業合作論壇的討論熱點之一。

表 7-1 兩岸新興產業發展策略

大陸		臺灣	
產業項目	發展策略	產業項目	發展策略
節能環保產業	重點發展高效節能、先進環保、資源循環利用關鍵技術裝備、產品和服務。	生物科技	強化產業化研發,成立相關機構、基金,帶動民間資金投入。
新一代資訊技術	重點發展新一代移動通信、下一代互聯網、三網融合、物聯網、雲計算、積體電路、新型顯示、高端軟體、高端伺服器和資訊服務。	綠色能源	以技術、投資、環境塑造、內需擴大及出口拓銷等策略,協助太陽光電、LED 照明、風力發電、氫能及燃料電池、生質燃料、能源資通訊及電動輛等產業發展。
生物產業	重點發展生物醫藥、生物醫學工程產品、生物農業、生物製造。	精緻農業	開發農業生物技術,推動休閒農業新經營模式;拓展老年、節慶與禮品等新市場。
高端裝備製造產業	重點發展航空裝備、衛星及應用、軌道交通裝備、智慧製造裝備。	觀光旅遊	打造國際觀光魅力據點,加強服務;改善觀光產業經營體質,培養國際觀光人才;深耕客源市場及開拓新興市場,推動旅行業交易安全及品質查核等評鑑。
新能源產業	重點發展新一代核能、太陽能熱利用和光伏光熱發電、風電技術裝備、智慧電網、生物質能。	醫療照護	提升核心技術,擴充醫療服務體系,打造臺灣醫療服務品牌,帶動相關產業發展。
新材料產業	重點發展新型功能 材料、先進結構材料、高性能纖維及其複合材料、共性基礎材料。	文化創意	以華文市場為目標,加強創意產業集聚效應、擴展內外消費市場等策略,推動電視、電影、流行音樂、數位內容、設計及工藝等六大旗艦產業。
新能源汽車	重點發展插電式混合動力汽車、純電動汽車和燃料電池汽車技術。		

資料來源:作者整理

當前全球經濟及兩岸經濟步入新的轉型升級時期，兩岸產業合作的重要意義越來越被兩岸所認識到，兩岸加快推動產業合作的共識在不斷增強。但同時也看到，產業合作是兩岸經濟交流與合作中的新領域，無先例可循，合作的目標、模式、路徑等有個探索的過程。雖然當前兩岸產業合作在制度化、機制化建設上取得明顯進展，但仍有一些問題有待進一步探索和推動。

　　第一，當前兩岸產業合作仍處於開啟階段，合作水準不高。從市場角度看，兩岸產業合作基本上處於開展試點專案的探索階段，除了試點專案外，兩岸產業交流與合作的主體仍在臺外商之間，兩岸企業間的合作更多體現在採購、貿易環節，在共同投資、經營、開發、研發、品牌等方面的合作很不夠。從制度化、機制化建設來看，兩岸產業合作的平臺已基本建立，但兩岸還沒有形成產業合作的共同規劃，在頂層設計上不到位。由於缺乏規劃指導，政策支持力度也不夠，兩岸產業合作尚未被有效納入雙方的產業政策體系，因此出現在試點專案中需要「借政策」的窘境。

　　第二，推動兩岸產業實現合理佈局、重大項目合作尚未取得實質性進展。通過兩岸產業合作實現兩岸產業的合理分工與佈局，是避免兩岸出現重複投資、惡性競爭局面，加強兩岸產業整合的重要憑藉。但當前兩岸產業合作的制度化、機制化水準與此目標仍有相當差距。兩岸缺乏在產業發展規劃、推動策略與政策上進行相互協調的機制與平臺。而從全局角度看，實現兩岸產業的合理佈局與重大項目合作，還有一個與兩岸關係發展水準相適應的問題。某種程度上，要實現兩岸產業的合理分工與佈局，需要較高程度的政經互信，尤其是一些新興戰略性產業關係到雙方宏觀經濟走向與經濟安全，如果缺乏互信基礎，要建構相互依存的合理分工與佈局關係就存在較大阻力。同時，兩岸對產業合理

佈局的相關研究也不足，究竟那些行業、產業存在重複投資、競爭加劇現象？競爭程度到底如何？是正常的良性競爭還是惡性競爭？兩岸哪些產業需要進行合理分工與佈局？以及如何分工？等等，目前一些呼籲兩岸產業競爭性加強的聲音更多來自感性認知，還缺乏更深入的調研與實際資料支撐。

第三，兩岸產業合作的方式、模式、路徑等有待在試點專案基礎上進一步探索。當前，兩岸產業合作的 5 項試點專案已取得不同程度的進展，面板合作將運用雙向投資機制共建兩岸創新顯示產業鏈；無線城市項目已在成都、寧波、福州展開，並將繼續加強包括 TD-LTE 產業合作在內的後續推動；LED 照明在廣州專案基礎上又推動哈爾濱寒帶照明試點與山西試點，並進一步建構兩岸 LED 產業良好的交流平臺；低溫物流試點已在天津展開，未來進一步完善和研究創新試點模式，推動試點合作；在汽車及電動車上，將加強落實推動合資企業電動汽車產品示範運行[5]。此外，在第二屆兩岸產業合作論壇中，許多專家與業者也呼籲增加兩岸文化創意產業等的試點合作項目。上述試點項目的開展，有成功的經驗，也出現一些新的問題。如部分試點專案合作過程中，臺商更注重當地市場的取得，更關注能否通過試點專案將產品賣給當地市場；而大陸地方政府則仍有招商引資思維，期待通過試點項目吸引臺商的投資。在這種慣性思維下，試點專案想達到預期目標就有一定困難。此外，試點專案還缺乏綜合性試點，雙方為試點提供的政策、資金支援由於未能納入雙方產業政策的大籃子中，支持力度也不足。但總體來看，試點專案的積極意義

5　兩岸經濟合作委員會第四次例會，〈海基會 2012 年第 066 號新聞稿〉，海基會網站。

是明顯的，將為確立未來兩岸產業合作的方式、模式、路徑提供有益的參考。

第四，兩岸產業合作的理念、共識有待提高和加強。一是當前對兩岸產業合作認識高度還不夠，共同應對全球經濟與產業變局、以互利雙贏促進兩岸產業與經濟轉型的視野仍待加強。二是兩岸產業合作涉及的廣度不足，專案試點主要在製造業領域，結合農業與服務業產業合作佈局不夠。三是兩岸對產業合作的認識深度不足，尚未完全擺脫單純拓展市場或招商引資的慣性思維，以優勢互補、建構兩岸產業鏈和價值鏈、共創中華品牌和全球標準為努力方向的理念有待增強。四是產業合作的互信基礎仍然薄弱，雙方在增進經濟互信，建立並加強相互尊重、相互體諒、共擔風險、共用利益的理念與機制不足。如產業合作必涉及雙向投資，兩岸雙向投資雖然已取得實質突破與進展，但大陸資金赴臺仍受到諸多限制。

四、前瞻與建議

從兩岸產業合作的發展趨勢看，一方面兩岸產業合作存在許多重要機遇，如兩岸加快產業合作的共識與信心增強，ECFA 的實施提供了更好的市場環境，兩岸產業與經濟轉型為產業合作提供了更大空間等等；另一方面也面臨一些挑戰，如雙方利益的調適、非經濟因素的影響與干擾等，但總體上機遇遠大於挑戰。未來兩岸產業合作，應充分把握機遇，加強頂層設計，確立共同願

景和相應規劃,提出相應的支持政策,逐步推動兩岸產業形成既有合理分工佈局,又通過產業鏈、供應鏈、價值鏈實現彼此密切整合,共建品牌與標準,共同提高國際競爭力。

1. 推動兩岸產業發展形成合理分工與整合佈局

　　未來兩岸產業合作的重要方向,應充分利用大陸經濟發展方式轉變與擴大內需的機遇,逐步改變過去以兩岸臺商為主、以「臺灣接單、日本進口、大陸生產、海外銷售」為主的產業交流方式,向「兩岸合作、共同創造、全球銷售」的新方式轉變。要實現這種轉變,首先需要兩岸從宏觀視角上本著兩岸各自優勢與需求進行合理分工,在各自產業發展策略上進行相互定位,彼此協調各自重點發展的優勢產業與項目,避免重複建設與惡性競爭,在產業佈局上將對方產業作為自己產業體系的重要延伸或組成,形成相互支撐、充分發揮各自比較優勢的總體格局。然後在合理分工的基礎,通過兩岸產業合作的相應機制、平臺與政策支援,推動兩岸在行業和企業層次上進行產業鏈與價值鏈的深度整合,在重大項目上進行合作,以共同提高國際競爭力和在全球產業鏈、價值鏈中的地位。

2. 繼續完善兩岸產業合作的平臺與機制

　　兩岸產業合作目前已形成兩岸經濟合作委員會下的產業合作小組、兩岸專家諮詢小組、兩岸產業合作論壇等相應的機制與平臺,初步實現了產業合作的制度化與機制化。但這還只是搭建起了產業合作初步架構,更多制度化建設有待加強和完善。未來兩岸產業合作的制度化建設應朝以幾個方面努力:

一是建構兩岸產業合作的共同願景與規劃。建構總體性、前瞻性的共同願景與產業合作規劃，對於推動兩岸產業發展的合理佈局意義重大。兩岸產業合作願景或規劃應包括合作的目標、機制與優先產業或領域等，在內容上應包括兩岸產業發展佈局、重大項目合作、產業技術合作研發、技術創新與成果分享、合作建立品牌、建立產業技術標準、加強人力資源合作、實現資訊共用、合作開發國際市場等內容。時機成熟時，兩岸可以上述內容為重點簽署兩岸產業合作協議。

　　二是有機結合 ECFA 後續協商進程，逐步建立兩岸產業政策的互動與協調機制。對兩岸產業合作涉及的相關貿易、投資領域，可在未來 ECFA 貿易、投資的相關協議中優先安排與實施，擴大與兩岸產業合作相關的市場准入空間。在兩岸產業合作規劃或共同願景確立後，兩岸應將相應內容納入各自的產業政策體系，形成兩岸有關產業政策的互動與協調機制。

　　三是逐步建立和加強兩岸產業互信機制。由於兩岸關係的複雜性，建立兩岸互信將是個漸進的過程。在當前兩岸關係形勢下，兩岸產業互信應著重從制度面、利益層面等逐步建立。在制度層次，應由兩岸產業合作工作小組等達成公權力層次的相應安排，兩岸產業部門加強互動與累積互信。在市場層面，雙方應建立並逐步擴大共同利益的分享與風險共擔機制，開放並鼓勵兩岸企業以策略聯盟、重大項目的共同開發、合資合作、相互參股等方式進行多元合作，通過增進兩岸產業共同利益增強兩岸產業互信。

3. 以新興產業作為兩岸產業合作的重點領域

　　加強兩岸新興產業合作，已正式納入大陸「十二五規劃綱要」。兩岸選擇發展的戰略性新興產業有頗多共同領域，而且兩

岸新興產業均處於起步階段，合作潛力與空間大，更有利於兩岸進行產業合理佈局。未來兩岸產業合作應繼續以新興產業為重點，採取共同合作研究、共同制訂產業標準、推動示範與試點計畫、產業分工整合、人才交流與共創品牌等策略，以提升兩岸新興產業在新一輪全球產業變革中的話語權與地位。

4. 以 ECFA 平臺與機制加快兩岸服務業合作

從提高兩岸經濟的全球競爭力角度考慮，兩岸服務業合作有助於打破過去形成的兩岸製造、歐美日等發達經濟體提供服務的格局，使兩岸產業向微笑曲線兩端移動。從產業升級角度看，只有兩岸加強在研發創新、品牌建立、通路開發和金融支持，以及相應的現代物流業等方面的合作，才能為製造業轉型升級提供強力的支援。但我們也要看到，服務業合作與過去的製造業合作無論在形式還是內容等方面都有很大不同，服務業合作更多是與雙方的人文、政治、法律、政策等內容密切關聯。因此，兩岸服務業合作不僅是市場准入問題，還有在市場准入後兩岸各自相應的政策、人文、法律等環境的調適問題。能否實現 ECFA 後續服務貿易協議與兩岸各自政策環境的接軌是其中關鍵。而這種接軌過程，也是兩岸服務市場深度開放的重要方式。

5. 探索創新兩岸產業合作的模式與路徑

探索兩岸產業合作的模式與路徑，可以採取「自下而上」與「自上而下」相結合的方式。所謂「自下而上」，就是通過總結現在試點專案的經驗與不足，選擇成功合作模式加以推廣和示範。所謂「自上而下」，就是確立兩岸產業合作的規劃與相應政策，營造合理佈局、重大專案合作的政策環境。

兩岸產業合作可根據不同產業、不同地區合作的特點,以多元化方式進行。如兩岸中小企業的合作,可更多依託兩岸相關園區間的合作加以推動。隨著 ECFA 的推動與落實,尤其隨著兩岸市場的開放,兩岸可以展開策略聯盟、雙向投資、股權合作等多元市場化合作方式。兩岸還可以開展各種類型的經濟特區合作,如大陸的海關特殊監管區域、保稅區等與臺灣的自由貿易港區、即將實施的「自由經濟示範區」等開展合作。

【參考文獻】

臺灣經濟部技術處,http://doit.moea.gov.tw/Policy/100-specialproject.aspx。
陳添枝、顧瑩華,〈全球化下臺商對大陸投資策略〉,陳德升主編,《經濟全球化與台商大陸投資》,臺北:晶典文化事業出版社,2005 年。
馮飛、王忠宏,〈第三次工業革命的挑戰〉,《21 世紀經濟報導》,2012 年。
兩岸經濟合作委員會第四次例會,〈海基會 2012 年第 066 號新聞稿〉,海基會。

CHAPTER 8

兩岸經濟合作架構協議的成效檢討與展望

【Author】童振源

現任　國立政治大學國家發展研究所特聘教授與預測市場研究
　　　中心主任

學歷　美國約翰霍普金斯大學高級國際研究學院國際事務碩士
　　　與博士

經歷　2006 年 9 月至 2008 年 5 月擔任中華民國行政院大陸委員
　　　會副主任委員

研究　國際政治經濟、中國經濟發展及預測市場等領域
　　　榮獲政治大學學術研究特優獎（2012 年）
　　　榮獲行政院國家科學委員會優秀年輕學者獎（2008 年）

一、前言

　　過去 30 年，兩岸經濟關係從禁止到逐步開放、再到緊密的經濟交流。目前，大陸已經是臺灣最大的貿易與投資夥伴，而且臺灣也是大陸前五大貿易與投資夥伴。然而，兩岸經貿往來的主要動力是單方面的政策開放與市場力量的拉動，不是兩岸政府的協調與合作，兩岸經濟關係缺乏制度性的互動與合作架構。即使兩岸都是世界貿易組織（World Trade Organization，簡稱 WTO）的會員，但是大陸卻不太願意在此國際經濟場合進行兩岸互動與合作。

　　再者，WTO 的杜哈貿易談判回合在 2008 年 7 月正式破局，但是區域經濟整合協定（EIA）卻持續加速發展。各經濟體在 1999 年向 WTO 登記的生效 EIA 有 155 項，2007 年為 199 項，2012 年初已經高達 319 項。民進黨執政時平均每年生效 5.5 項 EIA，在馬英九總統執政四年期間每年生效 30 項 EIA。特別是，東亞經濟整合體制的進展更加快速。1999 年時，東亞地區生效的 EIA 共有 24 項，2007 年時增加到 70 項，2011 年 7 月已經增加到 98 項。民進黨執政時平均每年生效 5.8 項 EIA，馬總統執政時平均每年生效 9.3 項 EIA。

　　面對區域經濟整合快速發展，臺灣卻因為大陸的政治阻撓，而被排除在這一波的東亞經濟整合協定之外。截至 2012 年中，臺灣只有與巴拿馬、瓜地馬拉、尼加拉瓜、薩爾瓦多及宏都拉斯簽訂自由貿易協定（free trade agreement，簡稱 FTA）。然而，這些國家與臺灣的貿易金額在 2010 年只占臺灣貿易總額的 0.2%，對臺灣經濟的整體福祉沒有太大幫助。

面對這樣的情勢，在 2008 年 5 月就任總統之後的第一場國際記者會上，馬英九總統指出，如果臺灣不能加入東亞經濟整合協定，臺灣經濟在未來將被邊緣化。因此，馬總統在 2009 年 2 月底提出兩岸簽署「經濟合作架構協議」（economic cooperation framework agreement，簡稱 ECFA）的藥方，希望能藉由 ECFA 開啟臺灣加入東亞經濟整合協定的大門，避免臺灣經濟被邊緣化。經過一年多的溝通與協商，兩岸於 2010 年 6 月 29 日簽署 ECFA，並在 2011 年初啟動四項後續協議談判，包括貨品貿易、服務貿易、投資及爭端解決。

本章將檢討 ECFA 在過去兩年的執行成效與展望未來的 ECFA 後續談判。在章節安排上，本論文第二節將說明 ECFA 的內容與政府評估，第三節說明 ECFA 早收計畫的成效，第四節綜合檢討 ECFA 的成效，第五節分析 ECFA 後續談判，最後則是結論。

二、兩岸經濟合作架構協議的內容與政府評估

ECFA 是一個架構協議，主要包括三方面：早期收穫計畫、未來談判議題及雙方合作與協商機制。首先，早期收穫清單產品的關稅將在三年內降為零，但是必須符合原產地規則，要求適用零關稅產品的附加價值比例必須符合 40-50%的比例。其次，ECFA 生效後，接下來有關貨品貿易協議、服務貿易協議、投資協議、

爭端解決等 4 項協議在 6 個月內啟動協商。第三，兩岸同意成立經濟合作委員會處理與協商ECFA後續議題及兩岸經濟合作相關事宜。

在貨品貿易早期收穫的內容，兩岸開放幅度不對稱。在早期收穫計畫中，針對臺灣的出口產品，大陸開放 539 項，包括大陸主動開放的 18 項農漁產品，金額達 138.4 億美元（占 2009 年臺灣出口大陸總金額的 16.1%）；針對大陸的出口產品，臺灣開放 267 項，金額達到 28.6 億美元（占 2009 年臺灣自大陸進口總金額的 10.5%）。不僅如此，最近幾年，臺灣每年對大陸擁有貿易順差大約四百億美元，但臺灣卻違反世界貿易組織的規定片面限制從大陸進口的 2,249 項產品。相較之下，在大陸與東協的早期收穫計畫中，大陸對東協開放 593 項產品，僅占東協對大陸出口金額的 1.7%，東協對大陸開放 400 項，僅占大陸對東協出口的 2.1%。

在服務貿易早期收穫清單，大陸同意對臺灣開放 11 項，包括金融服務業 3 項、非金融服務業 8 項。大陸允許臺灣服務項目包括：會計師臨時許可證有效期由半年延長為一年；獨資軟體服務業提供服務；進行科學與工程學研發；提供會議服務；提供專業設計服務；取消臺灣華語電影片進口配額限制；設立合資、合作或獨資醫院；投資大陸航空器維修領域；允許臺灣保險公司組成集團；銀行業營業項目的優惠與便利；給予證券期貨業便利。

臺灣同意對大陸開放 9 項，包括金融服務業 1 項與非金融服務業 8 項。臺灣允許大陸的服務項目包括：研發服務；會議服務；合辦展覽服務；特製品設計服務；允許大陸 10 部華語電影在臺映演；經紀商服務；運動休閒服務；空運服務業電腦定位系統；銀行設立分行優惠待遇。（見表 8-1）

表 8-1　兩岸早期收穫清單

	農產品項目	貨品貿易項目	服務貿易項目
臺灣得到	18 項	石化產品 88 項 運輸工具 50 項 機械產品 107 項 紡織產品 136 項 其他產品 140 項	銀行 1 項（6 細項） 證券期貨 1 項（3 細項） 保險 1 項 非金融業 8 項
	計 18 項	計 521 項	計 11 項
臺灣給予	--	石化產品 42 項 運輸工具 17 項 機械產品 69 項 紡織產品 22 項 其他產品 117 項	銀行 1 項 非金融業 8 項
	計 0 項	計 267 項	計 9 項

資料來源：中華民國經濟部，〈ECFA 早收清單的內容為何？何時生效？〉http://www. ecfa.org.tw/ShowFAQ.aspx?id=70&strtype=-1&pid=7&cid=15，2012 年 8 月 7 日下載。

　　臺灣經濟部委託中華經濟研究院（簡稱「中經院」）進行 ECFA 的經濟效應評估，結論是：一、如果維持既有 2,249 項農工產品管制、已開放的農工產品自由化、大陸商品全面零關稅的前提下，兩岸簽訂 ECFA 對臺灣經濟成長率累計增加 1.65%；二、如果維持既有 875 項農產品管制、其他工業產品解除進口管制且自由化、大陸商品全面零關稅的前提下，兩岸簽訂 ECFA 對臺灣經濟成長率累計增加 1.72%。[1]

　　中經院的評估報告指出，ECFA 可能造成生產增加的產業包括：化學塑膠橡膠業（約 14.6%）、機械業（約 14.0-14.3%）、紡織業（約 15.7-15.8%）、鋼鐵業（約 7.7-7.9%）、與石油及煤製品

---

[1]　中華經濟研究院，〈「兩岸經濟合作架構協議之影響評估報告」報告〉簡報檔案，2009 年 7 月 29 日，http://www.ecfa.org.tw/EcfaAttachment/ ECFADoc/05.pdf，2009 年 7 月 30 日檢索。

業（約 7.7～7.8%）。相對的，ECFA 可能造成生產減少的產業包括：電機及電子產品業（約減少 7.2%）、其他運輸工具業（約減少 3.5-3.6%）、木材製品業（約減少 4.0%）。

在就業影響方面，中經院利用「可計算一般均衡模型」（computable general equilibrium model）對各產業的上述模擬結果，再串連臺灣一般均衡模型包括 2007 年臺灣 161 部門的產業關聯表，資料依總體成長率更新至 2008 年，評估 ECFA 對臺灣總就業人數可望增加 25.7-26.3 萬人。此外，中經院利用簡單迴歸模型，推估若兩岸簽訂 ECFA，臺灣未來 7 年可能增加的外商直接投資（FDI）流入規模將達 89 億美元。

在兩岸簽訂 ECFA 二天之後，馬總統在 2010 年 7 月 1 日召開記者會，認為 ECFA 是臺灣經濟發展的新契機，冀望 ECFA 能打開臺灣參與東亞經濟整合體制的大門，讓臺灣可以與其他國簽署自由貿易協定（FTA），提升臺灣對大陸出口的競爭力，創造更多國內投資與吸引更多外商投資臺灣，臺灣很可能成為各國企業進軍大陸的跳板。[2]馬總統對於 ECFA 的預期效應已經超過中經院的評估範圍，因此在第四節將以此綜合檢討 ECFA 的成效。

---

[2] 中華民國總統府，〈總統偕同副總統舉行『台灣新契機，亞洲新時代──關鍵時刻，正確選擇』記者會新聞稿〉，2010 年 7 月 1 日，http://www.president.gov.tw/Default.aspx?tabid=131&itemid=21895&rmid=514，2011 年 5 月 1 日檢索。

三、兩岸經濟合作架構協議的早收計畫成效

　　ECFA 是一個架構協議，短期的具體效益只有呈現在早期收穫項目的開放成果。ECFA 貨品貿易早期收穫計畫從 2011 年 1 月 1 日開始實施降稅。在中國給予臺灣 539 項早收清單的農工產品當中，2011 年早收清單關稅降為零的產品僅 76 項（占早收清單項目的 14.1%），自 2012 年 1 月 1 日起 ECFA 第二波關稅調降後，早收清單中有 94.5%的貨品享有零關稅待遇，其餘項目的關稅於 2013 年降為零。服務貿易早期收穫部分及開放措施在 2011 年 1 月 1 日已經全面實施。

　　根據大陸海關統計，2011 年臺灣對大陸出口總額為 1,249.0 億美元，成長 8%；早收清單內貨品之出口額為 198.5 億美元，成長 9.9%。2012 年 1-9 月，臺灣對大陸出口總額為 954.6 億美元，成長 1.4%；早收清單內貨品之出口額為 149.6 億美元，減少 2.0%。根據臺灣海關統計，2011 年大陸對臺灣出口總額為 433.8 億美元，成長 21.3%；早收清單內貨品之出口額為 50.4 億美元，成長 28.1%。2012 年 1-9 月，大陸對臺灣出口總額為 307.9 億美元，減少 8.4%；早收清單內貨品之出口額為 35.7 億美元，減少 5.1%。也就是說，兩岸總體貿易與早收清單出口項目的成長率差異不大；而且臺灣對大陸出口的早收清單實施項目比例從去年的 14.1%大幅提高到今年的 94.5%，但是今年前九個月臺灣對大陸的出口卻陷入明顯衰退。這些數據都顯示早收計畫的效益有限。（見表 8-2）

表 8-2　ECFA 貨品貿易早期收穫效益

單位：億美元、%

	2011 年		2012 年 1-9 月	
	金額	成長率	金額	成長率
臺灣對中國出口	1,249.0	8.0	954.6	1.4
早收清單內出口	198.5	9.9	149.6	-2.0
中國對臺灣出口	433.8	21.3	307.9	-8.4
早收清單內出口	50.4	28.1	35.7	-5.1

資料來源：
1. 中華民國經濟部，〈ECFA 早期收穫計畫執行情形〉，2012 年 2 月 10 日，http://www.ecfa.org.tw/ShowNews.aspx?id=417&year=all&pid=&cid=，2012 年 8 月 1 日下載。
2. 中華民國經濟部，〈海峽兩岸經濟合作架構協議（ECFA）執行情形〉，2012 年 11 月 13 日，http://www.ecfa.org.tw/ShowNews.aspx?id=509&year=all&pid=2&cid=2，2012 年 11 月 20 日下載。

　　ECFA 服務業早期收穫執行成果可以分成兩類：金融服務業與非金融服務業。大部分金融服務業開放項目早在 2009 年兩岸簽署金融合作備忘錄時便已經開放，ECFA 早收清單提供優惠待遇，因此很難區分 ECFA 的邊際效益，而且臺灣經濟部並沒有公開詳細的資訊。非金融服務業的開放成效比較容易量化，因為大部分都是新開放的領域。

　　在銀行業部分，臺灣已經有 10 家銀行在中國設立分行，6 家銀行設有辦事處。在證券期貨業部分，臺灣有 12 家證券商在中國設立 25 處辦事處，2 家投信公司在中國設立辦事處，1 家投信公司與中國證券業合資獲中國核准申設基金管理公司。有 6 家投信公司與 7 家保險公司獲中國核准合格外資投資機構（QFII）資格，核准投資額度共 15.7 億美元。臺灣保險業在大陸參股投資，6 家已經在營業，並設有 15 處辦事處。相對的，臺灣核准大陸的銀行在臺灣開設 2 家分行及 2 家辦事處。

在非金融服務業部分，根據臺灣經濟部的統計，2011 年至
2012 年 8 月，屬於 ECFA 服務業早收清單中核准中資來臺投資件
數為 53 件，投資或增資金額為 1,876 萬美元，行業別以產品設計
業（共 29 件）最多。相對的，臺灣核准赴大陸投資涉及 ECFA
服務早收清單項目計 228 件，投資或增資金額約 3.2 億美元，行
業別以電腦軟體設計業（共 119 件）最多。在 ECFA 簽訂後，中
國核准 1 家臺商獨資醫院，並同意 8 部臺灣電影在大陸上映；臺
灣核准 10 部大陸電影在臺灣上映。

四、兩岸經濟合作架構協議的成效綜合　檢討

　　ECFA 生效至今已經二年，但總體成效仍相當有限，侷限在
早期收穫清單項目的自由化效應，及國內外企業的預期效果。[3]根
據臺灣經濟部的估算，ECFA 早期收穫效益對臺灣國內生產毛額
（GDP）成長的貢獻為 0.4%，增加新臺幣 549 億元，對產值成
長的貢獻為 0.86%，增加新臺幣 1,900 億元，就業成長貢獻為
0.64%，增加 6 萬人。[4]

---

[3] 經建會主委尹啟銘在參加 2012 年 5 月 27 日群策會的「台灣國家經濟發
　　展」研討會時同意，ECFA 是一個架構協議，功能很有限，「沒有產生重
　　大效益本來就是應該的」。
[4] 臺灣政府並沒有說明如何估算這些效益。中華民國經濟部，「全台受益情
　　形」，http://www.ecfa.org.tw/EffectDoc.aspx?pid=4&cid=6，2012 年 8 月 7

在列入早期收穫計畫的臺灣幾項製造業產品在 2010 年對大陸出口成長快速。例如，運輸工具業成長 46.11%；機械及零組件業成長 29.17%；石化業成長 8.16%等。在農產品中，冷凍秋刀魚成長 355%、活石斑魚成長 143%、文心蘭成長 709%、茶葉成長 63%等。[5]去（2011）年這幾項工業產品與農產品對大陸出口成長迅速，但是畢竟只是個別產品的利益，對臺灣對大陸整體出口的幫助有限。而且，臺灣對大陸出口的早收清單實施項目比例從去年的 14.1%大幅提高到今年的 94.5%，但是臺灣經濟部已經沒有再詳細說明個別產品對大陸出口的成長率。今（2012）年前九個月臺灣對大陸的早收清單項目出口衰退 5.7%，個別產品的出口成長率應該不會太好。

根據去年總體貿易資料，ECFA 並沒有明顯強化臺灣對大陸出口的競爭力。以各國在大陸進口市場的市占率判斷各國對大陸出口的競爭力，從 2000 到 2002 年，臺灣的市占率從 11.3%增加到 12.9%，2003 年以後每年逐漸下滑，至 2010 年只剩下 8.3%。去（2011）年初開始實施 ECFA 早收清單計畫之後，去年上半年臺灣的市占率反而下跌到 7.4%，下半年的市占率進一步下跌到 7.2%，今（2012）年上半年再下跌到 6.6%，是 1993 年以來的最低值。很顯然，ECFA 並沒有改變臺灣對大陸出口競爭力下降的趨勢。

針對這個現象，臺灣經濟部回覆，這是因為大陸對能源進口的比重不斷提升，才導致工業產品為主的出口國家之進口市占率

日下載。

[5] 中華民國經濟部，〈ECFA 早期收穫計畫執行情形〉，2012 年 2 月 10 日，http://www.ecfa.org.tw/ShowNews.aspx?id=417&year=all&pid=&cid=，2012 年 8 月 1 日下載。

呈現下滑。[6]然而，我們比較過去十二年大陸的七大進口夥伴的進口市占率，臺灣的跌幅是第二嚴重，僅次於日本，而且臺灣與其他國家的落差相當顯著。臺灣在大陸進口市場市占率在 2005 年以前為第三大進口來源，在 2005 年上半年被韓國與東協同時超越，到了 2008 年上半年為大陸的第五大進口來源，2012 年上半年已經成為第六大進口來源。（見圖 8-1）

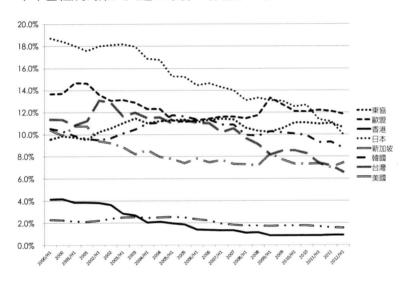

圖 8-1　各經濟體在大陸進口市場占有率：2000-2012

資料來源：CEIC，2012 年 8 月 3 日下載。

　　從臺灣的出口成長率來看，兩岸 ECFA 早收計畫在 2011 年初生效之後，臺灣對大陸出口並沒有明顯比臺灣對其他國家出口

---

[6]　中華民國經濟部，〈ECFA 貨品貿易早期收穫計畫成效之說明〉，2012 年 6 月 28 日 http://www.ecfa.org.tw/ShowNews.aspx?id=463&year=all&pid=2&cid=2，2012 年 7 月 30 日下載。

成長要快，甚至要比臺灣對東協六國的成長率要慢很多。
2007-2009 年，臺灣對大陸與東協的出口成長率大致差不多。2010
年，大陸與東協 FTA 生效之後，臺灣對大陸與東協的出口成長率
分別為 37.1%與 37.2%，遠快於臺灣對美國、日本與歐洲的成長
率，顯然臺灣對大陸出口沒有受到當年中國與東協 FTA 生效的影
響。2011 年，兩岸 ECFA 已經生效，臺灣與東協並沒有類似協定，
但是臺灣對大陸出口成長率反而落後臺灣對東協出口成長率更
多；臺灣對大陸出口成長率為 8.1%，臺灣對東協六國的出口成
長率為 22.7%。2012 年上半年，臺灣對大陸出口衰退 8.8%，但
是臺灣對東協的出口成長率仍成長 6.2%。

再從臺灣的出口比重來看，臺灣對大陸出口占臺灣全部出口
的比重在 2010 年達到 41.8%的高峰，但是 ECFA 生效之後，2011
年的比重反而下跌到 40.2%，2012 年上半年再下跌到 38.8%。相
對的，臺灣對東協出口占臺灣全部出口的比重卻從 2009 年的
14.8%持續上升到 2010 年的 15.1%、2011 年的 16.5%及 2012 年
上半年的 18.3%。臺灣經濟部表示，這樣的結果顯示臺灣政府分
散市場的努力已有成效。[7]然而，在 2010 年 4 月 25 日與民進黨
蔡英文主席辯論時，馬英九總統正是以東協與大陸自由貿易區會
對臺灣對中國出口競爭力造成負面影響而強調兩岸必須盡快簽
署 ECFA；而且，馬總統在 2010 年 7 月 1 日的記者會也強調 ECFA
會提升臺灣對大陸出口的競爭力。這顯示經濟部的說法與馬總統
的說法是矛盾的，應該是卸責的藉口。（見表 8-3）

---

[7]　中華民國經濟部，〈ECFA 貨品貿易早期收穫計畫成效之說明〉，2012 年
　　6 月 28 日，http://www.ecfa.org.tw/ShowNews.aspx?id=463&year=all&pid
　　=2&cid=2，2012 年 7 月 30 日下載。

表 8-3 臺灣對主要國家（地區）出口成長率與出口比重：
2007-2012

	2007		2008		2009		2010		2011		2012/H1	
	成長率	出口比重	成長率	出口比重	成長率	出口比重	成長率	出口比重	成長率	出口比重	成長率	出口比重
大陸	12.6	40.7	-0.8	39.0	-15.9	41.1	37.1	41.8	8.1	40.2	-8.8	38.8
美國	-0.9	13.0	-4.0	12.0	-23.5	11.6	33.6	11.5	15.6	11.8	-11.0	11.0
日本	-2.2	6.5	10.2	6.9	-17.4	7.1	24.2	6.6	1.2	5.9	-3.5	6.0
歐洲	9.7	11.6	4.6	11.7	-24.6	11.1	30.1	10.7	6.2	10.1	-7.2	10.1
東協六國	16.7	14.5	7.3	15.0	-21.5	14.8	37.2	15.1	22.7	16.5	6.2	18.3

註：大陸的數據包括中國大陸與香港。
資料來源：中華民國財政部，2012 年 7 月 30 日下載。

ECFA 吸引外商投資臺灣的效益也不明顯，外商對臺灣的直接投資仍維持低檔。馬總統上臺後，2008 年臺灣吸引的實際外資金額衰退 50.8%為 66.9 億美元，2009 年衰退 33.4%為 44.5 億美元，即使 2010 年世界金融危機已經平息，仍衰退 29.1%到 31.6 億美元，幾乎只有 2001-2007 年每年平均 56.5 億美元的一半。去（2011）年外商投資成長 36.3%到 43 億美元，仍維持在相當低檔的金額。今（2012）年上半年外商投資再度陷入衰退，幅度為 8.7%，外商投資金額只有 10.6 億美元。（見表 8-4）

表 8-4　外商對臺灣直接投資：2000-2012

單位：百萬美元、%

時間	2001	2002	2003	2004	2005	2006	2007	2008	2009	2010	2011	2012/1H
金額	3,349	1,908	2,724	2,983	3,430	11,576	13,602	6,692	4,454	3,157	4,303	1,063
成長率	n.a.	-43.0	42.8	9.5	15.0	237.5	17.5	-50.8	-33.4	-29.1	36.3	-8.7

註：此表數據為外商實際投資臺灣的金額，而不是核准金額。
資料來源：中華民國經濟部投資審議委員會，〈101 年 6 月核准僑外投資、陸資來臺投資、國外投資、對中國大陸投資統計速報〉，http://www.moeaic.gov.tw，2012 年 8 月 7 日下載。

再看看國際比較，根據聯合國《世界投資報告》，2000-2007
年臺灣吸引外資占全世界比重為 0.3%，在亞洲地區領先澳門、
印尼與越南。然而，臺灣吸引外資占世界比重從 2008 年逐年下
降，到 2011 年已經為負 0.1%，2008-2011 年臺灣吸引外資平均
占世界比重僅為 0.2%。各國同樣遭受到國際金融危機衝擊，臺
灣在 2008-2011 年吸引外資的比重居東亞四小龍之末，香港的比
重為 4.6%、新加坡 2.6%、韓國 0.5%，甚至比泰國（0.6%）、印
尼（0.8%）與越南（0.6%）都低很多，更不要說大陸（7.6%）。（見
表 8-5）

表8-5　亞洲經濟體吸引外商直接投資占世界的比重：2000-2011

	2008	2009	2010	2011	2000-2007	2008-2011
大陸	6.0%	7.9%	8.8%	8.1%	5.6%	7.6%
香港	3.3%	4.4%	5.4%	5.5%	3.2%	4.6%
韓國	0.5%	0.6%	0.7%	0.3%	0.5%	0.5%
澳門	0.1%	0.1%	0.2%	0.3%	0.1%	0.2%
臺灣	0.3%	0.2%	0.2%	-0.1%	0.3%	0.2%
印尼	0.5%	0.4%	1.1%	1.2%	0.2%	0.8%
新加坡	0.7%	2.0%	3.7%	4.2%	1.7%	2.6%
泰國	0.5%	0.4%	0.7%	0.6%	0.5%	0.6%
越南	0.5%	0.6%	0.6%	0.5%	0.2%	0.6%

資料來源：United Nations, *World Investment Report 2012* (New York: United Nations, 2012), pp. 169-170.

　　觀察包括直接投資（對外直接投資及來臺直接投資）與證券
投資（資產與負債）的國際資金流動，臺灣的國際競爭優勢正在
快速流失。1990 年代，臺灣的淨國際投資（淨直接投資加上淨證

券投資）平均每年為負 19.8 億美元。2000-2007 年民進黨執政時期，臺灣的淨國際投資平均每年為負 132.3 億美元。2008-2011 年馬總統執政期間，臺灣的淨國際投資平均每年為負 276.7 億美元，是歷年來資金外流最嚴重的時期。從 2008 年至 2011 年，臺灣資金外流每年分別為 171 億美元、134 億美元、297 億美元及 504 億美元。2011 年的資金外流金額是歷年來最嚴重的一年。（見表 8-6）

表 8-6　臺灣的淨國際投資：1990-2011

單位：億美元

	1990-1999	2000-2007	2008-2011	2008	2009	2010	2011
淨直接投資（總計）	-202.5	-247.8	-317.8	-48.6	-30.7	-90.8	-147.7
淨證券投資（總計）	4.1	-810.3	-789.1	-122.5	-103.3	-206.7	-356.7
淨國際投資（總計）	-198.4	-1,058.0	-1,106.9	-171.1	-134.0	-297.5	-504.4
淨國際投資（年平均）	-19.8	-132.3	-276.7	n.a.	n.a.	n.a.	n.a.

資料來源：中華民國中央銀行，〈國際收支簡表（年資料）〉，http://www.cbc.gov.tw/ct.asp?xItem=2336&ctNode=538&mp=1，2012 年 6 月 10 日下載。

ECFA 生效之後，臺灣的國內投資動能持續下降，包括存貸差再創歷史新高，實質投資率可能再創歷史新低。1980 年代，臺灣的實質投資率為 22.4%，閒置資金（存貸差）平均每年為 8,850 億臺幣，占固定資本形成的比重為 0.9%；1990 年代，臺灣的實質投資率為 28.0%，閒置資金平均每年為 25,762 億臺幣，占固定資本形成的比重為 1.2%。民進黨執政八年臺灣的實質投資率為 23.7%，閒置資金平均每年為 70,182 億臺幣，占固定資本形成的

比重為 2.7%。馬總統執政四年期間，臺灣的實質投資率年平均
為 17.7%，閒置資金平均每年為 106,848 億臺幣，占固定資本形
成的比重為 4.4%。主計處預測，今（2012）年的實質投資率只
有 16.5%，可能創歷史新低；相對的，今年六月的存貸差為 115,148
億臺幣，創歷史新高，存貸差占固定資本形成的比重為 4.6%，
為歷史第二高。（見表 8-7）

表 8-7　臺灣的投資動能：1981-2012

項目	1981-1989	1990-1999	2000-2007	2008-2011	2012
實質投資率（%）	22.35	28.04	23.68	17.73	16.49
存貸差（億臺幣）	8,850	25,762	70,182	106,848	115,148
存貸差占固定資產形成比重（%）	0.9	1.2%	2.7	4.4	4.6

註：2012 年的實質投資率為主計處的預估，存貸差為 6 月的數據。
資料來源：中華民國統計資訊網，〈歷年各季國民生產毛額依支出分〉，http://www.stat.
　　　　　gov.tw/ct.asp?xItem=14616&CtNode=3564&mp=4，2012 年 8 月 7 日下載。
　　　　　中華民國中央銀行，〈重要金融指標〉，http://www.cbc.gov.tw/ct.asp?xItem=
　　　　　995&ctNode=523&mp=1，2012 年 8 月 10 日下載。

　　第三，在參與東亞經濟整合體制方面，ECFA 簽訂後，臺灣
至今仍沒有與任何一個東亞國家簽署 FTA，也沒有啟動與臺灣主
要貿易夥伴美國、日本與歐盟協商 FTA。根據 2010 年的統計數
據，臺灣對中美洲五國免關稅出口的金額占臺灣出口總額的
0.2%，ECFA 早收計畫項目占臺灣出口總額的 6.7%。如果 ECFA
早收計畫完全實施，臺灣出口可以享有免關稅待遇的比重合計為
6.9%。[8]相對於東亞地區很多國家，特別是韓國，臺灣產品能享
有雙邊自由貿易的比重相當有限。

---

[8]　高孔廉，〈ECFA 簽署兩周年有感〉，《兩岸經貿》，第 247 期（2012 年 7
　　月），頁 6。

兩岸在 2010 年 6 月 29 日簽署 ECFA 應該有助於臺灣與新加坡展開 FTA 談判，同時與紐西蘭展開簽署 FTA 可行性評估的共同研究。然而，新加坡與臺灣的貿易僅佔臺灣對外貿易總額的 3.6%，紐西蘭與臺灣的貿易更僅僅佔臺灣對外貿易總額的 0.2%。也就是說，即使臺灣與這兩個國家談成 FTA，對臺灣整體的經濟成長貢獻相當有限，對臺灣要成為東亞經濟平台的幫助更加有限。而且，目前臺灣與新加坡談判的速度非常緩慢，顯示臺灣尚未完成整合內部利益與共識。[9]此外，有些東南亞國家仍憚於大陸的政治壓力而不願與臺灣進行 FTA 的談判，或者希望臺灣能夠對他們經濟讓利。[10]

　　相較之下，臺灣的主要經濟競爭對手韓國已經簽署 9 個 FTA，包括與東協、印度、歐盟、美國、新加坡、秘魯、智利、歐洲自由貿易聯盟及哥倫比亞的 FTA，同時正在與八個經濟體洽談 FTA，包括在今年 5 月 2 日啟動與大陸的 FTA 談判。今年 5 月底，中日韓三國達成年底前啟動 FTA 談判的共識。如果達成協議，韓國免關稅的出口金額將占韓國出口總額的 71.7%[11]，臺灣

---

[9]　作者與新加坡駐臺資深官員的對話，2011 年 8 月 15 日。根據臺灣政府設立的 ECFA 網站，2012 年 6 月 25 日臺灣經濟部工業局第一次召集 170 位業者就 ECFA 後續降稅需求進行交流與討論。中華民國經濟部工業局，〈ECFA 貨品貿易協議公聽會〉，2012 年 6 月 25 日，http://www.ecfa.org.tw/ShowNews.aspx?id=459&year=all&pid=&cid=，2012 年 8 月 8 日下載。

[10]　作者與某東南亞國家駐臺代表的對話，2010 年 7 月 5 日。此外，一位澳洲駐臺資深官員在 2012 年 6 月 22 日告訴筆者，目前該國沒有打算與臺灣談判 FTA，該國會先與大陸談判 FTA，而且沒有看到臺灣推動貿易自由化決心。再者，一位非洲大國的駐臺副代表在 2012 年 7 月 4 日亦告訴筆者，他們明顯有大陸的壓力而不願意與臺灣談判 FTA。

[11]　高孔廉，〈ECFA 簽署兩周年有感〉，《兩岸經貿》，第 247 期（2012 年 7 月），頁 6。

90%的出口將受到韓國 FTA 的衝擊。韓國正迅速邁向東亞自由貿
易中心、東亞經濟平台的國家目標,韓國與美國談判 FTA 只花了
15 個月,與歐盟談判 FTA 花了 27 個月。[12]

臺灣的國際競爭優勢流失的壓力將更加嚴重,臺灣要成為東
亞經濟平台的機會更加困難。特別是,韓國與歐盟的 FTA 在去年
7 月 1 日生效,韓國與美國的 FTA 在今年 3 月 15 日生效。根據
國貿局的資料,韓國與歐盟的 FTA 衝擊臺灣出口金額為一千五百
億臺幣,韓國與美國 FTA 影響臺灣出口金額為三千五百億臺幣,
兩者合計對臺灣出口衝擊高達五千億臺幣,占臺灣出口的 6.2%。[13]

馬總統在 2011 年競選期間提出,希望臺灣在十年內能加入
跨太平洋戰略經濟夥伴關係協定(TPP)。然而,臺灣至今沒有向
TPP 既有會員國正式表明願意參與協商,同時也沒有提出完整的
規劃。美國政府指出,臺灣欲加入 TPP,必須達到高標準的自由
化程度,包括貿易、智慧財產權、服務業、投資、勞工與環境等
方面,並要求臺灣要有決心確實遵守高標準的自由貿易協定。[14]十
年加入 TPP 的期望已經超出馬總統的任期,而且面對東亞經濟整
合體制非常快速的發展,十年的等待對臺灣將會是很大的傷害。

---

[12] 韓國於 2006 年 2 月正式與美國談判 FTA,2007 年 4 月簽訂 FTA。韓國
與歐盟於 2007 年 5 月開始洽商 FTA,2009 年 7 月簽署 FTA。

[13] 陳宥臻,〈韓 FTA 收割 衝擊我出口 5000 億元〉,《中國時報》,2011 年
10 月 14 日。

[14] 劉屏,〈台灣欲入 TPP 需高標準自由化〉,《中國時報》,2012 年 8 月 10
日,A14。

五、兩岸經濟合作架構協議的後續談判

　　ECFA 是否能發揮顯著成效端視後續的四項協議談判進程而定。截至今年 6 月 24 日止，准許進口之中國農工產品已達 8,889 項，占全部貨品總數 11,015 項之 80.7%，其中農產品計 1,455 項（占農產品 2,348 項之 62.0%），工業產品計 7,434 項（占工業產品 8,667 項之 85.8%）。尚未開放進口之中國物品項目共計 2,126 項，包括農產品 893 項，及工業產品 1,233 項，占全部貨品之 19.3%。在 ECFA 早收計畫當中，臺灣只有開放 269 項中國產品免關稅。如果以 90% 的產品項目為貨品貿易協定的自由化目標，尚有 9,645 項產品需要完全自由化。

　　此外，臺灣服務業占 GDP 比重大約 70%，雇用勞動力大約占全部就業人口的 58%，服務業領域的開放對臺灣經濟的競爭力相當重要。以東協與大陸的《服務貿易協定》為例，中國在建築、環保、運輸、體育和商務等五個服務部門的 26 個分部門向東協會員國做出新的市場開放承諾；東協會員國在金融、電信、教育、旅遊、建築、醫療等行業向中國做出市場開放承諾。在韓國與美國的自由貿易協定當中，雙方協議開放跨境服務、金融服務、電信服務、電子商務等領域，開放規模更是龐大。

　　世界貿易組織針對第一種模式（跨國界服務）與第三種模式（商業據點呈現）服務業自由化的承諾進行量化評估，EIA 確實提供比《服務貿易總協定》（GATS）更多服務貿易自由化進展。在第一種模式服務貿易自由化的承諾方面，已開發國家的自由化程度超出開發中國家大約 20 個百分點，而且大陸是自由化程度擴大比較保守的國家，EIA 與 GATS 的服務貿易自由化承諾差距只有 4.2%，其他國家的差距大致都在 20% 以上。

在第三種模式服務貿易自由化的承諾方面，大陸在 EIA 自由
化承諾的程度大約是 55.4%；印尼、泰國、馬來西亞的自由化承
諾分別為 38.0%、42.8% 與 48.8%；日本、韓國、新加坡、美國與
歐盟的自由化承諾分別為 76.2%、76.2%、85.3%、70.1% 與 69.7%。
很明顯的，已開發國家的自由化程度超出開發中國家將近 30 個
百分點。雖然大陸在這部分的自由化程度較高，但仍落後已開發
國家 20 個百分點左右。（見表 8-8）

表 8-8　東亞各國在雙邊經濟整合協定的服務貿易自由化承諾的
　　　　程度：2012

國家	模式	EIA 之下的服務貿易 自由化承諾的程度	EIA 與 GATS 的服務貿易 自由化承諾差距
大陸	第一種模式	44.4%	4.2%
	第三種模式	55.4%	16.9%
印尼	第一種模式	54.1%	35.8%
	第三種模式	38.0%	21.7%
泰國	第一種模式	36.6%	24.6%
	第三種模式	42.8%	16.5%
馬來 西亞	第一種模式	44.8%	18.9%
	第三種模式	48.8%	19.9%
日本	第一種模式	62.9%	19.5%
	第三種模式	76.2%	14.6%
韓國	第一種模式	64.7%	23.7%
	第三種模式	76.2%	20.1%
新加坡	第一種模式	77.7%	43.9%
	第三種模式	85.3%	44.1%
美國	第一種模式	67.5%	13.3%
	第三種模式	70.1%	13.6%
歐盟	第一種模式	59.0%	8.1%
	第三種模式	69.7%	10.0%

資料來源：World Trade Organization, "Index Scores for GATS Commitments and 'Best'
PTA Commitments, by Member and Mode of Supply," http://www.wto.org/
english/tratop_e/serv_e/dataset_e/index_best_pta_score_by_member_e.xls,
2012 年 8 月 11 日下載。

再以韓國與美國的自由貿易協定為例，韓國服務貿易自由化程度從 GATS 的 48.8%擴大到 EIA 的 67.0%，而美國也相應從 55.4%擴大到 68.0%。這顯示兩個國家都非常積極推動服務貿易自由化。再以韓國與新加坡自由貿易協定為例，韓國的服務貿易自由化程度從 48.8%擴大到 58.4%，新加坡從 37.6%擴大到 71.0%。相較之下，在大陸與新加坡的自由貿易協定當中，大陸的服務貿易自由化程度從 39.3%非常微幅擴大到 40.1%，新加坡則從 37.6%擴大到 44.1%。很明顯的，大陸願意擴大服務貿易自由化的程度相當有限，而韓國與新加坡都積極擴大服務貿易自由化。臺灣應該效法韓國與新加坡，積極擴大服務貿易自由化程度，並且要求大陸簽署自由化程度較高的服務貿易協定。（見表 8-9）

表 8-9　韓國、新加坡與大陸的雙邊服務貿易自由化程度

單位：%

	韓國與美國		韓國與新加坡		大陸與新加坡	
	韓國	美國	韓國	新加坡	大陸	新加坡
GATS	48.8	55.4	48.8	37.6	39.3	37.6
EIA	67.0	68.0	58.4	71.0	40.1	44.1

資料來源：World Trade Organization, "Index Scores for GATS Commitments and PTA Commitments, by PTA," http://www.wto.org/english/tratop_e/serv_e/dataset_e/index_per_agreement_e.xls, 2012 年 8 月 11 日下載。

再以主要服務業部門而言，大陸的服務貿易自由化程度普遍並不高，特別是，郵遞、教育、健康與社會服務部門都不到 25%。與美國、歐盟、日本、韓國的服務貿易自由化程度相比，大陸落後先進國家 10%以上的服務貿易自由化程度的服務業包括電腦、快遞、配送、教育、觀光、娛樂、海運、輔助運輸等部門。以臺灣與這些先進國家經濟體質相類似的情況下，臺灣未來應該

要求大陸盡量開放這幾個領域，以便發揮臺灣的服務業優勢。臺灣不應該急於求成與大陸簽署服務貿易協議，而錯失臺灣利用服務業優勢在大陸拓展市場的機會。（見表 8-10）

表 8-10　經濟整合協定的服務業部門服務貿易自由化程度

單位：%

	大陸	印尼	泰國	美國	歐盟	日本	韓國
專業服務	67	57	50	63	63	66	81
電腦服務*	70	60	83	100	100	100	100
郵遞服務*	25	0	0	63	63	50	63
電信服務*	44	86	40	94	94	70	90
視聽服務	70	30	20	98	10	60	80
建築服務	62	67	77	83	83	62	100
配送服務*	61	25	69	100	88	88	84
教育服務*	25	55	65	55	40	50	39
環境服務	75	44	31	100	73	75	67
保險服務	63	25	55	50	58	75	78
銀行及其他金融服務	53	47	29	33	43	60	42
健康與社會服務	17	46	25	8	33	25	0
觀光服務*	63	63	41	83	83	100	100
娛樂服務*	34	19	53	94	59	100	53
海運服務*	51	49	45	44	63	83	93
空運服務	56	53	40	29	73	50	84
輔助運輸服務*	29	7	7	64	71	61	54

註：*表示：與美國、歐盟、日本、韓國的服務貿易自由化程度相比，大陸落後先進國家 10%以上的服務貿易自由化程度的服務業部門
資料來源：World Trade Organization, "GATS Score and 'Best' PTA Score for EachMember, by Selected Service Sectors," http://www.wto.org/english/tratop_e/serv_e/dataset_e/index_best_pta_score_per_sector_e.xls, 2012 年 8 月 11 日下載。

六、結論與展望

　　面對區域經濟整合快速發展，臺灣經濟面臨強大的國際競爭壓力。馬總統試圖透過兩岸簽署 ECFA，化解臺灣經濟被邊緣化的壓力，包括提升臺灣出口競爭力、創造更多國內投資、吸引更多外商投資臺灣及與其他國家簽署自由貿易協定。然而，ECFA 生效已經兩年，達成的成效相當有限。而且，ECFA 不一定讓中國不再反對臺灣與主要貿易夥伴（美、日、歐）談判 FTA，因為大陸與這些國家都未簽署 FTA，甚至連談判都還沒有進行。當然，臺灣的出口競爭力衰退、國內投資衰退、外資衰退及臺灣沒有與其他國家簽署 FTA 並不是因為簽署 ECFA 造成，可能有國際政治與國內經濟因素，只是 ECFA 沒有造成明顯效益。

　　目前 ECFA 的實質效益只有早收清單計畫，ECFA 是否能發揮顯著成效端視後續的四項協議談判進程而定。今（2012）年 8 月初，簽署投資保障協定之後，兩岸政府紛紛表示年底前應該可以簽署服務貿易協定。希望臺灣政府能審慎評估與整合臺灣的服務業優勢，不要急於簽署兩岸服務貿易協定而僅僅小規模開放部分服務業，以免重蹈兩岸經濟合作架構協議的無感效應，更錯失臺灣經濟發展的契機。大陸在十二五規劃當中希望全力擴張服務業，在五年內從占 GDP 的 43%增加到 47%。臺灣應該透過兩岸服務貿易協定的簽署，讓臺商掌握這龐大的商機。但要切記，馬政府絕對不要著眼於短期的政治便利，而要求大陸對臺灣片面開放更多服務貿易，因為這將成為大陸拒絕更大幅度開放服務貿易的合理藉口。

最後，面對區域經濟快速整合的強大競爭壓力，臺灣應該將珍貴的談判資源集中在大陸與美國，優先與他們同時簽署 FTA，以突破大陸政治障礙與極大化臺灣的經濟利益；第二優先再與日本、歐盟、東南亞及香港協商 FTA。要順利完成雙邊 FTA 談判，政府必須要有決心推動經濟自由化與建立朝野共識，充分評估利弊與建構完整配套措施，積極整合產業利益與促進經濟結構調整，最關鍵的是協助全民就業升級。

【參考文獻】

United Nations, 2012. *World Investment Report 2012,* (New York: United Nations, 2012).

中華民國經濟部，〈海峽兩岸經濟合作架構協議（ECFA）執行情形〉，2012/11/13 ， http://www.ecfa.org.tw/ShowNews.aspx?id=509&year =all&pid=2&cid=2，2012/11/20 下載。

中華民國經濟部，2012。〈ECFA 早收清單的內容為何？何時生效？〉http://www.ecfa.org.tw/ShowFAQ.aspx?id=70&strtype=-1&pid=7&cid =15，2012/8/7 下載。

中華民國經濟部，2012。〈ECFA 早期收穫計畫執行情形〉，2012/2/10，http://www.ecfa.org.tw/ShowNews.aspx?id=417&year=all&pid= &cid=，2012/8/1 下載。

中華民國經濟部，2012。〈ECFA 貨品貿易早期收穫計畫成效之說明〉，2012/6/28，http://www.ecfa.org.tw/ShowNews.aspx?id=463&year=all &pid=2&cid=2，2012/7/30 下載。

中華民國經濟部，2012。〈全台受益情形〉，http://www.ecfa.org.tw/EffectDoc. aspx?pid=4&cid=6，2012/8/7 下載。

中華民國經濟部工業局，2012。〈ECFA 貨品貿易協議公聽會〉，2012/6/25，http://www.ecfa.org.tw/ShowNews.aspx?id=459&year=all&pid=&cid=，2012/8/8 下載。

中華民國總統府，2010。〈總統偕同副總統舉行『台灣新契機，亞洲新
　　時代－關鍵時刻，正確選擇』記者會新聞稿〉，2010/7/1，http://www.
　　president.gov.tw/Default.aspx?tabid=131&itemid=21895&rmid=514，
　　2011/5/1 檢索。
中華經濟研究院，2009。〈「兩岸經濟合作架構協議之影響評估報告」報
　　告〉簡報檔案，2009/7/29，http://www.ecfa.org.tw/EcfaAttachment/
　　ECFADoc/05.pdf，2009/7/30 檢索。
高孔廉，2012。〈ECFA 簽署兩周年有感〉，《兩岸經貿》，第 247 期
　　（2012/7），頁 6-8。
陳宥臻，2011。〈韓 FTA 收割 衝擊我出口 5000 億元〉，《中國時報》，
　　2011/10/14。
劉屏，2012。〈台灣欲入 TPP 需高標準自由化〉，《中國時報》，2012/8/10，
　　A14。

CHAPTER 9

ECFA 成效及其對臺灣產業結構調整的作用

【Author】莊芮
現任　對外經濟貿易大學國際經濟研究院副院長、副研究員、博士生導師
學歷　中國人民大學經濟學博士
研究　國際經濟關係、中國對外經貿、台港澳經濟

【Author】華曉紅
現任　對外經貿大學國際經濟研究院研究員、博士生導師
　　　（中國）台港澳經濟研究中心主任
　　　中國商務部專家諮詢組專家
　　　（中國）全國世界經濟學會理事
　　　（中國）全國國際貿易學會理事
　　　（中國）海峽兩岸貿易協會理事
　　　（中國）海峽兩岸研究中心研究員
　　　北京市經濟學總會常務理事
研究　中國對外經濟貿易、國際區域經濟合作、台港澳經濟

【Author】鄭學黨
現任　對外經濟貿易大學國際經濟研究院博士研究生
研究　國際區域經濟一體化、港澳臺經濟
　　　榮獲國家研究生獎學金、光學獎學金一等獎（2012）
　　　對外經濟貿易大學光學獎學金二等獎（2011）
　　　對外經濟貿易大學「成才表率」獎（2010）
　　　曾於《臺灣研究集刊》、《亞太經濟》、《國際經濟合作》、《現代國際關
　　　係》、《財貿經濟》、《財經問題研究》、《國際經貿探索》、《世界經濟與
　　　政治論壇》等核心期刊發表論文數十篇。

一、前言

　　近年來，臺灣產業發展面臨國際競爭力下降、結構升級困難及產業外移突出等問題。2010 年 6 月 29 日，兩岸簽署了具有特色的經濟合作框架協定（Economic Cooperation Framework Agreement，ECFA），從此開啟兩岸經貿交流制度化新時期。2010 年 9 月 12 日 ECFA 生效，2011 年 1 月 1 日，ECFA 貨物貿易和服務貿易早起收穫計畫正式啟動。在截至 2013 年 1 月的兩年時間裡，臺灣貿易和投資均獲得大幅增長，ECFA 實施效果總體顯著，主要表現為：（1）ECFA 早期收穫產品快速增長；（2）企業申請原產地證書頗為積極；（3）臺灣進軍大陸服務業步伐加快；（4）提高外商投資臺灣及台資回流熱情；（5）ECFA 提升臺灣全球競爭力。ECFA 早期收穫計畫的全面實施，有利於臺灣傳統產業轉型升級和新興產業發展，助推臺灣產業創新。今後，兩岸應進一步落實 ECFA 早期收穫計畫，推動貨物貿易及服務貿易等單項協定的商簽工作，同時要努力深化兩岸傳統產業合作，探索新興產業合作的發展路徑，形成兩岸產業「連動體」，以此緩解臺灣產業外移可能對經濟造成的衝擊，實現產業結構調整與升級。

二、ECFA 成效評估

　　ECFA 最為實質的內容，就是出具了一份「早期收穫」清單（Early Harvest Programme, EHP）。在這份清單中，大陸對臺灣

降稅產品 539 項，這些產品 2009 年大陸自台進口額為 138.3 億美元，占大陸自台進口總額的 16.14%；臺灣對大陸降稅 267 項產品，這些產品 2009 年臺灣自大陸進口額為 28.6 億美元，占臺灣自大陸進口總額的 10.53%。除貨物貿易外，早期收穫還非常罕見地列入了服務貿易，兩岸非金融服務業各開放 8 項，金融服務業大陸開放 3 項、臺灣開放 1 項。

理論上講，兩岸減讓貨物貿易關稅有利於臺灣擴大產品出口與產業規模。大陸是臺灣最大的貨物貿易出口市場，中國－東盟自由貿易區（CAFTA）「10＋1」生效對臺灣出口大陸的產品形成巨大壓力，尤其是機械產業和化工產業。臺灣產品通過 ECFA 早期收穫實現出口大陸零關稅或低關稅，有助於增加臺灣對大陸的出口，緩解來自東盟壓力，對臺灣提升產品出口競爭力、擴大產業規模有很大助益。另外，兩岸開放服務業有利於臺灣提升服務業的國際競爭力。臺灣服務業占 GDP 比重約 70%，已經取代製造業成為經濟的支柱產業，但臺灣需求飽和、解決就業不足、服務業出口競爭力弱等問題逐漸暴露，服務業國際化的壓力增大。ECFA 早期收穫將為臺灣提升服務業競爭力提供契機。例如，臺灣服務業在大陸服務業市場展開與其它外資企業的競爭，將可能因 ECFA 框架內有條件的開放兩岸服務業而獲得先機和競爭優勢，進而提升臺灣服務業的整體水準與競爭力。

從實踐來看，ECFA「早期收穫」計畫全面實施的成效主要表現為：

（一）ECFA 貨物貿易早期收穫產品快速增長

根據大陸海關統計，2011 年 1 月至 2012 年 10 月，大陸自台進口 ECFA 早期收穫產品 365.09 億美元，同比增長 5.04%，大陸

減免關稅額達 5.51 億美元。臺灣方面統計顯示，同期，臺灣自大陸進口 ECFA 早期收穫產品 90.07 億美元，同比增長 11.89%，關稅減免額達 6790 萬美元。

2011 年 1-12 月，在早期收穫產品中，臺灣出口大陸的前五位產業或呈現高增長率的工業品主要有：

第一位——其他類，同比增長 55.39%，具體產品如「經其他加工的玻璃」（HS70060000），出口增長率為 128%；

第二位——運輸工具業，同比增長 46.11%，具體產品如「機動車輛用照明裝置」（HS85122010），出口增長率達 279%；

第三位——機械及零元件業，同比增長 29.17%，具體產品如「金屬陶瓷及其製品」（HS81130000），出口增長率高達 300%；

第四位——石化業，同比增長 8.16%，具體產品如「對二甲苯」（HS29024300），出口增長率為 125%；

第五位——紡織業，同比增長 8.03%，具體產品如「非零售精梳較細支混紡棉單紗」（HS52062400），出口增長率達到 364%。

此外，農產品是臺灣的重點關注產品。大陸在 ECFA 中給予臺灣 18 項零關稅優惠的農產品，均是臺灣農民特別關切、對大陸出口極具市場潛力之農產品。據臺灣農委會統計，2011 年 1-12 月，ECFA 早收清單中的臺灣農產品出口大陸的總額為 1.2564 億美元，比 2010 年同期增長 127%，其中「冷凍秋刀魚」出口 737 萬美元，同比增長 355%；「活石斑魚」出口 10205 萬美元，同比增長 143%；「茶葉」出口 1020 萬美元，同比增長 63%；「文心蘭」出口 5.4 萬美元，同比增長 709%。台商鄭春忠經營石斑魚，因屬 ECFA 早收產品，關稅減少 5.5%，如以目前市場價格每公斤 14.51 美元計算，每公斤關稅減少 0.8 美元，關稅減少率約為 52.38%。

2012 年 1-11 月，臺灣對大陸出口農產品早收清單 1.46 億美元，較 2011 年同期的 1.07 億美元增長 36.47%，其中柳橙增長 103.76%、活石斑魚增長 32.22%、茶葉增長 11.89%。不難看出，ECFA 降低了臺灣對大陸出口的關稅成本，提升了臺灣產品的價格競爭力，對相關早期收穫產品出口確實起到了明顯的推動效果。

根據 ECFA 早期收穫降稅安排，自 2013 年 1 月 1 日起，兩岸執行第三階段降稅，貨物貿易早期收穫全部產品關稅降為零，可以預見，臺灣這類產品的出口競爭力將會進一步提升。

（二）企業申請原產地證書頗為積極

2011 年 1 月至 2012 年 11 月，臺灣累計核發 ECFA 原產地證書 9.8 萬多件，涉及總金額 137.28 億美元，其中，農產品 2125 件，金額 4851 萬美元；工業產品 9.6 萬多件，金額 136.79 億美元。

廠商結構方面，不僅有在 2010 年前對大陸有出口實績的廠商，更帶動了其他廠商申請原產地證書、著力開拓大陸市場的積極性，受 ECFA 吸引而出口大陸的廠商數已經超過了原來對大陸有過出口歷史的廠商數。從行業分類來看，有諸多臺灣廠商過去並沒有向大陸出口早收產品的經驗，在 ECFA 推出之後，農產品、機械及零元件、紡織業、染料業、電機業和石化業等行業，有超過一半以上的廠商利用了 ECFA 的早收優惠而向大陸出口。

（三）臺灣進軍大陸服務業步伐加快

在服務貿易早收清單中，大陸對臺灣開放了金融、保險、證券、會計審計服務、會議服務、電腦服務、醫療服務等一批重要的服務專案，為臺灣相關產業提供了新的市場與商機。與 CEPA 相比，ECFA 涉及行業範圍更廣、更豐富，比如商業服務的電腦及其相關服務、研究和開發服務，與健康相關的服務和社會服務（除專業服務中所列以外），飛機的維修和保養服務等。金融服務業方面，如銀行及其他金融服務，ECFA 規定臺灣的銀行在大陸的營業性機構可申請經營在大陸的台資企業人民幣業務，此外為臺灣的銀行申請在大陸中西部、東北部地區開設分行（非獨資銀行下屬分行）設立綠色通道，這些承諾 CEPA 都沒有包含進去。

據臺灣統計，臺灣金管會已核准 12 家臺灣銀行赴大陸設立分行，其中 10 家已開業（土銀－上海、合庫－蘇州、一銀－上海、華南－深圳、彰銀－昆山、國泰世華－上海、中國信託－上海、兆豐－蘇州、台銀－上海、玉山－東莞），6 家銀行設有代表人辦事處；已有 12 家證券商赴大陸設立 25 處辦事處，2 家投信事業赴大陸設立辦事處，並核准 1 家投信與大陸證券業者合資申設大陸基金管理公司；金管會已核准 9 家臺灣保險機構赴大陸參股投資，其中 6 家已營業，並設有 15 處代表人辦事處。另外，大陸銀行在台也已設立 2 家分行及 2 家辦事處。

（四）提升了外商投資和台商回台投資熱情

ECFA 提升了臺灣區域地位，對外商投資具有極大的吸引力。美國商業環境風險評估公司（BERI）指出，兩岸簽訂 ECFA，

有利於穩定臺灣投資環境。ECFA 生效後不久，即有 27 家外商與臺灣相關部門簽署投資意向書，包括美商、日商、歐商及澳大利亞、新加坡、香港等國家或地區投資。

據臺灣經濟部投資業務處統計，2011 年，臺灣成功吸引外商在台投資 49.98 億美元，促成臺灣就業人數 23938 人。從項目數來看，2011 年赴台投資的外資件數為 156 項，其中來自日本的投資最多，為 43 項；其次是美國（27 項）和英屬維京群島（14 項）。在投資業別方面，2011 年臺灣金融保險業的外商投資最多，金額達 14.22 億美元，其次為電腦、電子產品及光學製品製造業（12.89 億美元），電子零元件製造業（5.52 億美元）居第三位。

2012 年 1-11 月，臺灣繼續成功吸收外資 48.04 億美元，目標達成率為 97.21%（2012 年臺灣對外招商目標金額為 100 億美元），帶動就業人數 3.96 萬人；其中，美國對台投資 29.7 億美元，占 29.9%，位居第一位，日本投資 9.47 億美元，占 9.74%，居第二位，其次是澳大利亞 7.75 億美元，占 7.97%。

此外，台商利用 ECFA 降稅優惠及臺灣研發優勢，回流臺灣進行投資的現象較為突出。臺灣經濟部投資業務處的統計顯示，2011 年台商回台投資金額達到 460 多億新臺幣，創下 2007 年以來的新高，具體產業涉及金屬機電業及民生化工業等。2012 年 1-11 月，台商回台投資金額已達 518 億元新臺幣，年度目標達成率為 103.6%，較 2011 年同期的 466 億元新臺幣增長近 11%。台商回台投資產業以製造業為主，約占投資總額的 62%，服務業占 18%，其他產業如電力及燃氣供應業、農業則占 20%。製造業部分，台商回台投資紡織業位居首位，其次依序為機械設備製造業、汽車及其零元件製造業，上述產業的部分產品因享受 ECFA 早收清單降稅利益，投資金額明顯增長。台商回台投資以新建工

廠及企業營運總部，利用臺灣研發等優勢，進行兩岸產業分工佈局及產品區隔。

（五）ECFA 提升臺灣全球競爭力

　　ECFA 生效後不久，2011 年 6 月 9 日，美國商業環境風險評估公司（BERI）在全球投資風險環境評估報告中指出，50 個經濟體中臺灣排名第 4。BERI 進一步指出，ECFA 後，兩岸關係和緩，臺灣政治風險被有效控制，「政治風險指標」分數 61 分，比前一年提升 1 分，總體排名往前提升 3 名，成為全球第 8 名。另外，瑞士國際管理學院（IMD）2011 年 5 月 18 日發佈《2011 年世界競爭力排名》，臺灣排名世界第 6，比 2010 年提升 2 個名次，為近年最佳成績。IMD 研究員 Suzanne Rosselet 表示，ECFA 擴大了兩岸三地貿易，改善了台海關係，提高了投資者信心，對提升臺灣競爭力有重要影響[1]。

三、臺灣產業結構的現存問題

　　經過多年發展，臺灣通過實施進口替代、出口擴張、結構調整與自由化改革等政策，促使經濟獲得了較快發展。但從整體

---

[1]　臺灣行政院新聞局全球資訊網。2011 年 IMD 世界競爭力排名臺灣躍升全球第 6，再度顯示國際肯定〈http://www.gio.gov.tw/ct.asp?xItem=89155&ctNode=1429&mp=807,2011-5-18〉。

看，臺灣當前產業結構正面臨第一產業萎縮、第二產業亟待調整升級、第三產業比重較高的局面。據臺灣行政院主計處統計資料顯示，2010 年臺灣生產總值 13.61 萬億新臺幣，其中農業產值為 0.22 萬億新臺幣，占 GDP 比重 1.64%，較 2005 年下降 0.03 個百分點；工業產值達到 4.24 萬億新臺幣，占 GDP 比重 31.12%，較 2005 年下降 0.14 個百分點；服務業產值達到了 9.15 萬億新臺幣，占 GDP 的 67.24%，較 2005 年增加 0.16 個百分點，見表 9-1。

表 9-1　2005-2010 年臺灣各產業占 GDP 比重變化情況

（單位：%）

年份	農業	工業	服務業
2005	1.67	31.26	67.08
2006	1.61	31.33	67.06
2007	1.49	31.38	67.12
2008	1.60	29.05	69.35
2009	1.73	28.92	69.35
2010	1.64	31.12	67.24

資料來源：大陸統計局。

（一）農業方面

臺灣農業技術先進，但生產成本過高，正向精緻農業發展邁進。2010 年，臺灣農、林、漁、牧業就業人數達到 55 萬餘人，占總就業人數比重由 2001 年的 7.5% 下降至 2010 年的 5.24%。農業對臺灣經濟的貢獻率日益下降，受自然條件的制約，其發展空間正日益縮小。

（二）製造業方面

臺灣製造業已具備一定優勢。據臺灣經濟部工業局資料顯示，臺灣製造業中已形成不少世界級產品。2010 年按技術排名，臺灣產品位居世界前三位的有 27 項，排名一、二、三位的分別有 7 項、11 項、9 項。其中幕罩式唯讀記憶體（Mask ROMs）的國際市場佔有率達到了 97.9%，幾乎處於壟斷地位。與此同時，臺灣製造業發展面臨諸多問題，具體包括：

第一，產業外移趨勢明顯。過去數十年，低廉勞動力一直是臺灣企業國際競爭優勢之一。自 20 世紀 90 年代以來，隨著勞動密集型加工產業的發展及其對勞動力需求的擴張，勞動力供求關係發生變化，工資大幅上漲，雇工成本上升，企業在國際市場上原有的成本、價格優勢不復存在。同時，臺灣土地供求關係隨著工業用地的增加而日益緊張，導致土地價格飛漲，企業經營成本上升。在這種情況下，臺灣原有的勞動密集型產業囿於臺灣內部成本上升、競爭加劇等原因紛紛外移。當前，臺灣製造業的海外生產比例達到 50% 左右，其中對大陸的投資比例較大。2001-2010 年，臺灣對大陸的投資金額年均增速達到 23.8%，見表 2。另外，臺灣 IT 產業生產比例不足 7%，並且隨著時間的推移，該產業的外移趨勢愈益明顯。

應該說，傳統勞動密集型產業外移促進了臺灣產業升級，使資本和技術密集型產業迅速發展，產業結構逐漸發生改變。臺灣製造業占 GDP 比重從 1960 年的 19.1% 上升到 1986 年的 39.4%，之後逐漸下降，至 2010 年已接近 26.2%，而服務業占 GDP 比重則從 1987 年的 52.2% 攀升至 2010 年的 67.1%。產業轉移固然為

臺灣產業升級帶來了重要發展機遇和空間，但同時也帶來了產業斷層，引起臺灣內部對「產業空洞化」以及失業的擔憂。臺灣產業結構轉變過程中，由傳統產業釋放出的勞動力因不具備服務行業所要求的相關技能，導致大量的結構性失業，如批發、零售及餐飲業，運輸、倉儲和通信業就業人數僅增加 1.4 萬人，遠不能解決失業人口問題。受金融危機影響，2010 年臺灣結構性失業人數增加超過 2.3 萬人，創 6 年來最高。臺灣大學國發所教授辛炳隆認為，臺灣結構性失業人數攀高，主要是產業外移的後遺症。

表 9-2　2001-2010 年臺灣投資大陸情況

年份	件數（件）	金額（億美元）	年增速%
2001	1186	27.84	—
2002	1490	38.59	38.61
2003	1837	45.95	19.07
2004	2000	69.4	51.03
2005	1287	60.02	-13.52
2006	897	73.75	22.88
2007	779	96.76	31.20
2008	482	98.43	1.73
2009	249	60.58	-38.45
2010	518	122.3	101.88

資料來源：臺灣經濟部投資審議委員會。

第二，技術創新能力不足。20 世紀 80 年代，臺灣重新擬定策略性工業，強調工業升級與科技升級相結合達到產業升級目的，並採取了包括對技術密集型產業免稅、減稅、放寬外匯管制等優惠政策。經過 30 年發展，臺灣工業基本上形成以電子資訊產業為代表、技術密集型產業為骨幹的發展格局。但臺灣工業升級仍然障礙重重，究其原因，一是於技術進步緩慢，因臺灣長期過度依賴加工出口勞動密集型產業，該產業基本特點是購進零部

件後加工裝配，然後出口製成品，設備簡單，技術落後，營利以零部件組裝機製成品流通等環節為重點，實質上靠技術創造的附件值較低。二是重應用研究輕基礎研究，臺灣高科技產業主要集中在電子資訊上，結構單一，該領域的關鍵技術依賴於美日等發達國家，臺灣企業科研發展後勁不足，擁有自主品牌比例較低。這些因素滯緩了臺灣高科技企業技術創新能力，妨礙其產業升級步伐。

第三，**製造業產業結構單**一。臺灣製造業三大生產網路主要由石化、電子、機械構成，1986 年三者產值占製造業比重 38.61%，2009 年上升到 68.40%。從增長率看，2009 年整體製造業產值較 1986 年增長 197.60%，其中石化、電子、機械分別增長 442.29%、728.68%、153.86%。另外，臺灣製造業有過度向半導體、面板等電子科技行業傾斜發展趨勢。主要表現出以下三個特點：一是該行業 80%面向出口，易受國際環境影響；二是屬於資本密集產業，投資占製造業總投資的 70%以上，而創造的附加價值只占製造業的 42%；三是產業關聯度低，其生產設備、原材料、零配件及半成品主要依賴進口，對其他行業的拉動較為有限。受製造業產品結構單一影響，臺灣產品出口競爭力逐年下降，在美國市場佔有率由 2000 年的 3.43%降至 2008 年的 1.71%，同期在大陸市場的佔有率也由 11.2%降至 9.3%。

（三）服務業方面

臺灣服務業對經濟的貢獻越來越大，2008 年和 2009 年服務業占 GDP 比重達到歷史高值 69.35%。臺灣服務業包括批發及零

售業、住宿及餐飲業、運輸倉儲及通信業、金融保險業、不動產業及租賃業、專業科學及技術服務業、教育服務業、醫療保健及社會福利服務業、文化運動及休閒服務業、其他服務業、公共行政業等。伴隨製造業外移，作為臺灣經濟增長主要動力的服務業本應承擔起「火車頭」作用，在新一輪經濟增長中引領臺灣經濟持續穩定發展，但近幾年的發展現實表明，臺灣服務業仍面臨挑戰。一是服務業對經濟增長的貢獻率較低，2010 年臺灣 GDP 增長率 10.72%，服務業增長 3.63%，而同期製造業為 7.20%。二是服務業發展存在不對稱性問題。西方國家服務業產值比重與就業人口比重基本保持一致，大多在 70%左右。臺灣服務業占 GDP 比重為近 70%，但其服務業所創造的就業機會占總就業比重僅為 58.84%，明顯不對稱。導致這種現象的原因有多個方面，主要是臺灣服務業雖比重高、規模大但發展水準較低；臺灣消費者信心持續走低，內需嚴重不足，直接影響服務業的發展；服務業競爭力不強，服務出口連續下降。

四、ECFA 對臺灣產業結構調整的作用

ECFA 早期收穫有助於臺灣傳統產業的轉型和升級。據臺灣陸委會估計，早期收穫可能受益的中小企業達 22.7 萬家，這些企業一年對大陸出口金額可增加 886 億元新臺幣，相關的 42.6 萬就業人員因此受惠。臺灣副總統蕭萬長先生認為，早期收穫清單集中在傳統產業，傳統產業將獲得重新再起的機會，避免過去偏重高科技產業的問題，有助於平衡臺灣產業結構。同時，臺灣石化、

機械等產業也將因大陸市場的進一步開放與關稅降低獲得新的發展。

　　一般認為，決定產業結構的因素主要有技術、供給、需求和外部因素四個方面。對臺灣產業結構調整而言，外部因素（貿易與投資）有極其重要的影響。臺灣屬於島嶼型經濟，外貿依存度較高，經濟發展很大程度上依賴其他經濟體的發展，這也說明對外貿易在臺灣經濟增長中的重要作用。兩岸經濟合作框架協議（ECFA）早期收穫的全面實施，為臺灣拓展出口市場提供了有利平臺，必將帶動臺灣內部產業相應發展。

　　ECFA 協定的主要方面是降低關稅與非關稅貿易障礙，推動雙方貿易與投資往來，促進雙方的經濟發展。2010 年臺灣對大陸的出口總額達到 837 億美元，占臺灣全部出口比重 41.10%。此次大陸逐步降低並最終在兩年內分 3 步取消產自臺灣的 539 項產品關稅，早期收穫所涉及的商品總額約達 138.3 億美元，約占臺灣出口大陸商品總額的 16.1%。關稅降低和行業開放，可以提高臺灣產品在大陸市場的競爭力，同時通過資金和技術交流促進臺灣調整產業結構，實現產業升級。

（一）農業

　　對於臺灣關注的農產品，ECFA 協商過程中，大陸方面並沒有對臺灣進一步要求擴大農產品對台出口和開放大陸勞工赴台，以儘量不影響臺灣的弱勢產業，還通過減免關稅等措施開放大陸市場給臺灣。據臺灣行政院農委會農糧署測算，臺灣農產品對大陸的出口值，將從 2009 年的 1600 萬美元增加至 2013 年的 1.1 億美元。列入免關稅項目之一的石斑魚，預期 3 年後大陸市

場需求達到 1 萬噸，將是目前規模的 5 倍。ECFA 早期收穫全面實施兩年以來，臺灣農產品包括秋刀魚、石斑魚、文心蘭等對大陸出口成倍增長，說明 ECFA 對於重振臺灣農業地位、推動臺灣農業向精緻化方向發展，已經開始起到重要的推動作用。

（二）製造業

自 20 世紀 80 年代以來，臺灣先後發生了三次較有代表性的產業外移。分別是發生在 20 世紀 80 年代末的以紡織業為代表的勞動密集型產業、20 世紀 90 年代初的以石化業為代表的資本密集型產業，以及 21 世紀初開始的以資訊電子為代表的技術密集型產業。在臺灣產業外移的同時，兩岸產業對接隨之展開。在兩岸產業第一波對接中，兩岸之間形成了明顯的產業間分工格局，即大陸以勞動密集型的輕紡工業為主，臺灣以技術和資金相對密集的家用電器、電子產品、機械和化工產業為主。兩岸產業第二波、第三波對接，兩岸之間逐步形成產業內垂直分工格局，大陸與臺灣分別佔據價值鏈的不同生產環節和生產工序，但對大陸而言，這種產業內的垂直分工是不對等的、低檔次的。臺灣企業處於產業鏈的中、高端環節，主要從事研發設計、市場行銷以及關鍵零部件製造等技術含量大、附加值高的生產環節；大陸企業則處於價值鏈的低端環節，主要從事終端產品的組裝和低檔次零部件製造，技術含量小、附加值低。

ECFA 早期收穫全面實施兩年來，臺灣運輸工具業、機械及零元件業、石化業、紡織業等產業向大陸的出口大幅增長，說明 ECFA 確實緩解了臺灣產品在大陸市場遭遇的來自東盟和日韓等對手的競爭壓力。顯然，ECFA 的實施不僅可以大幅度降低兩岸

產業合作的成本，更可以促進兩岸相關產業形成合理的產業鏈，並在全球產業分工中佔據更為有利的位置。

首先，開放大陸企業赴台投資，將改變過去單向投資格局，從而讓兩岸蘊藏的經濟合作潛力與能量逐步得到釋放，為兩岸產業雙向互利分工合作創造新契機，促進形成新的兩岸產業分工與合作格局。

其次，自 ECFA 簽訂後，大部分工業產品的關稅降為零，見表 9-3，有助於整體供應鏈根植臺灣，並通過「大三通」，採取自由貿易的方式供應給大陸客戶。

再次，臺灣較日、韓等競爭對手更早地進入大陸市場，可能取代日、韓的地位，有利於台商深化對大陸市場的佈局和開發，加快兩岸產業對接與融合，推動兩岸產業合作由目前的「臺灣產業梯次向大陸轉移、以大陸作為加工出口基地」為主的方式，向「共同提高兩岸產業技術層次和競爭力」方向升級，提升兩岸產業鏈的關聯度與融合度。

表 9-3　ECFA 早收清單降稅利益

年份	臺灣出口到大陸		降稅收益（億台幣）
	2009 年大陸稅率	降為零關稅的項目	
2011	5%以下	紗線、升降機等 72 項	19
2012	5%-15%	印刷機、其他活魚等 437 項	153
2013	15%以上	非電熱快速熱水器等 30 項	1.6
總降稅收益（億台幣）	295		
淨降稅收益（億台幣）	261		

資料來源：臺灣 經濟部。

（三）服務業

隨著產業結構及消費需求的不斷改變，亞洲多數經濟體均已認識到不能單靠製造業的力量來帶動國家經濟，更不能再和往昔一樣，以低廉成本作為主要經營手段。現今的產業發展思維必須要有所轉換，意即從「製造經濟邁向服務經濟」、「從硬體製造走向軟性製造」。臺灣經濟結構已是以服務業為主體的經濟，服務業產值占 GDP 的 70%左右，是臺灣最大的產業。長期以來，臺灣限制服務業尤其是關鍵的金融、電信等重要服務業到大陸發展，而在服務對象大量轉移大陸及臺灣市場日益飽和的情況下，臺灣金融服務業發展空間受限，增長放緩。因此，對於臺灣幾近飽和的服務業市場而言，大陸無疑是臺灣服務業發展的新天地。據大陸統計局 2009 年統計資料顯示，大陸服務業占 GDP 比重43.4%，小於第二產業的 46.3%。作為世界第二大經濟體以及全球經濟重要引擎，可以預見大陸的經濟將會繼續保持高於發達國家的增長速度，服務業必然會有很大的發展空間。

ECFA 早期收穫清單中，大陸對臺灣開放金融、保險、證券、會計審計服務、會議服務、電腦服務、醫療服務等一批服務業，為臺灣這些服務業提供了新的市場與商機，預計將促成新一波臺灣服務業進入大陸投資、合作與佈局的新熱潮。尤其是依 ECFA早期收穫開放規定，臺灣金融機構進入大陸的門檻大幅降低，較外資優惠，在大陸佈局多年的臺灣金融機構將加速進入大陸，展開新的合作，目前實施效果明顯。另外，大陸開放台商在沿海五個省市設立獨立醫院，使得早已看好大陸醫療市場並佈局多年的臺灣醫療機構進入大陸。未來階段，海協會和海基會將商簽專門的《服務貿易協定》，屆時服務市場將進一步開放，服務領域合

作進一步放寬，進而使臺灣服務業獲得新的發展機會。臺灣服務業企業進入大陸後，同時面對大陸及外資企業的激烈競爭，有利於提高其生產效率，在學習經驗的同時，有利於提高臺灣服務業競爭力、推動臺灣本土產業升級。

五、ECFA 的推進與展望

ECFA 早期收穫計畫的全面實施，只是開啟兩岸經貿制度化合作的第一步。從兩年的實施情況看，ECFA 已逐漸發揮出推動臺灣產業結構調整的重要作用，但目前這種作用由於時間短、覆蓋範圍較小而不夠顯著。因此，未來兩岸應放寬胸懷，積極促成 ECFA 後續協議的達成，從而進一步夯實 ECFA 早期收穫成果，以兩岸合作促成臺灣產業結構順利實現調整。

（一）進一步落實 ECFA 早期收穫計畫，加強後續協商談判工作

ECFA 早期收穫仍然是兩岸開放市場的重要依據，兩岸必須高度重視 ECFA 早收計畫的落實問題。在前期實踐階段，ECFA 出現了一些需要改進的問題，如臺灣中小企業利用 ECFA 原產地證書較大型企業更為積極，目前臺灣中小企業申請原產地證書廠家數已經超過 80%，體現了 ECFA 設計惠及臺灣中小企業的初衷，但總體來講，ECFA 原產地證書利用率還比較低，如若能放

寬區域價值成分標準限制，相信 ECFA 原產地證書利用率會上升到一個新的臺階。

　　儘管 ECFA 取得了一定的前期成效，但若與大陸簽署的其他 FTA 相比，其成效還不夠顯著。臺灣有個別學者認為 ECFA 給臺灣經濟帶來的成效並不明顯，理由之一是 2011 年大陸與臺灣的進出口貿易同比增長 10.1%，遠不及大陸與東盟進出口貿易 23.9% 的增長。本文認為，這恰恰是 ECFA 開放程度不夠所致。對比 ECFA 與 CAFTA 的執行時間、開放程度、協定進展等情況，顯而易見，ECFA 迄今才執行 1 年多時間，而 CAFTA 已有十多年歷程；ECFA 目前僅有「早期收穫」，而 CAFTA 從「早期收穫」到《貨物貿易協定》、《服務貿易協定》、《投資協定》等都已全部完成並實施，2011 年 11 月，CAFTA 又簽署了《（服務貿易協定）第二批具體承諾議定書》，在議定書中，東盟各國對大陸的第二批具體承諾涵蓋部門明顯增加，不僅在其 WTO 承諾基礎上做出更高水準的開放，許多國家的承諾還超出了 WTO 新一輪談判出價水準。

　　客觀地講，ECFA 目前還處於「起步階段」，其效應未能顯著呈現，原因主要在於實施時間短、開放範圍和力度還不夠。這就要求 ECFA 後續商談必須放開胸懷，擴大開放範圍，加大開放力度。

　　如今，世界經濟不確定因素有增無減，環顧周邊，各經濟體之間的 FTA 不斷增加，地區性合作機制也在擴大。2012 年 6 月，美國宣佈已邀請墨西哥加入 TPP 談判，如果順利，TPP 的「P9」將發展為「P10」甚至「P12」；與此同時，東盟開始推行「區域內全面經濟協定（RCEP）」，擬在東盟和中日韓印等 6 個亞洲周

邊國家範圍內，形成貿易自由化率高達 95%的以東盟為中心的自由貿易協定。

面對國際經濟環境不佳的現實，面對來自周邊的壓力，兩岸最好的選擇就是：進一步加強合作，夯實 ECFA 基礎，加快推進 ECFA 後續商談，攜手應對世界經濟下行風險。2012 年 8 月，兩岸簽署《海峽兩岸投資保護和促進協議》，這對於保護兩岸投資者權益、促進相互投資和創造公平的投資環境具有重要作用。這也為兩岸貨物貿易和服務貿易等單項協定商談工作提供了實踐可能和基礎，未來貨物貿易協定和服務貿易協定商談應進一步放開胸懷、擴大和深化相互開放。「風物長宜放眼量」，惟其如此，兩岸經濟才能真正受惠，在相互開放中發展。

（二）深化產業合作，形成兩岸產業「連動體」

ECFA 早期收穫不僅體現在貿易增長方面，同時通過關稅下降，促使臺灣合理佈局產業，突破結構轉型和產業升級瓶頸。當前，兩岸同處於產業結構調整的關鍵時期，大陸「十二五」規劃更是將「產業結構轉型升級」作為主基調，雙方應以此為契機，加強產業合作的深度和力度。

一是要密切兩岸產業合作，打造完整的產業鏈條。長期以來，兩岸形成了「臺灣接單，大陸生產」的分工協作格局。在兩岸產業第二波、第三波對接中，兩岸之間逐步形成產業內垂直分工，大陸與臺灣分別佔據價值鏈的不同生產環節和生產工序。ECFA 早期收穫的全面實施，將更有利於兩岸形成良好的產業分工。大陸「十二五」規劃同樣提出產業升級目標，因此，兩岸應

借助 ECFA 實施這一良好契機，加強化工、電子等優勢領域合作，協助臺灣進一步開展產業結構調整。

二是要建立兩岸產業標準合作。臺灣製造業發展缺乏一個支撐製造業企業所需的巨大市場，與大陸合作，可以充分利用大陸的市場優勢，同時發揮臺灣在技術上的先發優勢，二者之間形成合理分工。一方面，可以利用臺灣已有的技術及科技存量，開發新產品；另一方面，臺灣開發出來的產品可以利用大陸相對廉價的勞動力及其他資源的優勢，深耕大陸市場，實現其利潤，以推動臺灣製造業持續向前發展。ECFA 簽訂後，臺灣背靠大陸這一巨大的市場，與大陸合作制定的行業標準有了大陸市場做強有力的支撐，可以更有力地推動兩岸行業標準的制定，從而能夠作為行業領導者而非跟隨者去滿足消費者，有利於佔據更有利的市場地位。

三是要推動兩岸服務業合作。ECFA 早期收穫計畫中，大陸對臺灣部分銀行擴大市場准入，放寬分行承諾人民幣業務條件；開放台商較多地區設置台商獨資醫院，放寬臺灣的藥師、物理治療等醫務人員赴大陸就業，這些將對大陸台商的投資經營起到有利的支持作用。同時，通過擴大兩岸服務業合作範圍，增強兩岸現代服務業合作，將會持續優化兩岸產業結構。如前所述，臺灣的統計表明，臺灣服務業產值已占到 GDP 的 70%左右，但其就業只有 58%左右，雖然造成這種「失衡」有一定的統計原因，但是臺灣服務業長期以來內部市場狹小、國際化程度不高卻是不爭的事實。與此相對的是，大陸服務業發展水準嚴重不足，服務業市場廣闊，發展潛力巨大。因此，臺灣服務業進入大陸，深化與大陸的服務業合作，無疑將是臺灣促進其服務業發展、推動產業升級的絕好機會。

四是要推動兩岸新興產業合作。2008 年 8 月，臺灣通過推動「產業搭橋」項目，建立產業平臺，從個別產業開始，舉辦兩岸產業交流會，搭建與大陸的產業合作橋樑。臺灣經濟部技術處統計顯示，自 2008 年 12 月至 2010 年底，已陸續舉辦過數十場次的兩岸產業合作會議，分別是中草藥、太陽光電、車載資通訊、通訊、LED 照明、光存儲、資訊服務、風力發電、車輛（含電池）、流通服務、食品、精密機械等 11 項產業，已促成超過 500 家的兩岸廠商洽談和上百家廠商簽署合作意向書。大陸強調「兩岸經濟合作的主體是產業合作」，同時將「產業搭橋」定位為「兩岸新型產業合作」。因此，未來 ECFA 的實施，應進一步重視兩岸產業特別是新興產業的合作問題。

【參考文獻】

向洪金、賴明勇，〈建立 ECFA 對兩岸農產品生產和貿易的影響〉，《國際經貿探索》第 1 期，2011 年 1 月。

顧國達等，〈ECFA 對兩岸貿易與臺灣經濟增長的影響研究〉，《臺灣研究集刊》第 5 期，2011 年 5 月。

黃建忠等，〈兩岸服務貿易自由化評估及福建對台服務合作〉，《亞太經濟》，第 4 期，2011 年 4 月。

宮占奎、于曉燕，〈建立海峽兩岸經濟合作框架協定問題研究〉，《南開學報》哲學社科版，第 5 期，2009 年 5 月。

李向陽，《亞太地區發展報告（2011）》，北京：社會科學文獻出版社，2011 年。

CHAPTER 10
國際經濟情勢與兩岸貿易關係

【Author】劉大年
現任　中華經濟研究院區域發展研究中心研究員兼主任
研究　國際貿易投資、產業經濟
學歷　美國康乃爾大學經濟學博士
經歷　中華經濟研究院第二研究所研究員
　　　中華經濟研究院 WTO 中心研究員兼副執行長
　　　中華經濟研究院第二研究所所長

【Author】楊書菲
現任　中華經濟研究院區域發展研究中心助研究員
研究　國際貿易、國際投資
學歷　國立政治大學國際經營與貿易學系博士
經歷　中華經濟研究院第二研究所助研究員
　　　中華經濟研究院第一研究所輔佐研究員

一、前言

　　2010 年全球甫從金融海嘯的陰影中見到復甦曙光，但持續不到二年的時間，世界經濟再次在另一次大衰退的邊緣搖擺（聯合國，2012）。歐洲的歐債危機及美國的財政懸崖問題，使得全球兩大經濟體面臨失業率居高不下、收入停滯、需求不足，及經濟成長趨緩的困境。這樣的困境也成了全球經濟動盪的主要原因。

　　歐美等先進國家是臺灣及中國大陸的重要出口市場，臺灣不僅直接對歐美國家出口，有很多更是透過在中國大陸加工後再進行出口的。因此，歐美國家經濟不振，需求不足，進口減少，不僅直接衝擊臺灣及中國大陸的出口，亦間接地對兩岸貿易關係及產業分工造成影響，是值得關注的重要議題。因此，本文主要剖析當前全球經濟情勢發展對兩岸經貿關係可能造成的影響效果，並提出臺灣相應的政策建議以供參考。

　　除了前言之外，以下本文將首先分析當前全球經濟情勢的發展概況；其次說明中國大陸應對全球經濟局勢轉變所採取的重要政策及措施；接著分析中國大陸所採取的調整政策對兩岸經貿及臺灣可能造成的影響；最後則提出簡單的結論及相應的建議。

二、全球經濟情勢發展概況

　　2012 年 10 月，國際貨幣基金組織（IMF）發佈最新的「世界經濟展望（World Economic Outlook）」報告，預計 2012 年及

2013 年的全球經濟成長率分別為 3.28%及 3.62%，皆低於 2011 年的 3.83%（詳表 10-1）。相較於 2012 年 4 月的預測報告，10 月的報告將 2012 年及 2013 年世界經濟成長的預測值分別下調了 0.26 個百分點及 0.45 個百分點，顯示對於當前的世界經濟發展走勢感到悲觀，並認為經濟疲弱的程度將不斷的惡化。

國際貨幣基金組織（IMF）及聯合國（UN）的經濟展望報告均指出，已開發國家糾結難解的經濟問題是影響全球經濟復甦的最大絆腳石。歐債危機自 2009 年爆發以來，衝擊範圍不斷擴大，雖然歐洲各國已積極尋找對策，但危機程度並未獲得緩解，市場恐慌情緒也不斷加深。2011 年歐盟的經濟成長率為 1.59%（表 10-1），已較 2010 年的 2.06%大幅度放慢，且預估受到人們信心不足的影響，未來的經濟成長可能持續減緩，2012 年的經濟成長率甚至可能出現負值，為-0.21%。

就經濟成長的預測來看，美國的表現相對歐盟來得好一些，2012 年的經濟成長率預估達 2%以上。但事實上美國國內亦面臨著許多難解的經濟困境，尤其「財政懸崖」（Fiscal Cliff）問題。聯合國亞太經濟與社會委員會（UNESCAP）警告，美國財政懸崖會削減美國需求，使全球貿易量萎縮，連帶對出口導向的新興國家造成嚴重影響，並可能釀成全球另一次的經濟衰退危機。

至於日本經濟則是長期陷於低成長的泥沼中，且在 2011 年 3 月經歷大地震，經濟再一次呈現負成長。雖然預計災後重建會使日本今（2012）明（2013）兩年的經濟成長率維持在 2%左右，但由於國內缺乏經濟成長動能，經濟呈現衰退的可能性並不低，前景亦不甚樂觀。

表 10-1　2012-2013 年全球經濟成長率預測概況

單位：%

			預測值		與2012年4月預測的差異	
	2010	2011	2012	2013	2012	2013
全球	5.14	3.83	3.28	3.62	-0.26	-0.45
已開發國家	3.01	1.59	1.29	1.54	-0.12	-0.49
歐盟	2.06	1.59	-0.21	0.49	-0.24	-0.79
美國	2.39	1.81	2.17	2.12	0.06	-0.26
日本	4.53	-0.76	2.22	1.23	0.19	-0.47
新興市場及開發中國家	7.45	6.17	5.28	5.64	-0.38	-0.41
中東歐	4.59	5.27	1.99	2.58	1.92	2.89
獨立國協	4.81	4.86	4.00	4.10	4.18	4.13
拉丁美洲及加勒比海區	6.15	4.51	3.17	3.89	3.75	4.09
中東及北非	5.03	3.30	5.27	3.65	4.23	3.66
撒哈拉以南非洲	5.34	5.15	4.99	5.73	5.44	5.29
亞洲發展中國家	9.51	7.76	6.67	7.20	-0.67	-0.69
中國	10.45	9.24	7.83	8.23	-0.41	-0.56
印度	10.09	6.84	4.86	5.97	-2.00	-1.32
東協五國	6.95	4.49	5.42	5.75	0.02	-0.48

註：東協五國指印尼、泰國、馬來西亞、菲律賓及越南。
資料來源：IMF 世界經濟展望資料庫， 2012 年 4 月及 2012 年 10 月。

　　相較於已開發國家前三大經濟體——歐、美、日目前均深陷於不同的經濟困境，開發中國家的經濟表現相對亮眼許多，經濟成長力道強勁，預計 2012 及 2013 年的經濟成長皆可在 5%以上。其中以中國大陸、東協及印度為首的亞洲發展中國家，不僅在 2008 年的金融危機中率先擺脫陰影，並且扮演帶動全球經濟復甦的重要角色，成為未來全球經濟發展的重心所在。不過，開發中國家仍面臨著經濟發展的風險，主要源自於出口帶動型的經濟成長模式，對外部環境高度依賴，深受已開發國家的經濟情勢所影響。

與世界經濟增速減緩趨勢一致，2012 年全球貿易成長幅度亦明顯下滑。由於目前歐美日三大經濟體支撐了全球一半的貿易量，在其經濟不振、需求不足及進口減少的情況下，將連帶影響全球的出口表現，全球貿易成長趨緩實在預料之中。根據國際貨幣基金組織（IMF）10 月的預測顯示（表 10-2），2012 年全球貿易將成長 3.20%，較 4 月的預期下調了 0.82 個百分點。其中，已開發國家的出口成長率為 2.18%，下調 0.11 個百分點；開發中國家的出口成長率為 3.97%，下調 2.59 個百分點。

表 10-2　2012-2013 年全球貿易成長率預測概況

單位：%

			預測值		與 2012 年 4 月預測的差異	
	2010	2011	2012	2013	2012	2013
全球貿易總額（商品+服務）	12.55	5.83	3.20	4.48	-0.82	-1.15
出口						
全球	12.58	5.75	2.85	4.43	-1.04	-1.24
已開發國家	11.98	5.31	2.18	3.60	-0.11	-1.07
新興市場及開發中國家	13.74	6.54	3.97	5.73	-2.59	-1.47
進口						
全球	12.53	5.91	3.55	4.53	-0.60	-1.06
已開發國家	11.37	4.41	1.68	3.32	-0.15	-0.80
新興市場及開發中國家	14.95	8.80	6.97	6.59	-1.42	-1.51

資料來源：IMF 世界經濟展望資料庫，2012 年 4 月及 2012 年 10 月。

三、全球經濟情勢發展與中國大陸經濟政策調整

　　中國大陸改革開放 30 年，經濟以年均 10% 的速度快速成長，是全球低成本製造業的主要產地，有「世界工廠」之稱。2009

年中國大陸超越德國成為世界第一大出口國，並於次（2010）年超越日本成為僅次於美國的第二大經濟體。2008 年金融海嘯後，歐美經濟不振，需求銳減，對中國大陸進口需求大幅減少。2009 年歐盟與美國自中國大陸的進口金額分別銳減 17.47% 及 12.26%，導致中國大陸當年的出口大幅減少 15.87%（圖 10-1）。儘管出口大幅衰退，在中國大陸採取擴張財政，拉動內需的政策下，2009 年的經濟成長率仍在 9% 以上，表現十分出色。2010 年中國大陸的總出口強力反彈上升，出口金額成長 30% 以上；次（2011）年出口成長幅度略微下滑，但成長率仍高達 20%。唯 2012 年在歐債危機及美國經濟復甦緩慢的情況下，中國大陸 2012 年的出口僅較 2011 年成長 7.94%，其中對美國出口增加 8.51%，但對歐盟出口減少 6.16%。

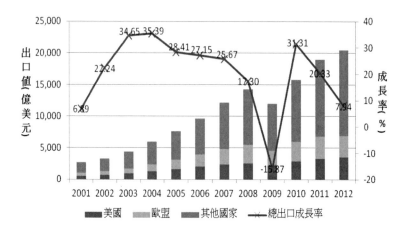

資料來源：整理自 WTA 資料庫

圖 10-1　中國大陸歷年出口概況

除了全球經濟發展瞬息萬變，復甦之路曲折難行外，中國大陸本身也面臨許多經濟發展的瓶頸。例如生產成本不斷攀升，工資上漲及缺工的問題層出不窮；社會因資源、機會分配不均而出現貧富懸殊等種種矛盾；產業結構存在相當大的問題，如農業基礎薄弱；工業大而不強，多數生產處於全球價值鏈的底端，技術含量與附加價值低；產品結構不合理，一般產品產能過剩，但技術含量高、附加值大的產品卻出現短缺；服務業發展滯後；產業發展模式主要建立在高耗能、高污染基礎上等。這種種的問題與發展瓶頸，皆使中國大陸當前經濟發展模式的可持續性受到嚴重質疑。

　　中國大陸當局也意識到，在國際經濟不振、需求不足、貿易摩擦頻傳，及新興市場崛起等的外部影響，以及中國大陸勞動工資上漲、人民幣升值、環保意識抬頭等內部限制下，中國大陸要像危機前一樣依靠出口來驅動成長已經難以為繼。日本大和資本（Daiwa Capital Markets）發佈的報告指出[1]，東南亞國家正在超越中國成為低成本製造業的主要產地，其發展速度有可能在未來幾年加快，中國則將在未來五至十年內失去「世界工廠」的地位。為了避免中國經濟成長減緩、甚至停滯，而陷入所謂「中等收入陷阱」，提升內需在經濟成長中的比重，彌補外需的不足，成為當前中國大陸轉變經濟成長方式的重要工作。也因此，不論是在「十二五」規劃或「2013 年中央經濟工作會議」中，中國大陸都以「轉變經濟發展模式」為主要核心概念。其中，「調結構」更成為規劃重點，並以「擴大內需」及「戰略性新興產業」做為調

---

[1]　中華經濟研究院，〈「兩岸經濟合作架構協議之影響評估報告」報告〉簡報檔案，2009 年 7 月 29 日，http://www.ecfa.org.tw/EcfaAttachment/ECFADoc/05.pdf，2009 年 7 月 30 日檢索。

結構主軸，目的即在促使經濟成長由主要依靠投資、出口拉動向依靠消費、投資、出口拉動轉變，以及由主要依靠重工業帶動向依靠第一、第二、第三產業協調帶動轉變。

目前大陸當局已選定高階裝備製造、節能環保、新能源、信息技術、生物醫藥、新材料及新能源汽車等七大新興戰略產業，進行重點培育與發展，並配合財稅、金融、科學教育等三方面予以支持，希望 2015 年戰略性新興產業增加值占國內生產總值比重可達到 8%；2020 年再成長至 15%左右，並可掌握關鍵技術，建立完整產業鏈。另外，針對服務業的發展，「十二五」規劃強調將加快發展生產性服務業（如金融與物流）與大力發展生活性服務業（如旅遊及家庭服務），並促進生產性服務業與先進製造業融合，豐富服務產品類型，滿足多樣化需求。希望到 2015 年，服務業增加值占國內生產總值比重可由 2010 年的 43%再提高 4 個百分點。

2012 年 12 月中旬，大陸一年一度的中央經濟工作會議在北京召開，確立中國大陸明年（2013）經濟工作的總基調為「穩中求進」，其主要任務包含擴大內需，培育拉動力強的消費增長點；夯實農業基礎；加快調整產業結構，加強產品創新、品牌創新；積極推進城鎮化，走向集約、智能、綠色、低碳的新型城鎮化道路；全面深化經濟體制改革，推動穩增長、轉方式、調結構；以及推進多雙邊經貿合作，加快實施自由貿易區戰略等重點項目。（表 10-3）

表 10-3　2013 年大陸中央經濟工作主要任務

主要任務	重點項目
加強和改善宏觀調控，促進經濟持續健康發展	1.把握擴大內需，培育一批拉動力強的消費增長點； 2.增加並引導好民間投資；繼續實施積極的財政政策和穩健的貨幣政策，要結合稅制改革完善結構性減稅； 3.適當擴大社會融資總規模； 4.保持人民幣匯率基本穩定； 5.繼續堅持房地產市場調控政策不動搖，並高度重視財政金融領域存在的風險隱患。
夯實農業基礎	保障農產品供給，穩定完善強農惠農富農政策。
加快調整產業結構	1.提高產業整體素質； 2.加強產品創新、品牌創新，合理安排生產力布局。
積極穩妥推進城鎮化	積極穩妥推進城鎮化，著力提高城鎮化質量。城鎮化是中國現代化建設的歷史任務，也是擴大內需的最大潛力所在，要積極引導城鎮化健康發展，走向集約、智能、綠色、低碳的新型城鎮化道路。
加強民生保障	1.提高人民生活水平，重點保障低收入群眾基本生活、穩定和擴大就業； 2.加強城鄉社會保障體系建設，繼續加強保障性住房建設和管理。
全面深化經濟體制改革	1.推動穩增長、轉方式、調結構； 2.穩定和擴大國際市場份額，加強外商投資權益和知識產權保護，穩定利用外資規模，擴大對外投資； 3.繼續推進多雙邊經貿合作，加快實施自由貿易區戰略。

資料來源：本研究整理。

　　綜觀中國大陸的國家發展政策方針可以預期未來中國大陸經濟發展將出現以下二個與臺灣經貿發展至為相關的重大轉變：

　　首先是產業結構的調整與轉型：根據大陸國家發改委宏觀經濟研究所的研究[2]，中國大陸產業發展中的結構性矛盾主要來自過度偏重低階的加工製造，技術研發及自有品牌不足，且關鍵設

---

[2]　國家發改委宏觀經濟研究院課題組(2010)。

備、零組件及原材料高度依賴進口。這種結構性缺陷帶給中國大陸嚴重的貿易摩擦及環境問題，呈現難以為繼的情勢。因此，未來中國經濟成長期望從加工出口帶動轉向由戰略性新興產業和現代服務業來帶動；經濟成長模式則從依靠資源投入的粗放模式向依靠科技創新的模式轉變。

其次是內需驅動的經濟成長模式：過去中國大陸主要依賴出口及投資來驅動經濟發展，消費對經濟成長的貢獻率多在50%以下（表10-4），與歐美等已開發國家70%的貢獻率差距很大。然而，隨著國際經濟環境發生重大變化，過度依賴出口的經濟成長方式已經無法持續，提升內需在經濟成長中的比重，彌補外需的不足，已成為當前中國轉變經濟成長方式的重要內容。2011年中國消費及投資對經濟成長的貢獻分別為55.55%及48.77%，內需的拉動作用超過了100%，意味中國在2011年時主要是靠擴大內需來拉動經濟成長；除此之外，消費對經濟成長拉動作用十年來首次超過了投資，顯示中國大陸企圖依靠消費、投資、出口這三駕馬車來協調拉動經濟成長的策略已略見成效。2012年的經濟發展亦大致延續了2011年的發展趨勢。雖然中國大陸以內需驅動的經濟成長模式未來是否可以順利推展下去尚待時間證明，但無庸置疑的，中國大陸從出口導向轉向內需拉動的經濟調整方向是相當明確的。

表 10-4　中國三大需求對經濟成長的貢獻率和拉動

年	經濟成長率(%)	最終消費支出		資本形成總額		貨物和服務淨出口	
		貢獻率(%)	拉動(百分點)	貢獻率(%)	拉動(百分點)	貢獻率(%)	拉動(百分點)
2001	8.30	50.24	4.17	49.86	4.14	-0.10	-0.01
2002	9.10	43.91	4.00	48.51	4.41	7.57	0.69
2003	10.00	35.79	3.58	63.21	6.32	1.00	0.10
2004	10.09	39.46	3.99	54.50	5.50	5.99	0.61
2005	11.30	38.70	4.37	38.48	4.35	22.82	2.58
2006	12.80	40.35	5.12	43.63	5.54	16.02	2.13
2007	14.30	39.60	5.62	42.46	6.03	17.94	2.65
2008	9.60	44.14	4.24	46.90	4.50	8.96	0.86
2009	9.10	49.81	4.58	87.60	8.06	-37.41	-3.54
2010	10.40	43.13	4.49	52.90	5.50	3.96	0.41
2011	9.30	55.55	5.17	48.77	4.54	-4.31	-0.40
2012	7.80	51.80	4.04	50.40	3.93	-2.20	-0.17

註：1. 貢獻率指三大需求增量與支出法國內生產總值增量之比。
　　2. 拉動指經濟成長率與三大需求貢獻率的乘積。
資料來源：2001-2011 年資斛來自中國統計年鑑(2012)；2012 年資料來自中央日報(2013/1/23)。

四、中國大陸產業結構轉型對兩岸貿易關係的影響

　　中國大陸產業結構轉型將直接影響及進出口貿易結構，進而影響兩岸貿易及產業分工關係。因此，以下將就中國大陸近年的貿易結構變化做一分析，並探討其對臺灣所造成的影響。

（一）主要貿易夥伴變化

2006-2012 年中，中國大陸的主要貿易夥伴出現了顯著的變化（表 10-5）。就出口市場結構來看，已開發國家歐美日三地占中國大陸出口比重已從 2006 年的 50.05%下降到 2012 年的 40.85%，減少 9.20 個百分點，尤以美國減少了 3.83 個百分點為最多。同一期間，中國大陸對新興市場的出口比重則有所增加，如對東協九國（不含新加坡）的出口比重增加了 3.01 個百分點；對印度、俄羅斯及巴西則分別增加 0.82、0.52 及 0.87 個百分點，顯示中國大陸為因應已開發國家經濟不振、需求減少的衝擊，開始開拓其他的新興市場，以降低對已開發國家的出口依賴程度。

就進口來源結構來看，2006-2012 年中國除了自歐盟及澳洲等國的進口比重有所增加外，自美日等已開發國家及臺韓星等新興工業國家的進口比重均有所下降，尤以日本及臺灣的比重下降最多，分別減少了 4.85 及 3.73 個百分點。歐盟及澳洲在中國進口市場份額上升主要歸功於中國大陸對汽車及礦產的需求大幅增加。而中國大陸進口增加較多的國家主要有沙烏地阿拉伯及巴西等，很明顯是基於國內對於石油等能資源產品的需求大幅增加。

表 10-5 中國大陸主要貿易夥伴變化

單位：百萬美元，%

排名	出口			進口		
	國家／地區	2012 年		國家／地區	2012 年	
		金額	比重	2006-12年比重變化		金額	比重	2006-12年比重變化

排名	國家／地區	金額	比重	2006-12年比重變化	國家／地區	金額	比重	2006-12年比重變化
-	全球	2,050,109	100		全球	1,817,344	100	
1	美國	351,884	17.16	-3.83	歐盟 27 國	212,480	11.69	0.24
2	歐盟 27 國	334,028	16.29	-3.29	日本	177,727	9.78	-4.85
3	香港	323,654	15.79	-0.25	東協 9 國	167,299	9.21	0.13
4	東協 9 國	163,603	7.98	3.01	韓國	166,590	9.17	-2.18
5	日本	151,509	7.39	-2.08	中國大陸	142,819	7.86	-1.41
6	韓國	87,647	4.28	-0.32	臺灣	132,194	7.27	-3.73
7	印度	47,746	2.33	0.82	美國	127,755	7.03	-0.45
8	俄羅斯	44,073	2.15	0.52	澳洲	78,593	4.32	1.90
9	新加坡	40,321	1.97	-0.43	沙烏地阿拉伯	54,945	3.02	1.12
10	澳洲	37,762	1.84	0.44	巴西	52,060	2.86	1.23
11	臺灣	36,769	1.79	-0.35	俄羅斯	43,952	2.42	0.20
12	巴西	33,425	1.63	0.87	安哥拉	33,458	1.84	0.46
13	阿拉伯聯合大公國	29,575	1.44	0.27	新加坡	28,429	1.56	-0.67
14	加拿大	28,107	1.37	-0.23	伊朗	24,929	1.37	0.12
15	墨西哥	27,521	1.34	0.43	加拿大	22,759	1.25	0.28

註：1.本表含 HS01～98 章產品。
　　2.進口國中所含之中國大陸進口資料為免稅區之進口
資料來源：整理自 World Trade Altas 資料庫。

　　中國大陸出口市場的移轉以及對臺灣進口比重的下滑，已透露出兩岸貿易關係轉變的訊息。由圖 10-2 可以看到，自 1995 年以來，中國大陸自臺灣進口的金額雖持續成長，但比重卻持續下滑，尤其 2002 年之後下滑速度有加快的趨勢。造成該現象的主要原因可能有三，一是能源價格飆漲，且中國大陸對石油、礦產等原物料的需求大幅增加，造成臺灣進口比重下滑；二是臺灣在

中國市場的競爭力下滑，可能是受到其他國家的競爭，也可能是
被當地企業取代；第三個原因則為臺灣沒有掌握中國大陸產業轉
型的趨勢，出口項目背離了大陸的進口需求。本文以下將特別針
對第三個可能原因進行更深入的分析。

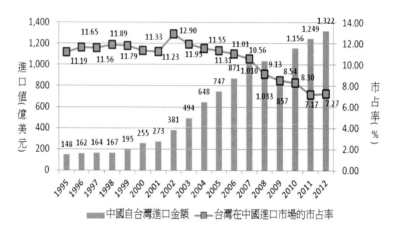

圖 10-2　中國大陸自臺灣進口變化

（二）進口產品結構變化

　　自「十一五」規劃時期以來，中國大陸一系列的經濟調整政
策已逐漸產生效果，並反應在中國大陸進口需求結構的轉變上。
表 10-6 顯示 2006-2012 年中國大陸非資源類產品進口結構比重上
升最多及下降最多的產業。2006～2012 年中國大陸自世界進口的
非資源類產品平均年成長率達 12.65%，顯示除了初級礦產以外，
中國大陸的進口需求總量仍然不斷增加。其中進口比重增加較多

的項目主要是原物料及民生需求的產業，如汽機車及其零件與附件（HS87）、油料種子及含油質果實（HS12）、銅及其製品（HS74）、醫藥品（HS30）及動植物油脂及其分解物（HS15）等，該等產業都位於 2012 年中國大陸非資源類產品進口的前二十大產業之列，顯示這些產業在中國大陸已有相當的進口需求且未來有可能進一步成長。而進口比重下降較多的項目則為電機與設備及其零件（HS85）、機械及其零件（HS84）及鋼鐵（HS72）等，為 2012 年中國大陸非資源類產品進口的前十大產業。該等產業為中國大陸目前積極發展的項目，在中國政府積極扶植，當地生產及技術能量日益提高下，逐漸產生進口替代效果，使得進口比重逐年下滑。

此外，中國財政部宣佈從 2013 年 1 月 1 日起，將對 784 種進口商品實施低於最惠國稅率的年度進口暫定稅率，相關產品項目亦可做為觀察中國大陸產業結構轉型方向的參考依據。據報導[3]，新增和進一步降低稅率的產品主要分為五大類：一是調味品、特殊配方嬰幼兒奶粉、心臟起搏器、血管支架等促進消費和改善民生，與人民群眾密切相關的生活和醫療用品；二是汽車生產線機器人、寬幅噴墨印表機、鋰電子蓄電池等促進裝備製造業和戰略性新興產業發展的設備、零部件和原材料；三是高嶺土、雲母片、鎢鐵、銻等能源資源性產品，船舶壓載水處理設備用篩檢程序、動車組用膠囊等有利於節能減排的環保產品；四是紫苜蓿、奶襯（擠奶配件）、自走式飼料攪拌投餵車等支農惠農產品；五是羽絨、亞麻短纖、全自動轉杯紡紗機等支援紡織行業

---

[3] http://big5.xinhuanet.com/gate/big5/news.xinhuanet.com/fortune/2012-12/18/c_124109541.htm

發展的產品。整體而言，與中國大陸強調擴大內需、發展戰略性新興產業及提倡節能減排的發展方向不謀而合。因此，預期在優惠關稅的帶動下，未來中國進口結構可能加快進行調整。

表 10-6　中國大陸 2006-2012 年進口比重增加及下降最多的產品

單位：百萬美元，%

排序			進口比重增加最多的產品					進口比重下降最多的產品			
			2012 年			2006-12 年			2012 年		2006-12 年
	HS	中文名稱	金額	比重	成長率	比重變化	HS	中文名稱	金額	比重	成長率	比重變化
-		全球（不含 HS 25-27 章礦產品）	1,365,754	100	12.65			全球（不含 HS25-27 章礦產品）	1,365,754	100	12.65	
1	87	汽機車及其零件與附件	70,609	5.17	26.73	2.62	85	電機與設備及其零件	381,587	27.94	9.69	-4.83
2	12	油料種子及含油質果實	38,535	2.82	29.64	1.61	84	機械及其零件	181,944	13.32	8.84	-3.05
3	74	銅及其製品	54,582	4.00	21.26	1.43	72	鋼鐵	23,294	1.71	2.54	-1.29
4	30	醫藥品	13,034	0.95	32.59	0.60	90	光學、儀器及器具及零附件	106,366	7.79	10.37	-1.02
5	15	動植物油脂及其分解物	13,043	0.96	22.16	0.37	39	塑膠及其製品	69,486	5.09	10.66	-0.57
6	71	珠寶、貴金屬	13,194	0.97	19.12	0.28	88	航空器、太空船及其零件	17,727	1.30	8.37	-0.34
7	40	橡膠及其製品	20,654	1.51	16.06	0.25	41	生皮（毛皮除外）及皮革	7,120	0.52	4.18	-0.31
8	10	穀類	4,750	0.35	33.99	0.22	73	鋼鐵製品	10,050	0.74	6.33	-0.30
9	47	木漿或其他纖維素材料之紙漿	17,380	1.27	15.97	0.20	48	紙及紙板；紙漿、紙或紙板之製品	4,603	0.34	1.47	-0.29
10	02	肉及食用雜碎	4,106	0.30	34.74	0.20	54	人造纖維絲	3,785	0.28	-0.05	-0.29

註：全球包含 HS98 章產品，但排序不含該章產品。

資料來源：整理自 WTA 資料庫

由表 10-7 中國大陸 2012 年自臺灣的前十大進口產品可以發現，中國大陸自臺灣進口的產品集中度很高，前兩大產品已占非資源產品進口總額的六成以上，其中電機電子產品（HS85 章）占了 50.57%，光學儀器（HS90 章）占了 15.30%。比重在 5%以上的產品尚有 HS39（塑膠及其製品）、HS84（機械）及 HS29（有機化學品）。整體而言，2006～2012 年，中國大陸自臺灣進口的前十大產品普遍呈現成長的趨勢，但其成長幅度並不如中國大陸整體進口的平均表現，顯示臺灣主要出口產品在中國大陸的市場競爭力已有所衰退。

　　此外，在前十大的產品當中，屬於中國大陸進口比重下降最多的產品高達 6 項，合計占非資源產品進口總額的八成。其中臺灣在 2006～2012 年間比重增加最多的 HS85 章（電機與設備及其零件），達 9.05 個百分點，是中國大陸進口比重下降最多的產品項目，達-4.83 個百分點。而屬於中國大陸進口比重增加的產品則主要有 HS74 章（銅及其製品）、HS38（雜項化學產品）及 HS70（玻璃及玻璃器），合計占非資源產品進口總額的 4.62%。由此可知，由於臺灣對中國大陸的出口主要是供應中國大陸臺商加工出口歐、美市場之用的中上游原材料，對於中國大陸內需市場的開發著力不深，導致在中國大陸經濟轉型之後，臺灣的出口愈來愈無法滿足中國大陸的進口需求。

表 10-7　2012 年中國大陸自臺灣進口前十大產品概況

單位：百萬美元，%

排序	HS	中文名稱	自臺灣進口				進全球進口			
			2012 年		2006-12 年		2012 年		2006-12 年	
			金額	比重	成長率	比重變化	金額	比重	成長率	比重變化
-		合計（不含礦產品）	131,101	100	7.24		1,365,754	100	12.65	
1	85	電機與設備及其零件	66,302	50.57	10.82	9.05	381,587	27.94	9.69	-4.83
2	90	光學儀器及零附件	20,053	15.30	4.09	-3.00	106,366	7.79	10.37	-1.02
3	39	塑膠及其製品	10,089	7.70	6.48	-0.34	69,486	5.09	10.66	-0.57
4	84	機械	9,106	6.95	3.08	-1.86	181,944	13.32	8.84	-3.05
5	29	有機化學產品	7,934	6.05	11.83	1.34	60,947	4.46	12.63	-0.004
6	74	銅及其製品	2,411	1.84	0.83	-0.82	54,582	4.00	21.26	1.43
7	72	鋼鐵	2,018	1.54	-8.82	-2.53	23,294	1.71	2.54	-1.29
8	38	雜項化學產品	1,844	1.41	15.21	0.49	15,319	1.12	12.81	0.01
9	70	玻璃及玻璃器	1,804	1.38	18.43	0.62	7,278	0.53	16.02	0.09
10	54	人造纖維絲	1,087	0.83	-3.97	-0.78	3,785	0.28	-0.05	-0.29

註：合計包含 HS98 章產品。
資料來源：整理自 WTA 資料庫

（三）貿易方式變化

　　就臺灣出口貿易數據來看，中國大陸（含香港）占臺灣總出口的比重高達四成，但事實上臺灣出口真正依賴的仍是歐、美市場；臺灣對中國大陸依賴的只是其廉價的勞工與土地，主要是把中國大陸做為加工出口的基地。以 2008 下半年及 2009 上半年全球金融海嘯衝擊最大的時期為例，這段期間是歐、美國家經濟衰

退最嚴重的時期，歐盟 GDP 分別衰退 0.65%、5.0%；美國分別衰退 0.92%、3.57%，同期間臺灣對歐、美市場的直接出口也分別下降 3.90%、35.45%及 6.85%、27.49%；但臺灣對中國大陸的出口更是大幅下降 17.33%及 40.70%，而這兩段時間中國大陸的經濟成長率高達 8.2%及 7.1%。若是臺灣依賴的是中國大陸內需市場，在中國大陸經濟成長仍佳的狀況下，臺灣對中國大陸的出口不應該衰退如此嚴重，而應該是成長才對，顯示出臺灣對中國大陸的出口基本上大都是供應中國大陸臺商加工出口歐、美市場之用的中上游原材料或機器設備。

由中國大陸進出口貿易方式的資料可以發現（表 10-8），中國大陸貿易方式已出現了明顯變化，一是加工貿易的比重逐漸下滑；二是一般貿易的進口明顯攀升，2011 年以後，一般貿易進口額達到了加工貿易進口額的 2 倍；三是一般貿易呈現貿易逆差，顯示中國大陸的進口不再多數用於出口，而與內需增加有關。也因此，在兩岸貿易結構及分工模式沒有改變的情況下，當中國大陸積極調整產業結構及擴大內需，並逐漸減少加工貿易的情形下，臺灣對中國大陸的出口開始出現瓶頸。由此可知，未來臺灣若不能針對兩岸貿易進行及時調整，將對臺灣產業的生產與出口造成嚴重的衝擊。

表 10-8　中國大陸進出口貿易方式變化

單位：億美元，%

年	出口				進口				貿易餘額		
	總值	一般貿易	加工貿易		總值	一般貿易	加工貿易		總值	一般貿易	加工貿易
			金額	比重			金額	比重			
2002	3,256	1,362	1,799	55.25	2,952	1,291	1,222	41.40	304	71	577
2003	4,384	1,820	2,418	55.16	4,128	1,877	1,629	39.46	256	-57	789
2004	5,934	2,436	3,280	55.27	5,614	2,482	2,217	39.49	320	-46	1,063
2005	7,620	3,151	4,165	54.66	6,601	2,797	2,740	41.51	1,019	354	1,425
2006	9,691	4,163	5,104	52.67	7,916	3,332	3,215	40.61	1,775	831	1,889
2007	12,180	5,386	6,177	50.71	9,558	4,286	3,684	38.54	2,622	1,099	2,493
2008	14,285	6,626	6,752	47.26	11,331	5,727	3,784	33.40	2,955	899	2,968
2009	12,017	5,298	5,870	48.85	10,056	5,339	3,223	32.05	1,961	-41	2,646
2010	15,779	7,207	7,403	46.92	13,948	7,680	4,174	29.93	1,831	-472	3,229
2011	18,986	9,171	8,354	44.00	17,435	10,075	4,698	26.95	1,551	-903	3,656
2012	20,489	9,880	8,627	42.11	18,178	10,218	4,811	26.47	2,311	-338	3,816

資料來源：整理自中國海關主要統計數據。

（四）臺灣的因應策略

　　由以上的分析可以知道，中國大陸目前正處於經濟轉型的十字路口，要由「世界工廠」轉變為「世界市場」，由「出口導向」的發展導入「內需推動」，由追求 GDP 的成長改為追求人民收入的成長，並兼具改善所得分配不均的作用。而此時此刻的臺灣，在主要出口市場——歐美國家經濟不振，主要加工基地——中國大陸經濟轉型的情勢下，亦面臨了不得不變的關鍵時刻，不僅要加速產業結構升級轉型，由代工走向品牌，更要降低對歐美出口市場的依賴，開拓新興市場；同時也需重新思考定位兩岸貿易關係、產業分工及產業合作的可行模式。

在此改變的脈動下，ECFA 無疑是促成兩岸經濟轉型最佳的催化劑。中國大陸對臺灣的市場開放，給了臺商由加工出口向內需市場拓銷轉型的機會。過去臺商對中國大陸的內部市場及內銷產業並不特別重視，未來在 ECFA 的關稅優惠及市場准入的加持下，將提高臺灣產品在大陸市場的競爭力，有助於臺商拓展大陸市場。尤其是服務業具有文化及區域特殊性，兩岸文化、語言及生活習性相近，一方面很適合兩岸發揮各自的優勢進行產業分工與合作，另一方面也提供臺灣本土品牌發展的機會。此外，如何利用在 ECFA 框架下，推動兩岸產業合作，帶動兩岸產業成長、轉型，是更為重要的關鍵。兩岸在過去已建立了綿密的生產網路與分工體系，而且在未來將推動的新興產業部份，也具有相當的共通性。所以無論是在既有的產業或是新興的產業，均有很大的合作空間，兩岸實應把握此一機會，利用產業合作做為提振經濟的助力。

五、結論

在國際經濟不振、需求不足的外部影響，以及中國大陸勞動工資上漲、人民幣升值等內部限制下，中國大陸意識到，過去依靠出口來驅動成長的經濟發展模式已經難以為繼。有鑑於此，中國大陸採取了一系列促進外貿平衡發展和優化貿易結構的措施，包括鼓勵加工貿易向內地移轉，開拓新興出口市場，發展策

略性新興產業及服務業，以及擴大內需等，促使中國大陸的進口需求結構開始轉變。

　　臺灣在中國大陸進口市場的市占率逐年下降，不僅反應出臺灣的競爭力逐漸喪失，亦顯現臺灣已背離大陸產業轉型趨勢，出口項目與大陸的進口需求不一。再加上外資在中國當地化程度不斷增加，且中國大陸產業日趨成熟，許多原本倚賴進口的產品項目，中國大陸已可以自行生產，換言之，中國大陸的「進口替代效果」已經產生，加劇了對臺灣出口的排擠效果。此外，兩岸在新興產業發展的起跑點愈來愈接近，臺灣相對大陸所擁有的技術優勢差距正逐漸縮小；而中國大陸環保意識抬頭，在有限的土地及資源下，提出「騰籠換鳥」政策，提高對臺商的投資及經營要求，迫使其往內陸移動。這種種的轉變都將影響大陸臺商的投資佈局，並可能進一步影響兩岸的貿易關係及產業分工，值得注意。

　　過去臺商對於中國大陸的內需市場及內銷產業並不特別重視，但在歐美經濟疲軟導致的市場需求下滑與中國大陸調整經濟發展方向，由出口導向轉為內需拉動的發展策略下，臺商在中國大陸的經營模式勢必需要加以調整，否則將使臺灣的出口面臨更嚴峻的挑戰。因此，在這個政策方向上，政府首先須提供廠商大陸內需市場需求的相關資訊，並持續關注大陸政府要培育哪些拉動力強的消費項目，同時透過兩岸 ECFA 貨品及服務貿易的談判，針對臺灣具有競爭力的產品項目，優先要求中國大陸對臺開放及降稅，提高臺灣產業在中國內需市場開的競爭力。最後，兩岸應利用兩岸產業合作來創造新的商機，透過提供新產品、新服務，及建立新標準、新模式，共同進軍全球市場，以提升兩岸的經濟實力，維持兩岸經濟的永續成長。

【參考文獻】

中華人民共和國國家統計局編,《2012 中國統計年鑑》,北京:中國統計出版社,2012。

中央日報,〈宏觀縱覽/大陸消費對 GDP 貢獻達 51.8% 躍升第一動力〉,2013/1/23。

高紫檀,〈報告稱中國最快 5 年內失去世界工廠地位〉,《大紀元》,2012/11/30。

國家發改委宏觀經濟研究院課題組。〈「十二五」時期我國產業結構調整戰略與對策研究〉,《經濟研究參考》,第 43 期,頁 28-61,2010,

International Monetary Fund (IMF), World economic outlook: Coping with High Debt and Sluggish Growth (Washington, October 2012), http://www.imf.org/external/pubs/ft/weo/2012/02/index.htm.

UNESCAP, 2012/12/14, "Asia-Pacific increasingly affected by global economic slump, says ESCAP," http://www.unescap.org/news/asia-pacific-increasingly-affected-global-economic-slump-says-escap.

United Nations (UN), World Economic Situation and Prospects 2013, http://www.un.org/en/development/desa/policy/wesp/wesp_current/2013Chap1_embargo.pdf.

CHAPTER 11

當前國際經濟波動
與兩岸經濟合作走向

【Author】李非
現任　廈門大學臺灣研究中心副主任
　　　閩江學者特聘教授
　　　區域經濟學專業博士生導師
　　　應用經濟學博士後流動站導師
　　　經濟學科高訪學者聯繫導師
研究　臺灣經濟與兩岸經濟關係
　　　已出版專論《臺灣經濟發展通論》、《海峽兩岸經濟關係通論》、《海峽兩岸經濟合作問題研究》等 7 部；累計發表學術論文 200 多篇，其中一類核心刊物 30 多篇，二類核心刊物 70 多篇。

【Author】黃偉
現任　廈門大學臺灣研究院區域經濟學 2012 級博士研究生
研究　兩岸經濟關係、臺灣經濟
經歷　江西外語外貿職業學院國際商務系講師（2006-2012 年）
　　　《江西外語外貿職業學院學報》編委，主持一項校級教改課題，完成一項省級教改課題
　　　參與《國際貿易》（江西高校出版社，2010）教材的編寫（副主編），並獲江西省優秀教材獎。

【Author】顏莉虹
現任　廈門大學臺灣研究院區域經濟學方向的博士生
研究　兩岸經濟關係
　　　曾發表「區域經濟學」相關論文如《淺談廈漳泉經濟發展態勢》、《閩南金三角與長三角、珠三角經濟發展比較研究》等七篇。
　　　曾主持（中國）市級課題 1 項
　　　2011 年獨撰《漳州市政府代表團赴上海、嘉興考察小城鎮建設調研報告》獲得第四屆漳州市社會科學優秀成果三等獎。

一、前言

　　自 2008 年美國爆發金融危機引發全球經濟波動以來，世界經濟進入動盪期。儘管各國政府為了避免經濟下滑紛紛出臺了一系列救市措施，並取得一定效果，但是，國際經濟形勢依然不容樂觀。中國大陸與臺灣地區作為世界經濟在東亞的重要組成部分，面對世界經濟發展持續低迷的困局，如何攜手合作，同舟共濟，發揮各自優勢，取長補短，共度難關，創造出互利雙贏的經濟繁榮和發展格局，是兩岸中國人共同面臨的嚴峻任務。

二、當前國際經濟波動繼續加劇

（一）世界經濟陷入低迷狀態

　　2008 年由美國次貸危機引發的國際金融危機，導致美、日、歐等發達國家經濟大幅衰退。當全球經濟尚未從金融危機中緩過勁來時，2009 年由希臘為導火線引爆的歐洲國家主權債務危機又將歐元區國家推到危機的風口浪尖上。從希臘主權信用評級、國債評級的下調到西班牙、葡萄牙、義大利、匈牙利的主權債務評級下調，再到德國、盧森堡等 3A 核心國家面臨評級下調，都表明歐元區金融市場隨時處於崩潰邊緣，國際經濟環境的不穩定

性、不確定性增強。由於歐洲主權債務危機愈演愈烈，歐元區陷入衰退陷阱，拖累了整個世界經濟復甦，無論發達國家，還是新興市場國家都受到較大影響。全球金融狀況惡化，經濟增長前景黯淡，下行風險加劇。國際貨幣基金組織 2012 年 10 月在東京發佈的《世界經濟展望報告》，進一步下調全球經濟增長預期，預計 2012 年全球經濟增長率為 3.3%，2013 年為 3.6%，分別比 7 月的預測值下降 0.2 和 0.3 個百分點。[1]可見，世界經濟增長整體放緩，復甦陷入停滯。

（二）發達國家經濟復甦緩慢

發達國家深受債務問題和財政緊縮的困擾，失業率顯著高於危機前的平均水準，財政狀況窘迫，經濟復甦動力明顯不足。國際貨幣基金組織報告預計發達經濟體 2012 年和 2013 年的增長率將為 1.3%和 1.5%，分別比上次預測值下降 0.1 和 0.3 個百分點。其中，美國 2012 年和 2013 年經濟預計分別增長 2.2%和 2.1%；歐元區經濟預計 2012 年萎縮 0.4%，2013 年增長 0.2%。[2]美國由於科技實力和美元的主導地位，其經濟的支撐力要比歐洲強一些。但是，隨著亞太經濟的崛起，發展中國家貿易量的增加，以及人民幣逐步國際化，如果歐元趨於穩定並形成競爭格局，美國的美元經濟地位也將趨弱。

---

[1] 劉軍國、王慧，〈國際貨幣基金組織調低全球經濟增長預期〉，2012/10/10，《人民網》，〈http://finance.people.com.cn/n/2012/1010/c1004-19209611.html〉。

[2] 同注 1。

日本經濟更不容樂觀。自 1980 年日美廣場協議以來，美國不斷施壓日元升值，日本經濟陷入長期低迷狀態。尤其在遭受 2011 年福島核危機、美歐債務危機對日本出口的打擊、國內人口負增長和老齡化、產業空心化、私人投資不振、中小企業發展不景氣、結構性失業嚴重以及 2012 年中日關係惡化影響日本經濟等一系列問題後，日本經濟發展前景愈加不被看好。[3]據日本內閣府 2012 年 11 月 12 日公佈的資料，第三季度日本 GDP 環比下滑 0.9%，按年率計算下滑 3.5%。這意味著日本經濟再次出現負增長，陷入傳統意義上的衰退。

（三）新興及發展中國家經濟增速回落

　　中國、印度、巴西和南非等新興國家以及亞太、非洲等一些發展中國家是當前世界經濟持續成長的地區。新興和發展中國家的工業化和城市化進程，形成了巨大的投資和消費需求，成為推動全球經濟增長的強勁動力。中國和印度作為人口大國，有著投資和消費的規模經濟優勢，產業發展和配套及其產品銷售量，都有巨大的經濟需求空間和迴旋餘地。2008-2011 年中國經濟年平均增長率為 9.6%，與發達國家低增長率甚至負增長率形成鮮明對比。1980 年中國對全球經濟增長的貢獻只占 3%，而在 2009 年之後則超過 50%。世貿組織在第三次對華貿易政策審議時指

---

[3]　周天勇、張彌，〈國際經濟新形勢下的中國產業發展戰略〉，2011/12/21，《新華網》，〈http://news.xinhuanet.com/fortune/2011-12/21/c_122458281.html〉。

出，在應對金融危機期間，中國在刺激全球需求方面「發揮了建設性的作用」，為世界經濟的穩定「做出了重要貢獻」。[4]

雖然新興和發展中國家經濟持續增長，但歐、美、日發達國家的低增長和不確定因素透過貿易和金融兩個管道，對新興和發展中國家產生了不利影響。作為全球最大消費群體的歐美因經濟衰退導致消費疲軟，市場需求萎縮，既減少了對出口導向經濟體的產品進口，也減少了對發展中國家和地區的投資，從而使新興和發展中國家經濟增速呈現普遍回落態勢。國際貨幣基金組織報告預計新興和發展中國家 2012 年和 2013 年增長率將為 5.3%和5.6%，分別比上次預測值下降 0.3 和 0.2 個百分點。[5]新興和發展中國家不得不降低儲蓄率和提高消費率，從主要依靠擴大出口帶動經濟增長轉向更多地依靠擴大內需來刺激經濟增長，全球經濟進入再平衡和調整過程。

可見，歐債危機、美國財政懸崖問題能否化解，新興經濟體面臨的結構性調整以及推動增長的新動力，都將影響世界經濟的穩定發展。為促進經濟增長，大多數國家繼續放寬產業限制，鼓勵外資流入，但經濟復甦前景不明導致越來越多的跨國公司對國際投資採取觀望態度。聯合國貿發會議（UNCTAD）統計，2012年上半年，全球跨國直接投資額 6676 億美元，同比下降 8.4%。發展中國家（不含轉型經濟體）吸引外資 3360 億美元 ，同比下降 4.8%，降幅低於發達國家的 9.5%，中國超過美國成為跨國投資最大輸入國。預計全年全球跨國直接投資規模最多只能與 2011

---

[4]　商務部綜合司，〈中國對外貿易形勢報告（2012 年秋季）〉，2012/10/29，商務部網站，〈http://zhs.mofcom.gov.cn/aarticle/Nocategory/201210/20121008406082.html〉。

[5]　同注 1。

年的 1.58 萬億美元基本持平,增速遠不及 2011 年的 18%。由於
跨國公司總體經營狀況穩健,資金充裕,特別是新興經濟體的跨
國公司對外投資能力持續提升,加上一些能源、資源企業陷入困
境帶來投資機遇,國際企業界對跨國投資的積極性有所上升。在
經濟復蘇不出現重大波折的情況下,未來兩年全球跨國投資呈現
穩定、小幅增長態勢,預計 2013 年和 2014 年,跨國直接投資規
模將分別達到 1.8 萬億美元和 1.9 萬億美元[6]。

表 11-1　2010-2013 年世界經濟增長趨勢

單位:%

年份	2010	2011	2012	2013
世界經濟	5.1	3.8	3.3	3.6
發達國家	3.0	1.6	1.3	1.5
美國	2.4	1.8	2.2	2.1
歐元區	2.0	1.4	-0.4	0.2
日本	4.5	-0.8	2.2	1.2
新興市場和發展中國家	7.4	6.2	5.3	5.6
世界貿易總額	12.6	5.8	3.2	4.5
發達國家進口	11.4	4.4	1.7	3.3
新興市場和發展中國家進口	14.9	8.8	7.0	6.6
發達國家出口	12.0	5.3	2.2	3.6
新興市場和發展中國家出口	13.7	6.5	4.0	5.7

注:(1) 2012 年和 2013 年數值為預測值;(2) 資料來源:IMF,《世界經濟展望》,
2012 年 10 月 9 日

---

[6]　商務部綜合司,2012/10/29。〈中國對外貿易形勢報告(2012 年秋季)〉,
　　商務部網站。〈http://zhs.mofcom.gov.cn/aarticle/Nocategory/201210/20121
　　008406082.html〉。

三、國際經濟波動下的兩岸經濟發展動向

（一）臺灣經濟增長後勁乏力

臺灣屬島嶼型經濟，對外依賴性嚴重，外貿依存度較高，2011年達 126%，國際經濟景氣與否直接影響到臺灣經濟增長。21 世紀以來臺灣經濟的幾次衰退都能印證這一點。從臺灣經濟的自身結構看，也存在一定問題。

1. 製造業支撐經濟增長的角色日益退化

臺灣從 80 年代中期開始向後工業化社會轉型，第三產業逐步成為臺灣經濟增長的主要來源，尤其是 90 年代經濟增長在很大程度上有賴於服務業的支撐。進入 21 世紀後，由於「產業空心化」加劇，加上經濟低速增長，臺灣內部需求萎縮，金融服務業競爭力下降，第三產業增長維持在較低水準。在金融危機之前五年，第三產業平均年增長率為 4.05%，對經濟增長貢獻度僅為2.77%。在 2010 年經濟回暖時，第三產業對經濟增長貢獻遠低於第二產業。當經濟走低時，第三產業也不能扮演頂樑柱的角色。其實，經濟衰退和繁榮很大程度上都與第二產業的衰退和繁榮有關。2009 年經濟衰退時，第二產業使整個經濟減速 1.4%，2010年經濟復甦時，第二產業對經濟增長的貢獻為 7.4%，遠高於第三產業的 3.2%，而 2012 年前三季度經濟增長幾乎停滯又是因為第二產業拖了後腿。第二產業依然是臺灣經濟增長的主要驅動力，對經濟發展起著關鍵作用。當然，由於第三產業占經濟比重大，也不可忽視其作用。

2. 產業技術受制於人的現象尚未改變

20 世紀 90 年代臺灣電子資訊技術產業的迅速發展使高科技產品在國際市場上保持一定的競爭優勢。但是，臺灣高科技產品結構單一，主要集中在電子資訊領域，生產方式難以擺脫加工裝配模式，關鍵零部件和技術主要依賴美、日甚至韓國，未能培育出較為完整的上、中、下游產業體系。這不僅造成生產上的被動，而且利潤的大部分轉移給掌握關鍵技術和零部件的外國中、上游廠商。由於臺灣對自身研發能力與科技創新能力重視不夠，技術上受制於人，加上整體製造業仍然以傳統的 OEM 和 ODM 為主要生產模式，使得臺灣經濟雖已進入以高科技產業發展為主的時代，但「淺碟型」加工經濟的特性仍未改變。另外一方面，由於電子資訊技術的普及，以及生產工藝的流水線化生產和勞動成本的低廉等因素，使得大量電子資訊產業轉移到大陸，從而形成所謂的臺灣「產業空心化」。

由於製造業上缺乏主動權，臺灣貿易結構也呈單一化結構。近年來，電子產品、資訊和通信產出口比重在 30% 左右。產業結構的不合理導致了臺灣經濟的脆弱性，非常容易受外部需求變化的影響。2008 年國際金融危機一發生，由於訂單減少，臺灣電子產品出口銳減，電子產業陷入嚴重不景氣狀態，進而波及整體工業，企業開工不足，投資縮減，生產低迷，失業率上升，導致經濟嚴重衰退。到 2010 年，由於國際經濟景氣回升，臺灣各項經濟指標強勁復甦。這雖然有各項經濟指標基期較低的緣故，但主要還是因為在國際經濟景氣回暖的環境下，電子產品外需增加，企業開工率高並增加投資，從而帶動臺灣製造業的強勁復甦。而到了 2012 年，在國際經濟不景氣的形勢下，製造業又陷入低迷，在前三季度甚至出現負增長。

（二）大陸經濟抗危機能力增強

1. 大陸經濟將率先回暖

進入 21 世紀，中國大陸經濟經歷了高速發展過程，2000-2011 年 GDP 平均增速達到了 10.22%，儘管受到 2008 年金融危機的影響，但發展勢頭依然強勁。2012 年國內經濟增速出現顯著回落，二季度和三季度均跌破 8%，分別為 7.6% 和 7.4%，但據各大機構預測，四季度和 2013 年大陸經濟將顯著回暖，回到 8% 以上。當然，這種增速相當程度上歸因於各地方政府大規模基礎設施建設的拉動，但另外一組資料也讓我們看到了居民消費增長的希望，前三季度大陸城鎮居民人均可支配收入實際增長 9.8%，農村居民現金收入實際增長 12.3%，均超過當期 GDP 增速，特別是農村居民人均收入增速已連續七個季度超過城市居民收入增速和 GDP 增速，這一現象是近年來從未出現過的。這表明民眾財富在積累，消費潛力在上升。

2.「十二五」規劃為兩岸合作提供廣闊平臺

大陸「十二五」規劃將進一步鞏固兩岸關係和平發展基礎，推進兩岸交往機制化進程，構建兩岸關係和平發展框架。「十二五」期間將繼續深化兩岸經濟合作，落實兩岸經濟合作框架協議，促進雙向投資，加強新興產業、金融等現代服務業合作。積極擴大兩岸各界往來，加強兩岸文化、教育等領域交流合作，依法保護臺灣同胞正當權益。「十二五」規劃給兩岸交流創造更多機遇，給兩岸合作提供更多空間，給兩岸同胞帶來更多福祉。中國大陸採用的持續擴大內需的戰略，對臺灣出口來說，無論是傳

統產業或是新興產業，都將是難得的發展機遇，而對於臺灣服務業來說，只有突破臺灣內部狹小的市場空間，進入大陸廣闊的市場，才能產生規模效益，進而提高競爭力。

四、國際經濟波動下的兩岸經貿關係表象

在經濟全球化大潮下，任何一個開放國家或地區要想獨立於世界經濟波動之外是非常困難的，海峽兩岸同樣也不例外。21世紀以來，世界經濟經歷了幾次大的危機，從 2001 年全球網路泡沫破滅引起的經濟危機，到 2008 年美國次貸危機引發的全球金融危機，再到 2010 年希臘主權債務危機引發的歐債危機，都深刻影響著海峽兩岸經貿關係。這次歐債危機愈演愈烈，各國經濟陷入低迷，兩岸貿易增速從 2011 年下半年起開始轉緩，但臺灣對大陸直接投資金額卻並沒有下降，反而逆勢上升。

（一）兩岸貿易增速明顯回落

從 2004-2011 年間的資料可以表明，兩岸貿易與國際經濟相關度較大。2008-2009 年全球金融危機爆發，兩岸貿易量迅速走低，2009 年更是出現較大負增長。雖然在各國量化寬鬆貨幣政策的刺激作用下，特別是大陸 2009 年推出 4 萬億投資政策，2010年兩岸貿易量迅速飆升，但是，短期的政策推動效果畢竟是有限的，隨著歐債危機的出現，2011 年又出現了增速回落；至 2012

年，在整個國際經濟低迷的大環境下，兩岸經濟都受到不同程度的影響。

據中國海關資料顯示，2012 年 1-11 月，兩岸貿易總額為 1520.6 億美元，同比增長 3.8%，其中大陸對台出口 325.9 億美元，同比增長僅為 0.7%；大陸自台進口 1194.8 億美元，同比增長 4.7%。預計全年兩岸貿易額增長率大幅走低已不可避免。從大陸貿易總額看，2012 年 1-11 月同比增速僅為 5.8%，其中出口同比增長 7.3%，進口同比增長 4.1%。而同期大陸對台貿易總額增速為 3.8%，要少於大陸對外貿易總額增速，其中自台進口增速只有 0.7%，更遠落後於大陸進口總額增速。從大陸外貿地區看，2012 年 1-11 月對歐盟貿易總額同比減少 4.1%，其中出口同比減少 7.0%，進口同比增長僅為 0.7%；對日本貿易總額同比減少 2.9%，其中出口同比增長 3.3%，進口同比減少 7.6%。由此可見大陸對外貿易增速回落受歐盟、日本經濟不景氣的影響較大。

從貿易商品結構來看，兩岸貿易商品主要集中在機電產品、光學鐘錶醫療設備和化工產品，顯示出較強的產業內貿易性，所以貿易波動顯示出較強的同步性。而兩岸外貿依存度都比較高，2011 年臺灣外貿依存度達 126%，大陸外貿依存度也有 50%。在全球經濟低迷的形勢下，兩岸貿易增速下降甚至為負增長，反映了兩岸開放經濟的特徵。臺灣是大陸第三大進口來源地和第九大出口市場，大陸是臺灣最大的交易夥伴和最大的出口市場。2011 年 1 月 ECFA 的實施逐步減少或消除兩岸之間貨物貿易關稅和非關稅壁壘，不斷減少或消除兩岸之間涵蓋眾多部門的服務貿易限制性措施，為兩岸貿易帶來了更大的便利性，其政策成效在一定程度上緩和了國際經濟危機對兩岸經濟的影響。在國際經濟低迷

大環境下，兩岸進一步增強經濟貿易聯繫，進行深度產業合作，共同抵禦危機衝擊，是大勢所趨。

表 11-2　2007-2011 年兩岸貿易依存度

單位：億美元；%

年份	兩岸貿易總額	大陸對外貿易總額	臺灣對外貿易總額	大陸外貿對兩岸貿易依存度	臺灣外貿對兩岸貿易依存度
2007	1244.8	21737.3	4659.3	5.7	26.7
2008	1292.2	25632.6	4960.8	5.0	26.0
2009	1062.3	22075.4	3780.5	4.8	28.1
2010	1453.7	29740.0	5258.4	4.9	27.6
2011	1600.3	36418.7	5897.0	4.4	27.1

資料來源：臺灣資料來源於行政院主計處、大陸資料來源於中華人民共和國港澳臺司和國家統計局。貿易依存度由筆者整理計算得出。

（二）兩岸雙向投資逆勢增長

2012 年海峽兩岸經濟都不同程度地受到世界經濟走低的衝擊。大陸 GDP 從一季度的 8.1%下跌到二季度的 7.6%，再到三季度的 7.4%，不斷創造三年來的增長新低。但從 9-11 月的固定資產投資、工業產出和零售銷售各項資料來看，預計四季度將有較大的反彈。而臺灣地區的 GDP 增長率下跌更快，從 2011 年第一季度的 7.37%一路下跌到第四季度的 1.21%，2012 年前三季度增速均沒有超過 1%，二季度甚至出現負增長。

從兩岸雙向投資看，臺灣 2010 年核准大陸來台投資額為 9434 萬美元，2011 年核准大陸來台投資額為 4373 萬美元，而 2012 年 1-10 月核准大陸來台投資額即為 1.57 億美元，同比增長

309.4%，其中 1 月份投資金額達 9650.7 萬美元，其原因除原有陸資基數較低外，主要是核准了 2 家大陸銀行在台設立分行，合同金額高達 9148 萬美元。這也是自 2009 年 6 月底臺灣開放陸資企業到臺灣投資起的兩筆最大的投資金額，未來將進一步鬆綁對陸資的限制。

從臺灣對大陸投資看，2012 年 1-10 月，臺灣對大陸直接投資金額 23.3 億美元，同比增長 31.8%；投資專案 1768 項，同比減少 16.5%。而 2011 年比 2010 年投資金額同比下降 14.1%。在世界經濟低迷的背景下，無論是陸資入台，還是台商投資大陸，都出現較大增長，顯示兩岸經濟合作越來越緊密的趨向，也反映了兩岸為共同應對經濟危機而做出的有益探索。當然，在臺灣經濟增速不到 1%而大陸經濟增速仍有近 8%的反差對比之下，大陸經濟轉型發展所帶來的商機和空間，仍是台資企業加大對大陸投資的重要誘因。

從投資領域來看，台企對大陸的投資以電子零元件製造業為最多，其次是電腦、電子產品及光學製品業、金融保險業、批發零售業、化學材料製造業。從投資區域來看，主要集中在長三角、珠三角和環渤海地區，近年向中西部地區轉移的趨勢不斷增強，如江西、安徽、湖南、湖北、河南、重慶和四川等地。如 2007 -2009 年台商在四川和重慶的投資額年均約 1.5 億美元，2010 年猛增到 8.2 億美元，2011 年再增至 13.8 億美元。從投資效益來看，台商在大陸的投資已成為臺灣地區母公司收益的重要來源。

五、國際經濟形勢下的兩岸經濟合作成效

（一）產業合作為兩岸經濟發展提供新的空間

　　海峽兩岸自然條件、資源狀況、經濟發展和科技水準存在一定差異，許多產業的關聯性與互補性較強，通過經貿交流，將各自的比較優勢結合起來，進行合理的資源配置和有效的分工合作，可以充分發揮互補、互利的經濟效果，從而帶動兩地經濟發展和共贏。兩岸比較優勢的互補，主要是通過不同產業分工形態的生產要素交換實現的。雙方以經濟利益為動力，以產業對接為內容，把各自的相對優勢組合成整體優勢，逐步建立起具有比較利益優勢、規模效益和市場競爭力的優勢產業，形成「垂直分工與水準分工」相結合的產業分工體系。從 1980 年代中後期以輕紡為代表的勞力密集型中小企業大量湧入大陸東南沿海地區設立加工出口基地，到 1990 年代以石化為代表的資本密集型大企業不斷進入大陸拓展市場空間，再到 21 世紀初期以電子資訊為代表的技術密集型龍頭企業紛紛到大陸投資設廠，說明臺灣對大陸的投資，並不是單純的資金、技術轉移，或者是廠商生產據點的延伸，而是產業分工方式的改變。這種分工方式的改變有助於提高經貿交流的層次。海峽兩岸產業之間的交流與合作，既有傳統的農業生產、工業生產的投資和合作，又有服務領域的開放和合作，如金融、旅遊等產業。在全球經濟低迷的形勢下，兩岸的產業更加應該相互交流、相互合作，利用比較優勢共同發展。

為了促使兩岸產業合作更加有序，兩岸經濟合作從功能化走向制度化是雙方利益所在和必然趨勢。兩岸互利互讓，同舟共濟，以促進兩岸經濟整體競爭力提升，共同應對國際各種形勢和危機的挑戰。通過協商，兩岸產業界已達成多項共識，包括將兩岸產業合作與雙向投資緊密結合起來，挖掘新興產業合作的潛力，充分發揮中小企業增加就業、促進經濟發展的積極作用，開展園區合作等。從兩岸產業長期發展趨勢看，大陸「十二五」規劃綱要提出大力發展節能環保等七大戰略性新興產業；臺灣為推動產業結構轉型升級，提出重點發展觀光旅遊、醫療照護、生物科技等六大產業以及雲端運算等四大智慧型產業。相比之下，未來兩岸發展的重點領域有很多相似之處，特別是高新技術產業合作空間很大。

（二）ECFA 為深化兩岸經濟合作提供新的動力

2010 年 6 月 29 日，大陸海協會與臺灣海基會於重慶簽署《兩岸經濟合作框架協定》(ECFA)，並於 2011 年 1 月 1 日正式實施。為了讓兩岸能儘早享受到優惠的關稅，ECFA 規定了早期收穫計畫，在貨物貿易方面，大陸對 539 項原產於臺灣的產品實施降稅，包括農產品、化工產品、機械產品、電子產品、汽車零部件、紡織產品、輕工產品、冶金產品、儀器儀錶產品及醫療產品等十類；臺灣將對 267 項原產於大陸的產品實施降稅，包括石化產品、機械產品、紡織產品及其他產品等四類。

ECFA 實施兩年來，雙方獲益良多。2011 年，兩岸貿易值突破 1600 億美元，比 2010 年增長了 10.1%。從 2012 年 1 月 1 日起，ECFA 開始第二階段降稅，雙方早期收穫清單中的 94.5%產

品稅項實行零關稅。2012 年上半年，在兩岸貿易貨值增加有限的情況下，在 ECFA 項下商品進口卻成倍增加，大陸進口臺灣 ECFA 項下的商品貨值為 39.1 億美元，增長了 104%。據臺灣經濟部門統計，ECFA 簽署後，2011 年全年外資在台投資 95.32 億美元，促成 23938 人就業。2012 年第 1 季外資在台投資金額為 24.26 億美元，已達年度目標額的 24.3%，台商回台投資金額約新臺幣 145 億元。列入 ECFA 早收計畫各產業的受雇員工人數及成長率普遍高於整體製造業成長率，如化學材料製造業成長率為 5.56%、石油及煤製品製造業成長率為 4.26%。可見，ECFA 逐步減少或消除彼此間的貿易和投資障礙，為兩岸創造公平的貿易與投資環境奠定了制度基礎。

雖然 ECFA 取得了一些成效，但後續效果還有待進一步挖掘與發揮，有賴於後續協定的繼續簽署，才能對兩岸經貿合作產生明顯的促進作用。2012 年以來， ECFA 後續談判又取得進展，海協會和海基會於 8 月 9 日正式簽署《海峽兩岸投資保障和促進協議》和《海峽兩岸海關合作協定》。由於 ECFA 只是個框架性協議，「兩會」後續還將繼續簽署另外三項重要協定：即服務貿易、貨物貿易和爭端解決機制等單項協定。

表 11-3　2008 年以來「兩會」簽署協定一覽表

時間	兩會名稱和地點	簽署協定
2008 年 6 月	第一次會談，北京	《海峽兩岸包機會談紀要》、《海峽兩岸關於大陸居民赴臺灣旅遊協議》
2008 年 11 月	第二次會談，臺北	《海峽兩岸空運協議》、《海峽兩岸海運協議》、《海峽兩岸郵政協議》和《海峽兩岸食品安全協議》
2009 年 4 月	第三次會談，南京	《海峽兩岸空運補充協議》、《海峽兩岸金融合作協定》和《海峽兩岸共同打擊犯罪及司法互助協議》
2009 年 12 月	第四次會談，台中	《海峽兩岸漁船船員勞務合作協定》、《海峽兩岸農產品檢疫檢驗合作協定》和《海峽兩岸標準計量檢驗認證合作協定》
2010 年 6 月	第五次會談，重慶	《海峽兩岸經濟合作框架協定》、《海峽兩岸智慧財產權保護合作協定》
2010 年 12 月	第六次會談，臺北	《海峽兩岸醫藥衛生合作協定》
2011 年 10 月	第七次會談，天津	《海峽兩岸核電安全合作協定》
2012 年 8 月	第八次會談，臺北	《海峽兩岸投資保障和促進協定》、《海峽兩岸海關合作協定》

資料來源：作者根據「兩會」會談資料整理。

（三）金融合作為兩岸投融資提供制度化保障

　　自 2009 年 4 月兩會在南京簽署《海峽兩岸金融合作協定》以來，兩岸共同建立了兩岸金融合作的基本架構。隨後，兩岸相關部門又相繼簽署了保險、銀行、證券和期貨監管合作備忘錄。2011 年，臺灣金管會放鬆了兩岸金融業務範圍，對大陸地區人民、法人辦理授信限制鬆綁。2012 年 8 月 31 日，兩岸又簽署了《海峽兩岸貨幣清算合作備忘錄》，這是落實《海峽兩岸金融合作協定》的一項具體舉措。12 月 11 日，兩岸貨幣清算機制正式啟動，為實現兩岸貿易和投資使用本幣結算掃除了障礙，從此兩

岸民眾和企業在匯款、貿易和投資等方面的交易和結算成本、匯率風險將大大降低。臺灣人民幣業務的開放與發展也將為臺灣金融業帶來新的業務增長點，拓寬了臺灣民眾和企業的投資領域。在兩岸銀行業互相開展業務方面，臺灣銀行走在大陸銀行的前面。大陸已經批准 10 家台資銀行設立大陸分行，其中 8 家已經開業、1 家獲准開辦台資企業人民幣業務；而大陸暫時只有中國銀行和交通銀行在臺北設立分行。其原因一方面是台資企業在大陸有著巨大的投資需求，另一面也是臺灣方面對大陸銀行赴台設點還有諸多限制，甚至比外資銀行還嚴格的規定，如自然人存款業務，只限新臺幣 300 萬元以上定存，分行也只能設一家等。中國銀行和交通銀行獲准的業務範圍，如涉及外匯業務，還須經臺灣地區金融主管機構許可後才能辦理。無論如何，兩岸金融合作與互動已邁出可喜的一步。除了銀行業之外，兩岸在保險業和證券業的合作也日益加深，目前已有 13 家臺灣券商在大陸設立了 25 個辦事處，9 家保險公司赴大陸地區參股投資。

六、國際經濟形勢下的兩岸經濟合作取向

當前大陸台資企業所面臨的問題，就像 20 年前臺商在臺灣所面臨的問題大致相同，即貨幣升值和營運成本提高兩大因素再次困擾台商；所不同的是，當前大陸台商至少可以有六種選擇：一是產業技術升級，企業加大研發力度和技術投入，生產出技術含量、知識含量、附加價值更高的產品，擺脫對低廉勞動成本的

依賴；二是轉型做服務業，尤其是生產性服務業，將生產製造程式向上、下游延伸，既參與研發、設計，又參與物流、行銷，從而獲取更多的產品價值分成；三是向內轉移，將傳統產業轉移到生產成本相對低廉的中、西部地區，繼續延長產品的生命週期，延續企業的「第二春」，且有利於拓展大陸內銷市場；四是向外轉移，將傳統產業轉移到勞動成本更低的東南亞地區，尤其是如越南、印尼、菲律賓（簡稱 VIP 國家）等國；五是台商回流，返台投資以往駕輕就熟的行業和因地制宜的專案；六是經受不住經濟危機的衝擊，在外需市場不斷萎縮、大陸勞動力成本上升和人民幣匯率持續升值的三重壓力下，台資企業利潤空間越來越小，最後不得不停產，甚至倒閉、關門。對於上述六種選擇，兩岸都應大力支持大陸台資企業的第一種選擇，積極鼓勵第二種選擇，加快推進第三種選擇，有效分流第四種選擇，正確引導第五種選擇，努力避免第六種選擇。

（一）大力支持大陸台資企業技術升級

　　產業技術升級是大陸台資企業實現可持續發展的有效途徑。隨著大陸經濟快速發展，大陸正在加快轉變經濟發展方式，著力推進自主創新，促進經濟進入創新驅動、內生增長的發展軌道，大力發展新興戰略性產業，這對台資企業技術升級也是重要機遇。以往台資企業運營的「四角模式」，即「日本技術——臺灣設計——大陸加工——美歐出口」的循環，因歐美外需市場的萎縮轉向「日本技術——臺灣設計——大陸加工和銷售」的「三角模式」，台資企業不斷加大對大陸內需市場的開拓。同時，大陸以加工製造為主的台資企業在產品價值鏈生產的「微笑曲線」

中，仍多集中在利潤較低的加工製造環節，較少涉及高利潤的研發與銷售環節，應加快技術升級或產業升級，加快由勞動密集型向技術密集型轉型升級，鼓勵台資企業加大科技創新力度，提高產品附加值，由「三角模式」向「兩岸技術、臺灣設計──大陸加工和銷售」的「雙環模式」升級。

（二）積極鼓勵大陸台資企業轉型做服務業

　　產業轉型是大陸台資企業擺脫經濟困境的有效途徑。受國際經濟形勢變化的影響，大陸正努力擴大內需市場，大力發展服務業，尤其是生產性服務業。這對台資企業的產業轉型提供發展空間。目前大陸服務業占 GDP 大約只有 43%，臺灣則在 60%以上，兩岸服務業合作發展的空間很大。大陸服務業的發展潛力為臺灣服務業提供了廣闊的市場。臺灣服務業可以帶動大陸服務業整體水準的提高。[7]因此，積極鼓勵大陸台資企業「由二轉三」，即由第二產業向第三產業轉型，擴大其對物流、旅遊、酒店、金融、保險、醫療等服務業領域的投資，特別鼓勵發展以研發設計、市場行銷為重點的生產性服務業。

（三）加快推進大陸台資企業調整區域佈局

　　國際金融危機、人民幣升值和大陸勞動力成本上升對台商投資集中的大陸沿海地區影響遠比中西部地區大。沿海地區的台資

---

[7]　張勇　譚喆，〈ECFA 後續推進大有可為〉，2012/11/28，《新華網》，〈http://news.timedg.com/2012-11/28/content_13172370.htm〉。

企業生產成本上升較快，使得台資企業投資的區域佈局出現變化。在內移、外移和回流多種選擇中，應積極引導其根據大陸區域發展規劃和各地產業發展特點，向大陸中西部地區轉移，那裡生產成本相對較低，市場潛力巨大，有利於內銷型企業生存和發展。目前大陸台資企業投資的區域佈局調整正由東部沿海地區向中西部內陸腹地轉移，已成為多種選擇中的主流抉擇。

自 2008 年國際金融危機以來，臺灣為吸引投資，出台一系列鼓勵台商回流的政策。正確引導台商返台投資其適宜做的專案，也有利於臺灣經濟的健康發展，在兩岸關係日益改善的前提下，不僅是現實可行的，也是符合兩岸關係和平發展大局的。

（四）有效引導大陸企業赴台投資

近年中國大陸對外直接投資的增長勢頭令人矚目，位居美國之後，是 2010-2012 年全球第二大最具潛力的對外投資國，超過德國、英國、法國。2011 年，中國對外直接投資淨額達到 746.5 億美元，而投往臺灣的資金只有 4374 萬美元，[8]可見，大陸資本赴台投資還處於起步階段。大陸方面應加大力度鼓勵大陸企業赴台考察和投資，協助臺灣有關部門來大陸舉辦相關的招商說明活動，著力為兩岸企業界的合作搭建平臺，提高大陸商人赴台投資意願。臺灣方面也應進一步開放大陸企業赴台投資領域，完善配套措施，優化投資環境，減少政策障礙，為陸資在台投資經營提供公平、合理的經濟環境，以緩解臺灣內部投資不足、經濟活力缺乏的困境。

---

[8] 《中華人民共和國國家統計局網站》，〈http://www.stats.gov.cn/〉。

七、結語

　　雖然 2008 年國際金融危機漸漸淡出人們的視野，但是歐債
危機又席捲整個歐洲，從而拖累了整個世界經濟，加之美、日經
濟依舊困難重重，種種因素疊加造就的國際經濟波動使海峽兩岸
經濟在 2012 年雙雙走低，增長速度明顯放緩，大陸在近 20 年來
首次降至 8% 以下，臺灣甚至不到 1%，並進而引發兩岸貿易量增
速下降。在經歷了連續的國際經濟波動後，兩岸各界都需要調整
發展思路，反思政策得失。可喜的是，近年來，兩岸經濟的制度
化安排和政策層面的經濟合作不斷深化：ECFA 及相關協定相繼
簽署，兩岸產業合作不斷取得新進展、金融合作簽署了「一個協
定和四個備忘錄」，特別是《海峽兩岸貨幣清算合作備忘錄》更
是邁出了實質的一步。儘管兩岸貿易增速出現下滑，但是兩岸雙
向投資卻逆勢上升，政策層面的互動給產業界帶來了正面的效
應。當然，兩岸經濟合作仍存在諸多問題，比如貿易、投資的不
平衡性問題、開放程度的不對等性、政治分歧對兩岸經濟合作的
影響等。如何增強政治互信，共謀經濟發展，乃是今後需要共同
努力的方向。

【參考文獻】

劉軍國、王慧，〈國際貨幣基金組織調低全球經濟增長預期〉，《人民網》，
　　　http://finance.people.com.cn/n/2012/1010/c1004-19209611.html，2012/
　　　10/10。

周天勇、張彌,〈國際經濟新形勢下的中國產業發展戰略〉,《新華網》,
　　http://news.xinhuanet.com/fortune/2011-12/21/c_122458281.html,2011/
　　12/21。

張意軒、尹曉宇,〈專訪商務部部長陳德銘談未來產業發展主攻方向〉,
　　《人民網》,http://finance.people.com.cn/GB/14380272.html,2011/
　　4/13。

商務部綜合司,〈中國對外貿易形勢報告(2012年秋季)〉,商務部網站。
　　http://zhs.mofcom.gov.cn/aarticle/Nocategory/201210/20121008406082.
　　html,2012/10/29。

張勇、譚喆,〈ECFA後續推進大有可為〉,《新華網》,http://news.timedg.
　　com/2012-11/28/content_13172370.htm,2012/11/28。

《中華人民共和國國家統計局網站》,http://www.stats.gov.cn。

CHAPTER 12

人民幣國際化與兩岸貨幣整合

【Author】王國臣

學歷　國立政治大學東亞研究所碩士
　　　國家發展研究所博士
研究　中國政治與經濟、國際關係、量化研究方法
　　　著有「中國經濟研究網路資源索引」(TSSCI)、「人民幣
　　　國際化：進程、展望與國際比較 (Renminbi Internationa
　　　lization: Progress, Prospect and Comparison)」(SSCI)。
　　　榮獲第三屆發展研究年會「中國研究」博士論文獎、漢青
　　　大陸研究獎學金。

一、前言

隨著中國政府積極推動人民幣國際化政策，臺灣也相繼開辦各項人民幣業務。2011 年 7 月，兆豐銀行獲准成為首家國際金融業務分行（OBU, offshore banking unit）可以承做人民幣業務的銀行，至 2012 年 10 月底已有 48 家本地與外商銀行獲准開辦人民幣業務。人民幣在臺存款也從 2011 年 8 月的 0.7 億人民幣持續增加到 2012 年 10 月的 193 億人民幣。中央銀行總裁彭淮南預估，臺灣全面開放人民幣業務後，人民幣存款占臺灣總存款的比重有望提升到 8%（相當於 2.5 兆新臺幣左右）。[1]（見圖 12-1）

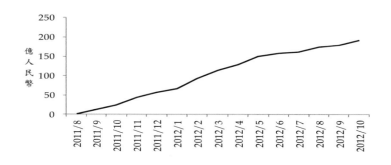

圖 12-1　臺灣的人民幣存款（2011/8-2012/10）

資料來源：高照芬，〈OBU 人民幣存款續創新高〉，《中央社》，2012 年 12 月 4 日。

---

[1]　高照芬，〈彭淮南估人民幣存款不逾 8%〉，《中央社》，2012 年 12 月 12 日。

在人民幣授信方面，48 家已開辦人民幣業務的 OBU 全部人民幣授信餘額從 2012 年 8 月的 70 億人民幣，增加到 10 月的 86 億人民幣。不過，受到人民幣存款增加更快的影響，整體存放比（授信餘額除以存款餘額）從 8 月的 39.8%提升到 44.5%，雖然不到五成但已逐漸改善。

人民幣總資產也從 2012 年 8 月的 398 億人民幣，增加到 10 月的 472 億人民幣。最後，跨境貿易以人民幣結算的金額也呈現逐月增加的趨勢，2012 年 10 月為 53 億人民幣，與 8 月相比大幅成長 14 億人民幣。（見表 12-1）

表 12-1　臺灣的人民幣業務統計（2012/8-2012/10）

單位：億人民幣

項目類別	2012 年 8 月	2012 年 9 月	2012 年 10 月
存款餘額	175.4	179.8	193.0
授信餘額	69.8	77.8	85.9
存放比（%）	39.8	43.3	44.5
資產餘額	397.7	439.3	472.2
跨境貿易結算金額	38.3	51.6	52.7

資料來源：陳怡慈，〈OBU 人民幣存款餘額 衝 200 億〉，《經濟日報》，2012 年 12 月 5 日。

不過，研究學者對於臺灣開辦人民幣各項業務的看法卻極為分歧。例如：中華經濟研究院經濟展望中心主任王儷容表示：「臺灣外匯存底納入人民幣的組合，應是大勢所趨。」[2]反之，政治大學經濟系教授林祖嘉則強調：中國政府必須提供足夠的人民幣，以支付其他國家作為經常的國際貿易使用。換言之，中國必

---

[2] 蕭介雲，〈人民幣會小漲 王儷容：可納入外匯存底〉，《台灣醒報》，2010 年 11 月 22 日。

須處於長期的貿易逆差，而這必須讓人民幣升值到國際上認為應該有的均衡匯率的水準。在中國人民銀行不降低匯率干預的情況下，勢必造成港幣（新臺幣）的萎縮。[3]

據此，本文旨在分析，臺灣應如何看待人民幣國際化？在章節架構的安排上，第二部分首先說明國際貨幣的定義並測量人民幣國際化的程度；第三部分與第四部分分別從全球（人民幣國際化的前景）與區域（兩岸貨幣整合的趨勢）兩個層次，以闡述臺灣是否需順應人民幣國際化的發展。最後則是結論。

二、人民幣國際化程度

國際貨幣是指，一個國家（區域）所發行的貨幣不僅在該國（區域）範圍內流通，而且非該國（區域）的居民也以此作為計價單位（unit of account）、交易媒介（medium of exchange）與價值儲藏（store of value）所使用的貨幣。[4]

表 12-2 則進一步詳盡闡釋國際貨幣所執行的功能。其中，一國貨幣只要符合表中任何一項功能，便可稱為國際貨幣；而少數的關鍵貨幣（key currencies）能執行其中的數項功能，例如：美元、歐元、日圓與英鎊。換句話說，任何一國的貨幣都有可能

---

[3] 楊泰興，〈人民幣邁向國際化 港幣將萎縮〉，《中國時報》，2008 年 12 月 25 日。林祖嘉，〈人民幣國際化的挑戰〉《經濟日報》，2009 年 6 月 13 日。
[4] Benjamin J. Cohen, *The Future of Sterling as an International Currency* (London: Macmillan, 1971).

成為國際間流通使用的國際貨幣，差別僅在於各國貨幣的國際化
程度不同而已。[5]

表 12-2 國際貨幣的功能

貨幣功能	公部門	私部門
計價單位	盯住貨幣（pegging currency）：央行為確定本國匯率，而盯住的一至數種貨幣。	計價貨幣（invoice currency）：私人用於計算彼此間債權及債務關係之貨幣。
交易媒介	干預貨幣（intervention currency）：央行為維持本國匯率而買入或賣出的貨幣。	結算貨幣（denominate currenciy）：私人用於清償彼此間債權及債務關係之貨幣。
價值儲藏	儲備貨幣（reserves currency）：央行所持有國際貨幣及其計價的金融資產。	投資貨幣（investment currency）：私人持有國際貨幣及其計價的金融資產。

資料來源：Phillip Hartmann and Otmar Issing, "The International Role of the Euro," *Journal of Policy Modeling*, Vol. 24, No. 4 (July 2002), pp. 315-345.

　　根據上述國際貨幣的定義與資料的可取得性，本文挑選出七
項貨幣國際化程度的測量指標，藉以評估人民幣用於跨國計價、
交易與價值儲藏上的表現，並進行國際比較。

（一）外匯儲備中的貨幣結構

　　截至 2009 年年底，各國中央銀行的外匯儲備累計達到 45,623
億美元。其中，各國央行使用美元作為外匯儲備的金額為 28,327
億美元，占全部外匯儲備的比重為 62.1%；其次是歐元，比重為

---

[5]　Phillip Hartmann, *Currency Competition and Foreign Exchange Markets* (Cambridge UK: Cambridge University Press, 1998).

27.6%；第三是英鎊，比重為 4.3%；第四是日圓，比重為 2.9%；
第五是瑞士法郎，比重為 0.1%。相對而言，截至 2009 年年底，
各國中央銀行都沒有使用人民幣作為該國外匯儲備的貨幣之
一。（見圖 12-2）

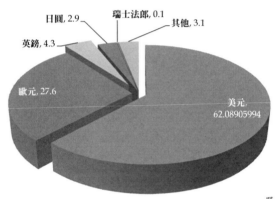

單位：比重（%）

圖 12-2　全世界外匯儲備中的貨幣組成（2009）

資料來源：COFER databases.

（二）盯住匯率體制中的貨幣結構

　　截至 2009 年年底，在全世界 185 個國家中，共有 108 個國
家採行盯住匯率體制。其中，57 個國家為盯住美元，占全部實行
盯住匯率體制國家的比重為 52.8%；其次是歐元，比重為 40.7%；
第三是南非幣與印度盧比，比重都為 1.9%；第五是新加坡幣、
澳幣與特別提款權（SDR, special drawing rights），比重都為

0.9%。相對而言，截至 2009 年年底，還沒有任何一個國家是盯住人民幣。（見圖 12-3）

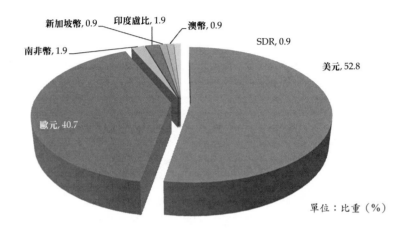

新加坡幣, 0.9　印度盧比, 1.9　澳幣, 0.9

南非幣, 1.9

SDR, 0.9

美元, 52.8

歐元, 40.7

單位：比重（%）

圖 12-3　盯住匯率體制中的貨幣組成（2009）

資料來源：AREAER database.

（三）外匯交易市場中的貨幣結構

　　2009 年全年，世界外匯市場每日平均交易總額為 44,179 億美元。其中，美元占外匯市場交易中的比重為 85.7%，位居世界第一；其次是歐元，比重為 38.4%；第三是日圓，比重為 18.5%；第四是英鎊，比重為 14.6%；第五是澳幣，比重為 7.4%。相對而言，人民幣占外匯交易市場的比重僅為 0.7%，在 34 個國家（經濟體）中排名第 21 位，還落後於印度盧比、俄羅斯盧布，以及南非蘭德。（見圖 12-4）

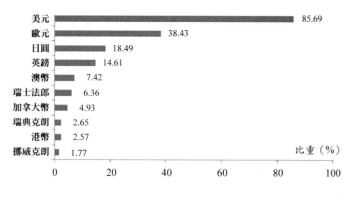

圖 12-4 外匯交易市場中的貨幣組成（2009）

註：
1. 各貨幣占外匯交易市場的比重是採取複式計算，所以各貨幣的比重合計為 200%。
2. 本研究依據點上的線性趨勢法，對 BIS 所發佈的 1995 年、1998 年、2001 年、2004
   年、2007 年，以及 2010 年數據進行遺漏值填補。
資料來源：Bank for International Settlements, *Triennial Central Bank Survey of Foreign
   Exchange and Derivatives Market Activity in April 2010*, December 2010.

（四）國際貿易中的貨幣結構

　　2009 年全年，美國對外貿易總額為 26,613 億美元，其中使
用本幣計價的金額為 23,513 億美元，使用本幣作為對外貿易計價
的比重為 88.4%。其次是歐元區，使用本幣作為對外貿易計價的
比重為 58.8%；第三是英國，比重為 37.8%；第四是日本，比重
為 34.0%。相對而言，中國辦理境內跨境貿易人民幣結算業務是
從 2009 年才開始起步，一年之中使用人民幣作為對外貿易計價

的比重僅為 0.04%，與上述主要國際貨幣相比還差距甚遠。（見表 12-3）

表 12-3　主要貨幣發行國使用本幣作為國際貿易計價的比重

單位：比重（%）

項目類別	1999	2000	2001	2002	2003	2004	2005	2006	2007	2008	2009
美國	88.8	88.8	88.7	88.7	88.6	88.6	88.6	88.5	88.4	88.4	88.4
歐元區	48.1	45.5	48.0	50.6	53.9	53.8	52.6	55.2	55.4	57.1	58.8
英國	45.9	43.8	42.7	40.8	41.8	41.2	40.5	40.7	39.1	38.5	37.8
日本	29.7	30.5	30.0	30.9	32.2	31.8	32.3	32.4	33.1	33.5	34.0
中國	0	0	0	0	0	0	0	0	0	0	0.04

註：本研究使用點上的線性趨勢法，對遺漏值進行填補。
資料來源：Annette Kamps, "The Euro as Invoicing Currency in International Trade," *European Central Bank Working Paper*, No. 665 (August 2006). European Central Bank, *The International Role of the Euro, Frankfurt* (Germany: European Central Bank, 2010).

（五）國際債券市場中的貨幣結構

截至 2009 年年底，國際債券累計發行 260,637 億美元。其中，以歐元計價的國際債券總額為 123,763 億美元，占全部國際債券的比重為 47.5%，位居世界第一；其次是美元，比重為 36.2%；第三是英鎊，比重為 8.2%；第四是日圓，比重為 2.7%；第五是瑞士法郎，比重為 1.4%。相對而言，截至 2009 年年底，以人民幣計價的國際債券僅 143 億美元，占全部國際債券的比重為 0.1%，在 48 個國家（經濟體）中排名第 14 位，與新加坡幣、南非蘭德，以及巴西雷亞爾相同。（見圖 12-5）

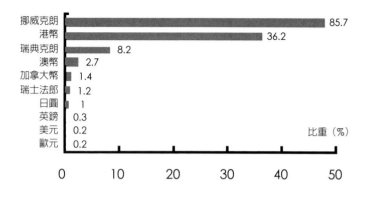

圖 12-5　國際債券市場中的貨幣組成（2009）

資料來源：Bank for International Settlements, *BIS Quarterly Review*, December 2010.

（六）金融機構外部負債中的貨幣結構

截至 2009 年年底，各國境內銀行須償還給非本地居民的本幣債務，為 114,921 億美元；其中，以歐元計價的本幣債務為 62,464 億美元，占全部本幣債務的比重為 54.4%；其次是美元，比重為 27.6%；第三是英鎊，比重為 9.1%；第四是日圓，比重為 2.9%；第五是瑞士法郎，比重為 0.8%。反之，包括人民幣在內的 29 個國家（經濟體）僅占 5.2%而已。（見圖 12-6）

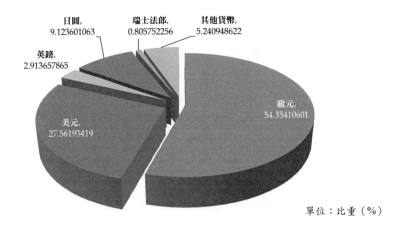

日圓,
9.123601063

瑞士法郎,
0.805752256

其他貨幣,
5.240948622

英鎊,
2.913657865

歐元,
54.35410601

美元,
27.56193419

單位：比重（%）

圖 12-6　各國銀行對的本幣債務之貨幣組成（2009）

資料來源：Bank for International Settlements, *BIS Quarterly Review.*

（七）金融機構外部資產中的貨幣結構

截至 2009 年年底，各國境內銀行對非本地居民共擁有本幣債權，為 127,857 億美元。其中，以歐元計價的本幣債權為 81,099 億美元，占全部本幣債權的比重為 63.4%；其次是美元，比重為 22.0%；第三是英鎊，比重為 6.1%；第四是日圓，比重為 4.6%；第五是瑞士法郎，比重為 0.8%。反之，包括人民幣在內的 29 個國家（經濟體）僅占 3.2%而已。（見圖 12-7）

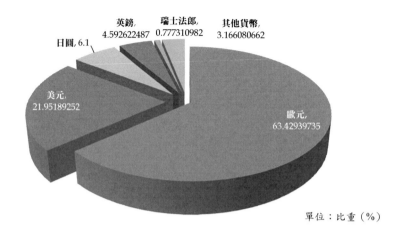

日圓, 6.1

英鎊,
4.592622487

瑞士法郎,
0.777310982

其他貨幣,
3.166080662

美元,
21.95189252

歐元,
63.42939735

單位：比重（%）

圖 12-7　各國銀行的本幣債權之貨幣組成（2009）

資料來源：Bank for International Settlements, *BIS Quarterly Review.*

　　綜合來看，Chen-yuan Tung, Guo-chen Wang, and Jason Yeh
（2012）利用主成分分析法（PCA, principal component analysis），
將上述七項指標合併為貨幣國際化程度指數（CIDI, currency
internationalization degree index）。結果顯示，2001 年以前，人民
幣的 CIDI 都為零。從 2002 年起開始緩步成長，至 2009 年已達
到 0.12%。在 33 種國際貨幣中，人民幣 CIDI 的排名從 1999 年
的最後 1 名爬升到 2009 年的第 18 位。美元依舊是世界上最重要
的國際貨幣，CIDI 為 53.3%；其次是歐元，CIDI 為 47.4%；第三
是英鎊與日圓，CIDI 都為 9.3%；第五是瑞士法郎，CIDI 為 1.4%。
（見表 12-4）

表 12-4　人民幣與主要貨幣的國際化程度（2009）

項目類別	RCR	FETCR	PCR	IBICR	BACR	BLCR	TICR	CIDI
美元	62.1	85.7	52.8	36.2	22.0	27.6	88.4	53.3
歐元	27.6	38.4	40.7	47.5	63.4	54.4	58.8	47.4
英鎊	4.3	14.6	0.0	8.2	6.1	9.1	37.8	9.3
日圓	2.9	18.5	0.0	2.7	4.6	2.9	34.0	9.3
瑞士法郎	0.1	6.4	0.0	1.4	0.8	0.8	0.0	1.4
人民幣	0.00	0.68	0.00	0.05	0.00	0.08	0.04	0.12
權重	0.14	0.14	0.14	0.15	0.14	0.15	0.14	

資料來源：Chen-yuan Tung, Guo-chen Wang, and Jason Yeh, "Renminbi Internation
alization: Progress, Prospect and Comparison," *China & World Economy*,
Vol. 20, No. 5 (September-October 2012), pp. 63-82。

註：RCR=外匯儲備中的貨幣結構；FETCR=外匯交易市場中的貨幣結構；PCR=盯住
匯率體制中的貨幣結構；IBICR=國際債券市場中的貨幣結構；BACR=金融機構
外部資產中的貨幣結構；BLCR=金融機構外部負債中的貨幣結構；TICR=國際
貿易中的貨幣結構；CIDI=貨幣國際化程度指數。

　　很顯然，由於人民幣國際化還在起步階段，因此人民幣與主
要貨幣的國際化程度相差甚大。不過，愈來愈多的研究學者都非
常關注人民幣國際化的發展，例如：Barry Eichengreen 推估，最
快在 2020 年，人民幣便可能取代美元，躍升為世界最重要的貨
幣。相反的，Benjamin Cohen 與 Richard Cooper 卻認為，即便人
民幣成功實現國際化，也很難撼動美元在國際貨幣體系中的首
位。Fred Bergsten 與 Pieter Bottelier 則強調，即使人民幣無法取代美
元，未來的國際貨幣體系還是可能呈現以美元、歐元、日圓與人民
幣並存的多極發展。換言之，上述學者強調的是人民幣國際化的前
景。[6]為此，本文以下將進一步評估人民幣國際化的前景。

---

[6]　Barry Eichengreen, "History Smiles on Ambitious Yuan," *Taipei Times*,
November 29, 2009, p. 8. Benjamin J. Cohen, "The Future of Reserve Currencies,"
Finance and Development, Vol. 46, No. 3 (September 2009), pp. 26-29. Richard
Cooper, "The Future of the Dollar," *Policy Briefs*, Issue 09-21 (September

三、人民幣國際化的前景

　　根據國際貨幣理論可知，影響一國貨幣在國際貨幣體系中地位高低的各項因素，包括較大的經濟與貿易規模、健全的金融體系、歷史慣性（也就是使用者的習慣）、對貨幣穩定的信心，以及資本帳開放。[7]據此，本文以下逐一檢視人民幣在上述五個要件的表現，並進行國際比較。

（一）經濟規模

　　隨著經濟實力的不斷提升，中國在世界經濟體系中的地位也日益重要。2011 年，中國國內生產毛額（GDP, gross domestic product）為 73,185 億美元，占世界的比重為 10.5%，在世界 164 個經濟體中[8]排名第三。第一是美國，GDP 占世界的比重為 24.2%；其次是歐元區，GDP 占世界的比重為 18.7%；第四是日本，GDP 占世界的比重為 8.4%；第五是巴西與英國則並列第五，GDP 占世界的比重為 3.5%。（見圖 12-8）

2009), pp. 1-16. C. Fred Bergsten, "The Dollar and Deficits: How Washington Can Prevent the Next Crisis?" *Foreign Affairs*, Vol. 88, No. 6 (November/December 2009), pp. 20-38. Pieter Bottelier, "International Monetary Reform and the Future of the Renminbi," *China Brief*, Vol. 4, No. 11 (May 2009), pp. 2-5.

[7]　Phillip Hartmann and Otmar Issing, "The International Role of the Euro," *Journal of Policy Modeling*, Vol. 24, No. 4 (July 2002), pp. 315-345. Menzie Chinn and Jeffrey Frankel, "Why the Euro Will Rival the Dollar," *International Finance*, Vol. 11, No. 1 (Spring 2008), pp. 49-73.

[8]　排除歐元區內的 16 個國家。

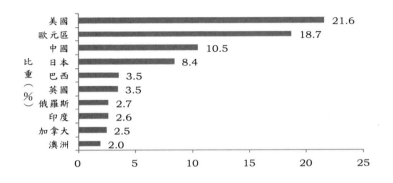

圖 12-8　國內生產總值最大的前 10 個國家（2011）

資料來源：IFS database.

（二）金融市場規模

　　2011 年，中國境內的上市公司之市場資本總額為 33891 億美元，占世界比重為 7.5%，在世界 98 個經濟體中排名第四。美國境內的上市公司之市場資本總額占世界比重為 34.7%，居世界第一；其次是歐元區，境內的上市公司之市場資本總額占世界比重為 12.2%；第三是日本，境內的上市公司之市場資本總額占世界比重為 7.9%；第五是加拿大，境內的上市公司之市場資本總額占世界比重為 4.2%。（見圖 12-9）

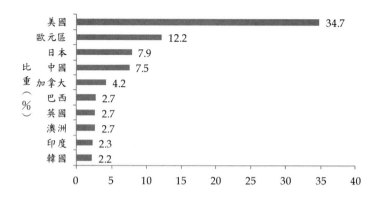

圖 12-9　證券市場規模最大的前 10 名國家（2011）

資料來源：IFS database.

（三）貨幣穩定程度

　　2000-2011 年，中國消費者物價指數年成長率平均為 2.3%，意即通貨膨脹率平均為 2.3%。在世界 144 個經濟體中排在第 23 位，中國的通貨膨脹率大致與美國、歐元區，以及英國相當。反之，日本的物價波動最小，只有負 0.3%而已；其次是香港，通貨膨脹率平均為 0.5%；第三是汶萊，通貨膨脹率平均為 0.7%；第四是瑞士，通貨膨脹率平均為 0.9%。（見圖 12-10）

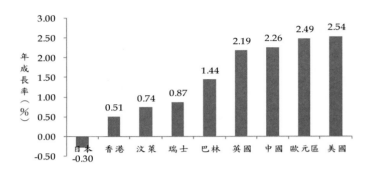

圖 12-10　通貨膨脹率最小的前 5 名與主要貨幣發行國（2000-2011）

資料來源：IFS database.

　　另外，2011 年 1 月至 12 月，人民幣名目有效匯率指數的標準差為 2.42，意即人民幣的波動幅度為 2.42，在 44 個貨幣發行國中排名第 31 位。英鎊的匯率波動幅度相對較低，為 1.09，居世界第八；歐元的匯率波動幅度為 1.33，居世界第 13 位；美元的匯率波動幅度為 1.96，居世界第 24 位；日圓的匯率波動幅度為 3.83，居世界第 36 位；瑞士法郎的波動幅度為 5.35，居世界第 40 位。

　　反之，馬來西亞林吉特的波動幅度最低，只有 0.56 而已；其次是丹麥克朗，匯率波動幅度為 0.65；第三是保加利亞列弗匯率波動幅度為 0.70；第四是立陶宛立特，匯率波動幅度為 0.74；第五是克羅地亞庫納，匯率波動幅度為 0.77。（見圖 12-11）

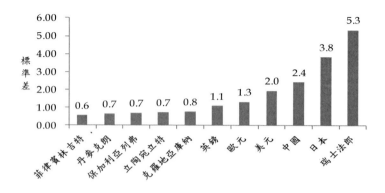

圖 12-11　匯率波動率最小的前 5 名與主要貨幣發行國（2000-2011）

註：單位為各貨幣對 SDR 的匯率之一年 12 個月的標準差。
資料來源：IFS database.

（四）歷史慣性與人民幣國際化政策

　　一國貨幣能夠成為全球強勢貨幣，通常會受限於歷史慣性，也就是使用者的習慣。例如：美國的國民生產毛額（GNP, gross national product）在 1872 年就已經超越英國，由於美國政府的放任措施，以致美元取代英鎊成為全球強勢貨幣則是在 1946 年之後，兩者相隔近半世紀。不過，Jeffrey Frankel 與 Barry Eichengreeen 都指出，慣性所造成的時間落差，將因為政府的積極介入而大幅縮短，例如：中國政府所推動的人民幣國際化政策。[9]

[9]　Jeffrey Frankel, "Historical Precedents for the Internationalization of the RMB," *The Council on Foreign Relations Working Paper*, November 2011. Barry Eichengreen, "The Renminbi as an International Currency," *Journal of Policy Modeling*, Vol. 33, No. 5 (September–October, 2011), pp. 723-730.

進一步而言，人民幣國際化政策主要包含兩個部分：一是，推動跨境貿易人民幣結算，為配合此戰略加速人民幣走出去，中國政府相繼與亞洲多數國家簽署貨幣互換協議。二是，在不完全開放資本帳的情況下，於香港先進行資本帳完全開放的試點──成立香港人民幣離岸中心，這使得人民幣能夠流出並回流中國大陸，同時繼續維持資本帳管制，以避免對中國大陸的資本市場造成太大的衝擊。[10]

1. 雙邊貨幣互換協議

截至 2012 年 6 月止，中國人民銀行已經與 20 個國家和地區的中央銀行和貨幣當局簽署超過 16,782 億人民幣的雙邊本幣互換協議。特別是，人民幣及俄羅斯盧布、人民幣與日圓更直接跨越到相互兌換的狀態。（見表 12-5）

---

[10] Jeffrey Frankel, "Historical Precedents for the Internationalization of the RMB," *The Council on Foreign Relations Working Paper*, November 2011.

表 12-5　中國與各國簽署貨幣互換（2008/12–2012/6）

時間	國家	金額（億人民幣）
2008/12/12	韓國	1,800
2009/1/20	香港	2,000
2009/2/8	馬來西亞	800
2009/3/11	白俄羅斯	200
2009/3/24	印尼	1,000
2009/3/29	阿根廷	700
2010/6/10	冰島	35
2010/7/23	新加坡	1,500
2011/4/18	紐西蘭	250
2011/4/19	烏茲別克	7
2011/5/6	蒙古	50
2011/6/15	哈薩克	70
2011/6/23	俄羅斯	協定規定兩國經濟活動主體可自行決定用自由兌換貨幣、人民幣和盧布進行商品和服務的結算與支付。
2011/10/25	韓國	由原先的 1,800 億人民幣擴大到 3,600 億人民幣
2011/11/22	香港	由原先的 2,000 億人民幣擴大為 4,000 億人民幣
2011/12/21	泰國	70
2011/12/24	巴基斯坦	100
2012/1/18	阿拉伯聯合大公國	350
2012/3/22	澳洲	2,000
2012/6/1	日本	人民幣對日圓直接交易
2012/6/12	巴西	1,900
2012/6/27	烏克蘭	150
累計	20	16,782

資料來源：本文自行整理。

　　由於雙邊貨幣互換協議的簽訂，彼此國家便可以使用本幣，作為雙邊貿易的計價貨幣，從而大幅降低匯率風險。因此，以人民幣作為跨境貿易結算的規模持續擴大，從 2009 年的 36 億人民

幣，暴增到 2010 年的 5,028 億人民幣，2011 年的金額再突破 2010
年的規模，達 2.1 兆億人民幣。（見表 12-6）

表 12-6　跨境貿易以人民幣結算的金額

時間	跨境貿易人民幣結算金額（億人民幣）a	中國對外貿易總額（億美元）b	人民幣對美元即期匯率（CYN/USD）c	比重（%）d
2009	36	12,596	6.8282	0.04
2010	5,028	29,728	6.6227	2.6
2011	20,800	36,421	6.4614	8.8

註：$d = \dfrac{a}{b \times c}$

1.人民幣對美元即期匯率為期末數。

2.2009 年數據為 7 月至 12 月。

資料來源：中國人民銀行貨幣政策分析小組，《2010 年第 4 季度中國貨幣政策執行報告》（北京：中國金融出版社，2011）。

2. 推動香港成為人民幣境外中心

　　自 2007 年起，中國陸續在香港發行以人民幣計價的債券、國債，以及證券。2007 年 6 月，中國國家開發銀行獲准在香港發行價值 50 億人民幣的人民幣債券，這是首次在香港發行以人民幣計價的債券。2009 年 6 月，香港匯豐銀行成為首批獲准於境外發行人民幣債券的外資銀行。2009 年 9 月，中國財政部第一次在香港發行以人民幣計價的國債。2010 年 8 月，麥當勞（McDonald）成為首家在香港發行人民幣債券的跨國公司。（見表 12-7）

表 12-7　香港人民幣債券發行

項目類別	發行檔數（個）	發行規模（億人民幣）	年成長率（%）
2007	5	100	
2008	5	120	20.0
2009	8	160	33.3
2010	23	358	123.5
2011	87	1,050	179.7

資料來源：Bloomberg.

　　隨著人民幣國際化進程加快，香港的人民幣存款相應大幅成長。截至 2012 年 3 月末，香港的人民幣存款達到 5,443 億人民幣，占香港銀行業存款總額的 8.7%。德意志銀行預計，如果進一步將倫敦、臺灣、新加坡納入考量，則人民幣離岸交易量將上升到 25 至 30 億美元。預計到 2013 年底，離岸存款總額將達到 1.3 兆人民幣。[11]（見圖 12-12）

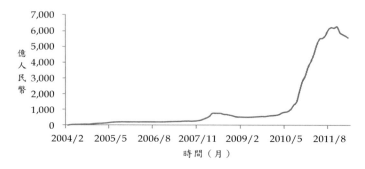

圖 12-12　香港人民幣存款（2004/2-2012/3）

資料來源：《香港金融管理局》，〈http://www.hkma.gov.hk/〉。

---

[11]　王信川，〈德意志銀行發佈 2013 年離岸人民幣市場預測報告〉，《中國經濟網》，2012 年 12 月 5 日，〈http://finance.ce.cn/rolling/201212/05/t2012 1205_17023172.shtml〉。

綜上所述，香港人民幣離岸中心已經促使人民幣的交易量暴增。根據國際清算銀行（BIS, Bank for International Settlements）的統計，人民幣的每日交易量，從 2001 年不足 1 億美元，增加到 2004 年的 9 億美元，2007 年再成長到 75 億美元，至 2010 年猛增到 172 億美元。可想見隨著香港人民幣離岸中心繼續推進，人民幣的交易量還會繼續擴張。據此，BIS 預估，人民幣終將挑戰日圓，成為亞洲影響力最大的貨幣。[12]

（五）人民幣資本帳開放

根據歷史經驗可知，一個貨幣要成為國際貨幣，必須先開放其資本帳，使之成為完全可兌換的貨幣。例如：世界經濟論壇（WEF, World Economic Forum）統計，2012 年，在 1 分到 7 分的尺度上，人民幣的資本帳自由化指數（CALI, capital account liberalization index）為 1.91 分，屬於高度管制的狀態。

反之，美元、日圓、英鎊，以及瑞士法郎的 CALI 皆為 7 分，意即資本帳為完全開放。即使歐元區中斯洛伐克的 CALI 較低，也有 4.83 分，其餘歐元區國家的 CALI 也都為 7 分。這顯示：人民幣與世界主要貨幣的資本帳開放程度存在很大的落差。（見圖 12-13）

---

[12] Bank for International Settlements, *Triennial Central Bank Survey of Foreign Exchange and Derivatives Market Activity in 2004, BIS*, March 2005, 〈http://www.bis.org/publ/rpfx05.htm〉. Bank for International Settlements, *Triennial Central Bank Survey of Foreign Exchange and Derivatives Market Activity in 2010, BIS*, December 2010, 〈 http://www.bis.org/publ/rpfxf10t.htm〉.

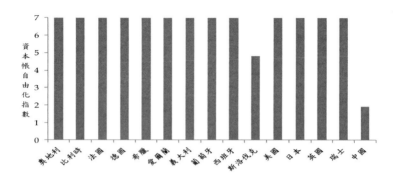

圖 12-13　主要貨幣發行國的資本帳自由化指數（2012）

資料來源：World Economic Forum, *Financial Development Report 2012* (Geneva: World Economic Forum, 2012).

　　當然中國大陸政府也意識到，資本帳開放對於人民幣國際化的重要性。特別是，隨著人民幣國際化戰略的順利開展，讓中國大陸政府對人民幣資本帳的開放更具信心。因此，《國民經濟和社會發展第十二個五年規劃綱》首次提出：「將推進外匯管理體制改革，擴大人民幣跨境使用，逐步實現人民幣資本帳可兌換。」[13]

　　具體而言，人民幣資本帳的開放進程可以劃分為以下三個階段：首先是短期安排（1-3 年），放鬆有真實交易背景的直接投資管制；再者是中期安排（3-5 年），放鬆有真實貿易背景的商業信貸管制；最後是長期安排（5-10 年），依次審慎開放不動產、股票及債券交易。剩下的項目按照風險程度依次為，個人資本交

[13] 中華人民共和國國務院，〈國民經濟和社會發展第十二個五年規劃綱要〉，《中國政府網》，2011 年 3 月 10 日，〈http://www.gov.cn/2011lh/content_1825838.htm〉。

易、金融機構信貸、貨幣市場工具、集合投資類證券、擔保保證
等融資便利、衍生性商品等項目,則可以擇機開放。(見表 12-8)

表 12-8　人民幣資本帳開放進程

時程安排	項目類別	累計開放項目
1-3 年	直接投資	2
	直接投資結算	3
3-5 年	商業信貸	5
5-10 年	不動產交易	8
	股票證券	12
	債券證券	16
10 年以上	個人資本交易	24
	金融機構信貸	26
	貨幣市場工具	30
	集合投資類證券	34
	擔保、保證等融資便利	36
	衍生性商品及其他工具交易	40

資料來源: 中國人民銀行調查統計司課題組,〈我國加快資本戶開放條件基本成
　　　　 熟〉,《中國經濟網》,2012 年 2 月 23 日,〈http://views.ce.cn/view/ent/201
　　　　 202/23/t20120223
　　　　 _23097763.shtml〉。

　　上述人民幣資本帳的開放進程不僅僅只是政策倡議而已,更
已進入到實際的改革階段。例如:中國人民銀行在 2011 年 1 月
13 日宣布 1 號文件,啟動「境外直接投資人民幣結算試點」,允
許境內機構用人民幣進行海外投資,且無投資規模和金額的限
制。[14]從數據來看,2011 年至 2012 年前九個月,中國大陸銀行
累計辦理人民幣對外直接投資結算 423 億人民幣。

---

[14] 中國人民銀行,《境外直接投資人民幣結算試點管理辦法》,《中國
　　 網》,2011 年 1 月 6 日,〈http://www.china.com.cn/finance/txt/2011-01/13/
　　 content_21734584.htm〉。

據此，Arvind Subramanian 預期，假設人民幣資本帳完全開
放，則至 2030 年，人民幣的國際化程度將達到 47.5%，與美元
相比還要高出 7.5 個百分點，躍升為最重要的國際貨幣。其餘學
者對於人民幣國際化程度的預估有所不同，範圍從 4.4%至 18.0%
不等；但從國際貨幣的排名來，人民幣都將超越日圓與英鎊，躍
升為世界第三，僅次於美元與歐元。（見表 12-9）

表 12-9　人民幣國際化前景的各種推估

研究學者	預測時間	人民幣	美元	歐元
Arvind Subramanian	2030	47.5	40.0	22.5
David Daokui Li and Linlin Liu	2020	18.0	28.6	23.4
Jong-Wha Lee	2035	7.5	38.5	14.4
Hongyi Chen and Wensheng Peng	2006	4.4	65.5	25.1

註：
1. 貨幣國際化程度測量指標為本幣占世界外匯儲備的比重（%）。
2. 假設前提為中國完全開放資本帳。
資料來源：Hongyi Chen and Wensheng Peng, "The Potential of the Renminbi as an
International Currency," in Wensheng Peng and Chang Shu eds., *Currency
Internationalization, Global Experiences, and Implications for the Renminbi*
(New York: Palgrave Macmillan, 2010). pp. 115-138. David Daokui Li and
Linlin Liu, "RMB Internationalization: Empirical and Policy Analysis," in
Wensheng Peng and Chang Shu eds., *Currency Internationalization, Global
Experiences, and Implications for the Renminbi* (New York: Palgrave Macmillan,
2010), pp. 167-185. Arvind Subramanian, "Renminbi Rules: The Conditional
Imminence of the Reserve Currency Transition," *Peterson Institute for International
Economics Working Paper*, No. WP 11/14 (September 2011). Jong-Wha Lee,
"Will the Renminbi Emerge as an International Reserve Currency," in Jeffrey
Sachs, Masahiro Kawai, Jong-Wha Lee, and Wing Thye Woo eds., *The Future
Global Reserve System: An Asian Perspective* (Manila: Asian Development
Bank, 2010).

進一步而言，倘若人民幣真能取代美元，則很可能造成美元
匯率的大幅貶值。[15]即使人民幣無法挑戰美元的霸權地位，但如

---

[15] Barry Eichengreen, *Exorbitant Privilege: the Rise and Fall of the Dollar and*

果形成美元、歐元與人民幣三強並立，則經濟行為者將不斷追逐強勢貨幣、拋售弱勢貨幣，這仍會造成這三種貨幣的幣值大幅度震盪。過去美元、日圓與德國馬克（Deutsche mark）之間的劇烈波動便提供最好的證明。[16]對臺灣而言，目前的外匯存底累計達到 3,944 億美元居世界第四；其中超過一半以上的外匯（2,321億美元）都用於購買美國國債。因此，面對未來國際貨幣體系可能的巨變，臺灣政府應增加人民幣，以分散外匯存底的貨幣配置？下一節將進一步分析兩岸貨幣整合的趨勢。

四、兩岸貨幣整合的趨勢

2010 年，中國接受臺灣的外人直接投資（FDI, foreign direct investment）金額為 25 億美元，占中國全部 FDI 的比重為 2.3%，臺灣是中國第九大 FDI 來源地。不過，受到兩岸法令的限制，中國對臺灣的直接投資還很少，只有 1,819 萬美元，占中國對外直接投資（OFDI, outward FDI）的比重不到 1%。在中國對外投資的 178 個國家（地區）中排名 127 名。（見圖 12-14）

---

the Future of the International Monetary System (New York: Oxford University Press, 2011).

[16] Robert Mundell, "Currency Areas, Volatility and Intervention," *Journal of Policy Modeling*, Vol. 22, No. 3 (May 2000), pp. 281-299.

CHAPTER 12　人民幣國際化與兩岸貨幣整合　277

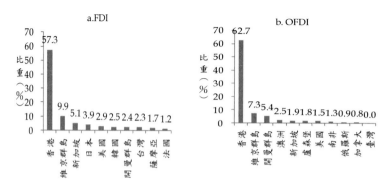

圖 12-14 中國主要投資伙伴（2010）

資料來源：中國國家統計局，《中國統計年鑑2011》（北京：中國統計出版社，2011）。

　　對臺灣而言，截至 2011 年底，臺灣對中國直接投資金額累計 973 億美元，占臺灣全部 OFDI 的比重為 58.4%，中國是臺灣第一大對外投資目的地。另一方面，自 2009 年開放陸資來臺，兩年之間的金額已達到為 13,183 萬美元，占臺灣 FDI 的比重約為 0.1%。（見圖 12-15）

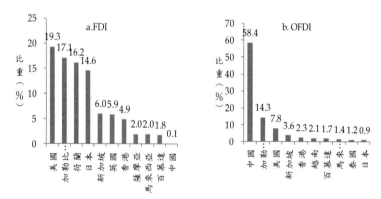

圖 12-15 臺灣主要投資伙伴（2010）

資料來源：《100 年 12 月核准僑外投資、陸資來臺投資、國外投資、對中國大陸投資統計速報》，〈http://www.moeaic.gov.tw/〉。

值得注意的是，國際投資已經成為臺灣經濟發展中非常重要的要素，甚至是驅動臺灣對外貿易的引擎。[17]因此，隨著兩岸相互投資的加速，兩岸貿易將進一步擴張。例如：2011 年，臺灣出口到中國的金額為 840 億美元，占臺灣全部出口總額的比重為 27.2%，中國是臺灣第一大出口目的地。另一方面，臺灣自中國進口的金額為 436 億美元，占臺灣全部進口總額的比重為 15.5%，中國是臺灣第二大進口來源地。（見圖 12-16）

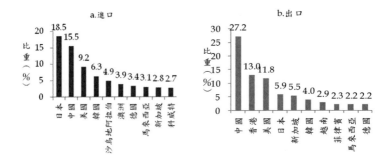

圖 12-16　臺灣主要貿易伙伴（2011）

資料來源：《中華民國進出口貿易統計》，〈http://cus93.trade.gov.tw/FSCI/〉。

　　對中國而言，2010 年，中國自臺灣進口總額為 1,157 億美元，占中國全部進口總額的比重為 8.3%，臺灣是中國第三大進口來源地，僅次於日本與韓國。另一方面，中國對臺灣出口總額為 297 億美元，占中國全部出口總額的比重為 1.9%，臺灣是中國第 11 大出口目的地。（見圖 12-17）

[17] 童振源，《東亞經濟整合與臺灣的戰略》（臺北：政大出版社，2009）。

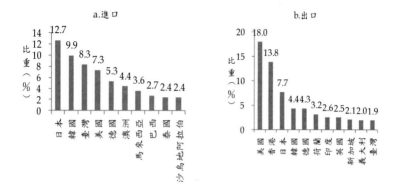

圖 12-17　中國主要貿易伙伴（2010）

資料來源：中國國家統計局，《中國統計年鑑2011》（北京：中國統計出版社，2011）。

　　進一步來看，2011 年，臺灣與中國的出口產品的相似度最高，達到 89.1%；其次是新加坡，出口相似度為 87.4%；第三是馬來西亞，出口相似度為 86.3%；第四是韓國，出口相似度為 86.0%；第五是菲律賓，出口相似度為 75.5%。這表示，臺灣與中國的出口產品的相同性極高。（見圖 12-18）

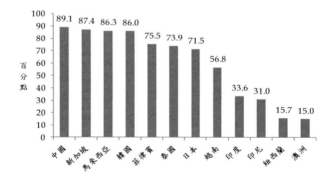

圖 12-18　臺灣與東協加六的出口相似度比較（2011）

資料來源：World Development Indicators database.

但是，兩岸出口結構的高度相似，這也表明兩岸存在很強的
競爭關係。彼此可能會採取競相貶值的策略，以爭奪同一個海外
市場。[18]從表 12-10 可以發現，中國受到臺灣的出口競爭壓力逐
漸下降，從 1997 年的 40.3% 下降到 2011 年的 15.4%。反之，臺
灣出口產品受到中國的競爭壓力卻明顯增加，從 1997 年的 60.3%
提升到 2011 年的 95.5%。這與 IMF 的研究結果相一致，IMF 認
為，中國對東亞經濟體的壓力增大，但各經濟體對於中國的競爭
壓力正在下降。[19]

表 12-10　兩岸的出口競爭壓力

項目類別	中國大陸對臺灣		臺灣對中國大陸	
	1997	2011	1997	2011
出口重疊指數	40.3	15.4	60.3	95.5

資料來源：United Nations Commodity Trade Statistics database.

進一步而言，中國對臺灣所構成的競爭壓力要大於臺灣，競
爭壓力的不對稱將導致新臺幣必須尋求與人民幣保持穩定，以維
持其產品的出口競爭力。例如：Takatoshi Ito、Arvind Subramanian
and Martin Kessler 分別利用一籃子貨幣模型（basket currency

---

[18] 例如：戰略暨國際研究中心（Center for Strategic and International Studies）
與國際經濟研究院（Peter G. Peterson Institute for International Economics）
指出，自 2002 年起，美元對主要貨幣開始大幅貶值，但由於中國大陸採
取實質盯住美元的匯率體制，這讓某些亞洲國家也採取避免升值的政策，
因為擔心自己國家的競爭力在第三世界市場會輸給中國。C. Fred Bergsten
et al., *China: The Balance Sheet: What the World Needs to Know Now About
the Emerging Superpower* (New York: Public Affairs, 2006).

[19] International Monetary Fund, *Regiomal Economic Outlook: Asia and Pacific*
(Washington, D.C.: International Monetary Fund, 2007).

regressions），以檢測亞洲各國匯率決定的因素。結果顯示：2005年7月至2008年12月，新臺幣的匯率主要受到美元、人民幣，以及歐元三種貨幣的影響；其中美元占新臺幣一籃子貨幣中的權重最高為 0.549；其次便是人民幣，權重為 0.333；最後是歐元，權重為 0.164。自 2010 年 7 月以後，人民幣占新臺幣一籃子貨幣中的權重則進一步提升到第一位，權重為 0.607；美元反而退居到第二位，權重為 0.324；歐元繼續保持第三，權重為 0.091。

這種趨勢不僅僅發生在新臺幣身上，同樣出現在亞洲各主要貨幣之間。例如：2005 年 7 月至 2008 年 12 月，共有 6 種貨幣與人民幣具有共同趨勢，人民幣對於這些貨幣的影響大約為第二位，僅次於美元。自 2010 年 7 月以後，韓元（KRW）與菲律賓披索（PHP）也開始將人民幣納入一籃子貨幣的參考對象，因此與人民幣具有共同趨勢的貨幣數增加到 8 個，且重要性提升到第一位。這顯示：隨著人民幣匯率的持續改革，以及中國積極執行人民幣國際化政策，讓亞洲各國貨幣當局對於人民幣更具信心，紛紛加重一籃子貨幣當中的人民幣權重。（見表 12-11）

表 12-11　人民幣在亞洲貨幣錨的重要性之變化

項目類別	Takatoshi Ito	Arvind Subramanian and Martin Kessler
觀察時間	2005/7-2008/12	2010/7-2012/8
IDR	0.467（1）	0.540（2）
INR	0.311（3）	1.048（1）
KRW	0.303（n.a.）	1.101（1）
MYR	0.436（1）	1.047（1）
PHP	0.152（n.a.）	0.764（1）
SGD	0.490（1）	0.456（1）
THB	0.369（2）	0.646（1）
TWD	0.333（2）	0.607（1）
VND	-0.030（n.a.）	0.014（n.a.）

註：
1. 括弧內數字為美元、歐元、日圓與人民幣占各國一籃子貨幣中的重要性排名，本文僅就迴歸係數在5%顯著水準下顯著，且係數方向為正者進行排名。
2. 印尼盾=IDR；印度盧比=INR；韓元=KRW；馬來西亞林吉特=MYR；菲律賓披索=PHP；新加坡元=SGD；泰銖=THB；新台幣=TWD；越南盾=VND；n. a.表示資料無法取得。

資料來源：Takatoshi Ito, "China as Number One: How About the Renminbi?" *Asian Economic Policy Review*, Vol. 5, No. 2 (December 2010), pp. 249-276. Arvind Subramanian and Martin Kessler, "The Renminbi Bloc is Here: Asia Down, Rest of the World to Go?" *PIIE Working Paper* (Peterson Institute for International Economics), No. WP 12-19 (October 2012).

　　綜合來說，隨著兩岸經濟整合更加密切，兩岸的貨幣整合程度也隨之提升。特別是，兩岸出口貿易的不對稱性，造成新臺幣必須盯住人民幣，以避免出口競爭力的大幅下降。而這樣的情形也同樣發生在亞洲其他貨幣身上，因此，Takatoshi Ito 與 Arvind Subramanian and Martin Kessler 都認為，亞洲應可以界定為人民幣區。[20]

---

[20]　Takatoshi Ito, "China as Number One: How About the Renminbi?" *Asian Economic Policy Review*, Vol. 5, No. 2 (December 2010), pp. 249-276. Arvind Subramanian

五、結論

　　本文從全球與區域兩個層次，以分析臺灣應如何看待人民幣國際化。結果顯示，儘管目前人民幣國際化程度還很低，但憑藉著龐大的經濟與貿易規模，金融市場，以及人民幣穩定升值的優勢，人民幣具有非常強的國際競爭力；特別是，中國政府所執行的貨幣國際化戰略將加速縮短人民幣與主要貨幣之間的差距。

　　另外，在兩岸貨幣整合方面，受到兩岸相互貿易與投資整合程度的提升，以及兩岸出口競爭壓力的不對稱性，人民幣已成為新臺幣匯率定價的重要因素之一。因此，臺灣若能加入人民幣的互換網路，將可大幅節省彼此間的交易成本，並分散外匯儲備過於集中美元的風險。

　　換言之，臺灣的擔憂是基於制度考量。首先，人民幣資本帳的開放程度還很低，這使得人民幣的回流機制受到阻礙。不過，從香港人民幣境外中心的持續發展，以及人民幣資本帳開始邁入漸進開放的進程來看，東亞各國央行對於持有人民幣的深具信心。例如：2008 年以後，人民幣占東亞各國一籃子貨幣的比重都顯著提高。

　　第二是基於政治體制的差異。例如：Wendy Dobson and Paul Masson，以及 Friedrich Wu, Rongfang Pan, and Di Wang 都強調，中國政府仍是共產黨一黨領導的專政體制，這可能削弱持有人民

---

and Martin Kessler, "The Renminbi Bloc is Here: Asia Down, Rest of the World to Go?" *PIIE Working Paper* (Peterson Institute for International Economics), No. WP 12-19 (October 2012).

幣的信心。[21]關於此一部分，則有賴中國政府持續推動的政治
改革。

【參考文獻】

中文部分
〔專書〕
中國國家統計局，《中國統計年鑑 2011》，北京：中國統計出版社，
　　2011 年。
童振源，《東亞經濟整合與臺灣的戰略》，臺北：政大出版社，2009 年。
中國人民銀行貨幣政策分析小組，〈2010 年第 4 季度中國貨幣政策執行
　　報告〉，北京：中國金融出版社，2011 年。
〔報紙〕
林祖嘉，〈人民幣國際化的挑戰〉《經濟日報》，2009/6/13。
高照芬，〈OBU 人民幣存款續創新高〉，《中央社》，2012/12/4。
高照芬，〈彭淮南估人民幣存款不逾 8%〉，《中央社》，2012/12/12。
陳怡慈，〈OBU 人民幣存款餘額 衝 200 億〉，《經濟日報》，2012/12/5。
楊泰興，〈人民幣邁向國際化 港幣將萎縮〉，《中國時報》，2008/12/25。
蕭介雲，〈人民幣會小漲 王儷容：可納入外匯存底〉，《台灣醒報》，
　　2010/11/22。
〔網路〕
〈100 年 12 月核准僑外投資、陸資來臺投資、國外投資、對中國大陸
　　投資統計速報〉，http://www.moeaic.gov.tw。
中華民國進出口貿易統計，http://cus93.trade.gov.tw/FSCI。
香港金融管理局，http://www.hkma.gov.hk, Bloomberg, http://www.bloomberg.
　　com.

---

[21]　Wendy Dobson and Paul Masson, "Will the Renminbi Become a World Currency?"
　　China Economic Review, Vol. 20, No. 1 (March 2009), pp. 124-135. Friedrich
　　Wu, Rongfang Pan and Di Wang, 2010, "Renminbi's Potential to Become a
　　Global Currency," *China & World Economy*, Vol. 18, No. 1 (January-February
　　2010), pp. 63-81.

中國人民銀行，〈境外直接投資人民幣結算試點管理辦法〉，《中國網》，
2011/1/6，http://www.china.com.cn/finance/txt/2011-01/13/content_2173
4584.htm。

中國人民銀行調查統計司課題組，〈我國加快資本帳戶開放條件基本成
熟〉，《中國經濟網》，2012/2/23，http://views.ce.cn/view/ent/201202/23/
t20120223_23097763.shtml。

中華人民共和國國務院，〈國民經濟和社會發展第十二個五年規劃綱
要〉，《中國政府網》，2011/3/10，http://www.gov.cn/2011lh/content_
1825838.htm。

王信川，〈德意志銀行發佈 2013 年離岸人民幣市場預測報告〉，《中國經
濟網》，2012/12/5，http://finance.ce.cn/rolling/201212/05/t20121205_
17023172.shtml。

英文部分
〔專書〕

Bergsten, C. Fred et al., *China: The Balance Sheet: What the World Needs to Know Now About the Emerging Superpower* (New York: Public Affairs, 2006).

Cohen, Benjamin J., *The Future of Sterling as an International Currency* (London: Macmillan, 1971).

Eichengreen, Barry, *Exorbitant Privilege: the Rise and Fall of the Dollar and the Future of the International Monetary System* (New York: Oxford University Press, 2011).

European Central Bank, *The International Role of the Euro, Frankfurt* (Germany: European Central Bank, 2010).

Hartmann, Phillip, *Currency Competition and Foreign Exchange Markets* (Cambridge UK: Cambridge University Press, 1998).

International Monetary Fund, *Regiomal Economic Outlook: Asia and Pacific* (Washington, D.C.: International Monetary Fund, 2007).

World Economic Forum, *Financial Development Report 2012* (Geneva: World Economic Forum, 2012).

〔專書〕

Chen, Hongyi and Wensheng Peng, "The Potential of the Renminbi as an International Currency," in Wensheng Peng and Chang Shu eds., *Currency Internationalization, Global Experiences, and Implications for the Renminbi* (New York: Palgrave Macmillan, 2010). pp. 115-138.

Lee, Jong-Wha, "Will the Renminbi Emerge as an International Reserve Currency," in Jeffrey Sachs, Masahiro Kawai, Jong-Wha Lee, and Wing Thye Woo eds., *The Future Global Reserve System: An Asian Perspective* (Manila: Asian Development Bank, 2010).

Li, David Daokui and Linlin Liu, "RMB Internationalization: Empirical and Policy Analysis," in Wensheng Peng and Chang Shu eds., *Currency Internationalization, Global Experiences, and Implications for the Renminbi* (New York: Palgrave Macmillan, 2010), pp. 167-185.

〔期刊〕

Annette Kamps, "The Euro as Invoicing Currency in International Trade," *European Central Bank Working Paper*, No. 665 (August 2006).

Bank for International Settlements, *BIS Quarterly Review*, December 2010.

Bank for International Settlements, *Triennial Central Bank Survey of Foreign Exchange and Derivatives Market Activity in 2004*, March 2005.

Bank for International Settlements, *Triennial Central Bank Survey of Foreign Exchange and Derivatives Market Activity in 2010*, December 2010.

Bergsten, C. Fred, "The Dollar and Deficits: How Washington Can Prevent the Next Crisis?" *Foreign Affairs*, Vol. 88, No. 6 (November/December 2009), pp. 20-38.

Bottelier, Pieter, "International Monetary Reform and the Future of the Renminbi," *China Brief*, Vol. 4, No. 11 (May 2009), pp. 2-5.

Chen-yuan Tung, Guo-chen Wang, and Jason Yeh, "Renminbi Internationalization: Progress, Prospect and Comparison," *China & World Economy*, Vol. 20, No. 5 (September-October 2012), pp. 63-82。

Chinn, Menzie and Jeffrey Frankel, "Why the Euro Will Rival the Dollar," *International Finance*, Vol. 11, No. 1 (Spring 2008), pp. 49-73.

Cohen, Benjamin J., "The Future of Reserve Currencies," *Finance and Development*, Vol. 46, No. 3 (September 2009), pp. 26-29.

Cooper, Richard, "The Future of the Dollar," *Policy Briefs*, Issue 09-21 (September 2009), pp. 1-16.

Dobson, Wendy and Paul Masson, "Will the Renminbi Become a World Currency?" *China Economic Review*, Vol. 20, No. 1 (March 2009), pp. 124-135.

Eichengreen, Barry, "The Renminbi as an International Currency," *Journal of Policy Modeling*, Vol. 33, No. 5 (September–October, 2011), pp. 723-730.

Frankel, Jeffrey, "Historical Precedents for the Internationalization of the RMB," *The Council on Foreign Relations Working Paper*, November 2011.

Hartmann, Phillip and Otmar Issing, "The International Role of the Euro," *Journal of Policy Modeling*, Vol. 24, No. 4 (July 2002), pp. 315-345.

Ito, Takatoshi "China as Number One: How About the Renminbi?" *Asian Economic Policy Review*, Vol. 5, No. 2 (December 2010), pp. 249-276.

Mundell, Robert "Currency Areas, Volatility and Intervention," *Journal of Policy Modeling*, Vol. 22, No. 3 (May 2000), pp. 281-299.

Subramanian, Arvind and Martin Kessler, "The Renminbi Bloc is Here: Asia Down, Rest of the World to Go?" *PIIE Working Paper* (Peterson Institute for International Economics), No. WP 12-19 (October 2012).

Subramanian, Arvind, "Renminbi Rules: The Conditional Imminence of the Reserve Currency Transition," *Peterson Institutefor International Economics Working Paper*, No. WP 11/14 (September 2011).

Wu, Friedrich, Rongfang Pan and Di Wang, 2010, "Renminbi's Potential to Become a Global Currency," China & World Economy, Vol. 18, No. 1 (January-February 2010), pp. 63-81.

〔報紙〕

Brown, Kevin, "Singapore Aims to be Benminbi Hub," *Financial Times*, April 19, 2011.

Eichengreen, Barry, "History Smiles on Ambitious Yuan," *Taipei Times*, November 29, 2009, p. 8.

〔網路〕

AREAER database.

Bloomberg.

COFER databases

IFS database.

United Nations Commodity Trade Statistics database.

World Development Indicators database.

CHAPTER 13

臺灣設立人民幣離岸中心的可能性思考

【Author】曹小衡

現任　南開大學經濟學院教授、博士生導師
　　　南開大學臺灣經濟研究所所長

兼任　海峽兩岸關係協會（海協會）理事
　　　中國國務院臺灣事務辦公室海峽兩岸關係研究中心特邀研究員
　　　中國商務部海峽兩岸貿易協會理事
　　　（中國）全國臺灣研究會理事
　　　天津市臺灣研究會副會長

學歷　南開大學經濟學博士

經歷　華北電力大學助教、講師
　　　中國社會科學院副研究員
　　　南開大學經濟學院副教授
　　　南開大學臺灣經濟研究所副所長

【Author】劉玉人

學歷　南開大學經濟學院臺灣經濟研究所博士生
　　　南開大學經濟學院臺灣經濟研究所碩士
　　　南開大學經濟學院金融系學士

研究　兩岸貨幣一體化、人民幣國際化背景下兩岸貿易結算貨幣問題
　　　發表〈海峽兩岸貿易結算貨幣的選擇與前瞻〉（《國際貿易》
　　　2012 年第七期）

一、引言

　　2008 年以來的國際金融、財政危機使國際金融市場對人民幣的期待日漸增強。中國大陸也順勢推進人民幣國際化，沿著結算、投資、儲備，周邊、區域、全球的路徑，有計劃的推動人民幣國際化進程。香港、倫敦、新加坡等國際金融中心已開始積極探索人民幣業務。尤其香港，在中國大陸的支持下，先行一步，已開始離岸人民幣中心的運作。

　　臺灣具有一定的金融發展基礎和競爭力。然而由於歷史、政治等因素，海峽兩岸經濟金融交流與合作進展緩慢。臺灣方面曾提出建立「亞太金融中心」的計畫，但多年來卻與亞洲主要金融中心差距日趨擴大。2012 年初臺灣方面提出開展「兩岸特色金融業務」，加強與大陸金融合作和交流，抓住人民幣國際化的良機，力爭建設人民幣離岸金融中心。本文將從臺灣建設人民幣離岸金融中心的現實基礎和臺灣離岸金融競爭力和吸引力角度分析，對建設人民幣離岸金融中心進行初步考察。

二、臺灣建設人民幣離岸中心的條件

　　臺灣建設人民幣離岸金融中心的關鍵在於人民幣資金的供給與需求狀況和人民幣資金在岸與離岸市場的流通順暢與否。

（一）人民幣多管道流入，臺灣內部人民幣存量 可觀

離岸金融中心作為「資金池」必須有資金供給通道和穩定的資金存量，在此基礎上才可能衍生出多樣化的人民幣金融產品。

目前人民幣資金進入臺灣內部的管道可以分為三類，第一類是通過大陸遊客赴臺旅遊攜帶人民幣入境；第二類是依靠臺灣對大陸的巨額貿易順差引致的人民幣資金的入境；第三類是臺灣批准的大陸投資投向臺灣內部。

在兩岸貿易方面，雖然兩岸貿易計價和結算主要貨幣仍是美元，但是隨著兩岸貨幣清算機制的建立和兩岸貿易人民幣結算的推動，臺灣對大陸的巨額貿易順差將會成為人民幣進入臺灣內部的主要途徑之一。中國大陸 2003 年取代美國成為是臺灣最大的順差來源地，2011 年兩岸貿易總額接近 1700 億美元，其中臺灣對大陸的順差為 770 億美元。2011 年跨境貿易人民幣結算額約占大陸對外貿易和經常帳戶交易總額的 8%，若臺灣對大陸的貿易順差以人民幣結算的部分也按此比例進行估算，則僅 2011 年將有 61.6 億人民幣通過對臺貿易逆差形式流入臺灣內部。在兩岸貿易規模逐年快速擴大和人民幣跨境貿易結算規模增加的基礎上，可以推算出臺灣對大陸的順差將成為人民幣資金的最主要供給途徑。

在大陸遊客赴臺旅遊方面，自 2008 年開放赴臺旅遊以來，大陸遊客數量上升迅速，在 2010 年超過日本成為臺灣最大的境外遊客來源。對於大陸遊客攜帶人民幣資金入境規模雖然無明確官方報導資料，但是根據臺灣交通部觀光局資料，到 2012 年 8 月底大陸遊客赴臺已超過 428 萬人次，按照大陸遊客在臺平均停

留一周時間，每天花費 1500 元人民幣為基準進行估算（臺灣方面規定每人每次可以兌換人民幣限額為兩萬元人民幣），僅僅通過旅遊一項累計流入臺灣內部的人民幣資金就達到 420 億人民幣。

「陸資入臺」也是人民幣資金流入管道。大陸在臺灣是繼日本之後的第二大亞洲投資者，到 2011 年底，已有 204 家大陸企業獲准在臺設立分公司或投資臺灣內部公司，涉及投資金額約為 55.3 億新臺幣（約合 12 億人民幣）。雖然兩岸對於「陸資入臺」有共同的期待——優勢互補，迎接全球化挑戰，但是由於臺灣方面設置障礙過多，且臺灣的政治生態也讓陸資進入頗顯猶豫，所以不管是從投資規模還是實際效果來看，「陸資入臺」都遠不如預期，目前還無法成為穩定的人民幣資金流入途徑。

表 13-1　人民幣流入臺灣內部的主要途徑與估算規模

單位：億人民幣

主要途徑	期間	估算基礎	預估流入規模
對臺貿易逆差	僅 2011 年	770 億順差，8%以人民幣結算	61.6 億
大陸遊客赴臺	至 2012 年 8 月底	428 萬人次，每人花費 1500*7	449.4 億
陸資入臺	至 2011 年底	55.3 億（新臺幣）投資規模	12 億

資料來源：筆者自行整理計算

此外，臺灣內部人民幣資產存量也具有一定規模。自兩岸貨幣清算協議簽署之後，臺灣央行開始每月公佈 OBU 人民幣總資產。2012 年 10 月，臺灣 OBU 的人民幣存款量、人民幣總資產和人民幣跨境貿易結算總額分別為 193.04 億元、472.21 億元和 52.72 億元，環比增長 7.4%、7.5%和 2.2%。目前，臺灣已經有 62 家本地或外商銀行可以開辦 OBU 人民幣業務，其中本地銀行為 37 家。

（二）人民幣在臺灣已經具有巨大的現實需求，是潛在的人民幣離岸金融市場

資金供給固然重要，但是臺灣能否建立成為人民幣離岸金融中心，從根本上講是市場需求推動的結果。目前在臺的人民幣需求由三部分組成，分別是保值需求，兩岸貿易計價和結算需求，以及持有人民幣的交易需求。

首先，人民幣匯率穩定升值預期明顯，是良好的保值工具。國際金融危機的衝擊讓本已式微的以美元為中心的國際貨幣體系遭到了更多質疑，企業作為金融市場上最活躍的資金使用者，為了避免貨幣錯配的風險，傾向於持有幣值堅挺的貨幣，臺灣企業也不例外，此時人民幣就成為可供選擇的貨幣。而且隨著人民幣國際化進程的推進，人民幣在亞太地區已經具有相當影響力，保值目標驅動了旺盛的人民幣資金需求。

第二，愈發緊密的兩岸經貿關係提供了人民幣貿易計價和結算的需求。目前中國大陸是臺灣的第一大交易夥伴、最大的貿易順差來源地和第一大出口市場，由於歷史等因素，兩岸貿易一直使用美元作為計價和結算貨幣，美元貶值趨勢讓臺灣企業的利潤空間受到了極大的侵蝕，部分貿易企業已經採用人民幣計價結算回避損失。兩岸貨幣清算機制已經正式啟動，海峽兩岸貿易可選擇以人民幣結算已是必然趨勢，由於政策阻礙和機制缺失而壓抑的人民幣貿易需求將會迸發。

最後，臺灣內部的人民幣交易需求也不容忽視。至 2011 年 8 月底，臺灣內部累計共賣出 175 億元人民幣，買入 142 億元人民幣，平均每日買入 1809 萬元人民幣，賣出 2240 萬元人民幣；每筆兌換金額平均為 6 千元人民幣。隨著兩岸貨幣清算機制的建立

和兩岸貨幣清算機構的確定，可以預期臺灣人民幣業務也即將放開，這其中蘊含了對人民幣的巨大現實交易需求。此外，如果兩岸進一步探討「兩岸貨幣互換機制」（SWAP）等合作事宜，鑒於臺灣外匯儲備數額巨大，若臺灣將人民幣被納入儲備貨幣，那麼人民幣的儲備需求也將會隨之體現出來。

（三）大陸藉離岸金融市場促人民幣國際化，在岸與離岸市場雙向流動機制基本建立

　　隨著中國大陸整體經濟實力的增長，對外貿易和旅遊業的推進，人民幣越來越國際化，流出的數量將越來越大。而在人民幣不能完全自由兌換、資本流動仍受控制的條件下，自然會產生人民幣離岸業務。建設規範的離岸金融中心，對於在岸市場和離岸中心都有一定的益處。一方面，允許人民幣在境外離岸中心流通，可以讓在岸的大陸金融監管部門將境外流通的人民幣納入銀行體系，便於掌握人民幣境外流動規模和去向，同時人民幣在離岸中心完全自由化的發展可以形成市場化的利率指標，對於推動大陸境內利率市場化、調節外匯市場和進行各項金融決策有重要參考價值[1]。另外，人民幣離岸中心的建設，也會對在地金融有所貢獻。以香港人民幣離岸金融中心發展為例，雖然從短期看，人民幣在港業務給經濟發展帶來的效益有限，但是從長期來看，允許香港開辦人民幣業務，不僅在於以人民幣為基礎的金融工具的大量湧現可以活化香港金融市場，提供離岸或國際業務活動的大

---

[1]　巴曙松，2012/7。〈要進一步加強香港人民幣離岸市場的建設〉，《經濟縱橫》，頁 14-17。

量商機[2]，更在於香港可以借助人民幣離岸金融中心建設，如同當年倫敦建立美元離岸市場一樣，迎來金融發展的新一波機遇。

　　中國大陸在香港歷經近九年的探索和實踐，基本建立了在岸市場和離岸市場之間資金雙向流動的機制。香港自 2004 年和大陸簽訂清算機制，到 2012 年 8 月香港銀行可以向「非香港居民」提供人民幣服務，人民幣兌換金額無上限，經歷了「建立清算機制」、「擴展人民幣貨幣市場業務」、「發展債券市場建立直接融資機制」、「發展衍生產品完善風險管理機制」四個大階段。面對離岸金融市場資金回流境內市場的巨大需求，大陸方面先後允許境外央行、港澳清算行、境外參加行三類機構運用人民幣資金投資境內銀行間債券市場，允許境外機構和個人以人民幣來大陸境內直接投資以及允許一定資格的基金管理公司、證券公司的香港子公司使用人民幣資金投資境內銀行間債券市場和股票市場。此外，還批准人民幣合格境外機構投資者（RQFII）資格。這些措施標誌著，構建的跨境直接投資和跨境金融投資人民幣結算的資金回流管道已經基本成型。

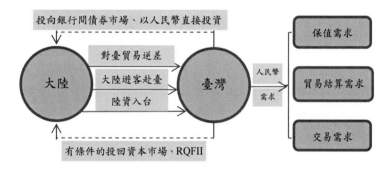

圖 13-1　臺灣人民幣供求及人民幣資金流動狀況示意圖

---

[2]　余偉文，2012/8。〈人民幣國際化及香港的角色〉，《中國金融》，頁 29-30。

三、臺灣離岸金融中心的競爭力和吸引力

　　為了更深入細緻分析臺灣建設離岸金融中心的優勢和劣勢，本文將避開泛泛討論金融競爭指數構成和各項指標得分的比較，採用國際貨幣基金組織對離岸金融中心的定義和國際清算銀行相關統計口徑，從離岸金融中心的競爭力和吸引力兩個層面，通過與香港等國際金融中心的對比，聚焦臺灣離岸金融發展的長短板。

（一）臺灣離岸金融中心競爭力分析

1. 臺灣銀行業離岸資產和負債規模相對較小，成長性較高

　　銀行業是離岸金融市場的最主要參與者，其規模的大小是影響離岸金融中心建設和金融競爭力的重要因素，反過來，離岸金融的發展也是銀行業發展的主要推力之一。以香港為例，根據國際清算銀行的定義，離岸金融資產和負債即為對外資產和負債，是非居民所持有的本外幣資產和負債。香港作為國際金融中心和人民幣離岸金融中心，自 2001 年以來銀行業持有的離岸金融資產和負債總規模由期初的 4440 億美元上升至 2011 年年均的 9194 億美元，同期離岸存貸款總額規模由 3793 億美元增加至 6629 億美元[3]。香港銀行業運用自身的清算和結算功能，為離岸金融市場提供多樣化服務的同時，也強化了本地經濟發展，為金融業務打下了堅實的基礎。

---

[3]　數據來源於國際清算銀行數據庫 http://www.bis.org/statistics/index.htm，期初指第一季度。下文中期初定義與此處相同。

和香港比較，臺灣離岸金融資產和負債總體規模相對較小。2001 年期初，臺灣的銀行對外資產和負債總額為 614 億美元，其中外幣資產和負債規模為 603 億美元，對外存貸款總額為 444 億美元。同一統計區間，香港的離岸金融總額達到臺灣總規模的 7 倍以上，其中離岸存貸款規模為 3793 億美元，是臺灣的 8 倍左右，外幣資產和負債總額為 4065 億美元，是臺灣的近 7 倍規模。由於臺灣金融自由度和專業化方面都與香港相差很遠，在總體規模上臺灣無法與香港爭衡。但是從年均增長率來看，除了 2008 年美國次貸危機的衝擊導致當年的總體規模縮水之外，2008 年之前臺灣對外金融資產和負債在其他年份都表現出穩定快速的成長性；外幣資金資產和負債規模與離岸存貸款總額增長率也表現出相似的特點。

表 13-2　臺灣和香港離岸金融資產年均規模[4]

單位：十億美元

年份	離岸金融資產與負債		外幣形式		離岸存貸款	
	臺灣	香港	臺灣	香港	臺灣	香港
2001 年	69.15	405.20	68.18	371.84	48.58	327.56
2002 年	67.28	394.33	66.48	358.46	36.75	291.59
2003 年	81.30	440.24	80.57	394.92	40.83	323.59
2004 年	95.08	508.00	94.55	460.81	45.27	369.75
2005 年	117.31	512.56	116.64	458.04	50.17	364.94
2006 年	144.33	621.31	143.89	531.38	56.89	434.79
2007 年	184.73	798.40	184.27	689.75	70.22	588.88
2008 年	169.49	788.49	168.78	713.07	86.60	547.77
2009 年	187.83	747.78	186.90	675.18	84.00	501.34
2010 年	204.04	829.63	203.15	760.41	88.20	572.39
2011 年	216.46	919.43	215.71	857.39	107.99	662.88

資料來源：亞洲開發銀行（ADB）和國際基金組織（IMF）

---

[4]　IMF 資料是以季度為統計頻率，表中數值為年均資料，和上文中期初資料存在一定差別。

2. 臺灣證券市場國際化有一定廣度但深度不足，金融效率有待提高

臺灣證券市場體系發育較為完善，市場結構完整，無論是從交易產品種類、上市公司數量、股票市場總市值和總交易額，還是從外資持有的股票占總市值的比例，都體現出臺灣證券市場的國際化特點。臺灣證券交易所交易品種較多，包括股票、衍生工具市場、基金市場和債券市場，上市交易的證券種類包括：股票（普通股和特別股）、存單憑證、認購（售）權證、債券、受益憑證、ETF（指數股票型基金）、受益證券等。截止 2011 年底，臺灣上市和上櫃公司數目達到 790 家，雖和倫敦、紐約和東京三大金融中心的上市公司數目差距明顯，也和香港的上市公司數量有一定差距，但是超過譽有「亞洲美元中心」的新加坡境內上市的公司數目（見表 13-3）。在證券市場交易總額和總市值方面，臺灣仍均高於新加坡；在香港未成為人民幣「離岸資金池」前，臺灣證券市場活躍度高於香港，但是 2007 年香港開放人民幣業務後，香港證券交易量和成交額都猛增，不僅反超臺灣，還將優勢繼續拉大（見圖 13-2）。在外資持有方面，境外機構和私人持有股票占總市值的比例在 2011 年達到 30%，外資在集中交易市場上的交易比重也達到了 21.8%，讓臺灣證券市場國際化特點更加鮮明。

表 13-3 臺灣與世界主要離岸金融中心上市公司數目比較

單位：家

	臺灣	紐約	東京	倫敦	香港	新加坡
2002 年	638	2,366	2,119	2,824	812	385
2003 年	669	2,308	2,174	2,692	852	413
2004 年	697	2,293	2,276	2,837	892	462
2005 年	691	2,270	2,323	3,091	934	493
2006 年	688	2,281	2,391	3,256	975	539
2007 年	698	2,297	2,389	3,307	1,048	605
2008 年	718	1,963	2,374	3,096	1,087	633
2009 年	741	2,327	2,320	3,088	1,145	639
2010 年	758	2,317	2,280	2,966	1,244	651

資料來源：紐約、倫敦資料來源為世界交易所聯合會每月統計資料；臺灣、東京、
香港、新加坡及上海資料來源為各該交易所網站

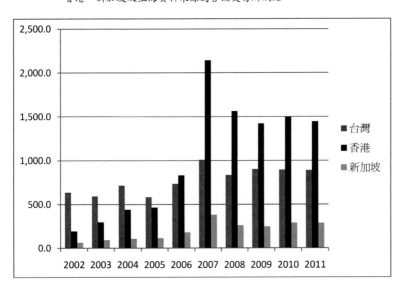

圖 13-2 臺灣、香港和新加坡證券市場交易成交金額比較

單位：十億美元
資料來源：臺灣、香港、新加坡數據來源自各交易所網站

金融效率是和金融國際化緊密聯繫，同樣也體現一國或地區金融競爭力。金融系統的效率可以用股票市場交易總值與 GDP 的比例來衡量（Levine，2000）[5]，該項指標越高表示金融效率越高，市場參與者越傾向於通過直接融資獲取資金。通過與香港對比可以發現，香港作為國際金融中心，其資金流動和轉換效率非常之高，這也奠定了其較強的金融競爭力[6]；而臺灣的金融效率一直維持在十年前的水準，從 2003 年之後和香港的差距逐漸明顯。

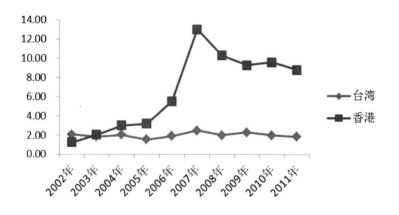

圖 13-3　臺灣和香港金融效率比較

資料來源：臺灣、香港數據來源自各交易所網站

[5] Ross Levine, " A New Database on the Structure and Development of the Financial Sector. "*World Bank Review* (2000) 14(3). P597-605
[6] 王應貴、姚靜、楊婕，2012/2。〈香港離岸金融中心的國際地位與競爭力研究〉，《亞太經濟》，頁 139-144。

3. 臺灣資產管理發展緩慢，創新能力不足

離岸金融中心的核心競爭力之一就是資產管理業務水準。在亞太地區，資產管理業務競爭非常激烈，除了資金來源和投資區域集中在亞太區域的香港資產管理中心外，新加坡作為後起之秀，不僅在資產管理規模上與香港不相伯仲（2010 年底，香港管理資產規模為 1.3 萬億美元，新加坡為 1.1 萬億美元），還充分利用金融期貨和短期資本市場開發的優勢，以債券市場作為建設世界級金融中心的突破口，發展國際多元化投資，不斷推出金融衍生產品吸引國際資金。

早在 1995 年臺灣方面就提出「亞太金融中心」計畫，並在當時條件下具有一定的優勢，然而當前在資產管理水準甚至金融競爭力方面和香港的差距反而拉大了。究其原因，除了技術性因素，例如臺灣金融改革困難重重，金融業比重仍較低，國際銀行網欠缺，國際金融業務人才不足，外資公司進入本地資本市場籌資困難等外，臺灣政局的穩定性、機構獨立性以及市場成熟性方面都遠遠落後於香港等金融中心。截止 2011 年 12 月底，臺灣內部資產管理總額為 27408 億新臺幣（約合 1000 億美元），境外資產管理總額為 22231 億新臺幣，尚未恢復到金融危機前 2007 年的 30000 億新臺幣峰值水準；管理的基金數目大體穩定，共同基金、私募基金、全權委託基金和境外基金數分別為 599 支，96 支，1347 支和 1021 支。在產品創新方面，臺灣金融監管部門為提升資產管理事業的競爭力採取了一些開放政策，但是仍較嚴格的管制壓抑了產品創新的動力。

（二）臺灣離岸金融中心吸引力分析

　　全球離岸金融中心業務絕大部分集中在紐約、倫敦和東京，這三個中心以其多樣化服務，雄厚的資金基礎和便利使用利率、匯率等金融工具的優勢處於絕對領先地位，世界其他離岸金融中心則憑藉各自獨特的優勢提供離岸金融服務。以下筆者將從地理區位，基礎設施與人才，優惠政策與條件三個角度考察臺灣離岸金融中心的吸引力。

1. 臺灣區位優勢明顯

　　臺灣位於東北亞和東南亞的交接處，適處西太平洋新興地區的中間環節，無疑可以分享到周邊地區經濟發展的紅利。在位置上，臺灣北朝日本、韓國等經濟發達地區，西鄰經濟發展強勁市場廣闊的中國大陸，南向新興的東南亞地區，飛往西太平洋 7 大主要城市（香港、上海、馬尼拉、首爾、東京、新加坡和雪梨）的平均飛行時間最短（只需約 2 小時 55 分），至亞太地區五大港口（香港、馬尼拉、上海、東京和新加坡）的平均航行時間最短。得天獨厚的地緣優勢，有利於外資企業減少運輸費用、降低貿易成本，增強經濟競爭力，有利於接納外資金融機構（這些機構的總部大多設在發達金融中心）在此設立分支機構，在地理上向中心國家和地區靠攏。在時區上，臺灣可以銜接歐亞市場之間的時差，上午可與香港、新加坡、東京等金融中心進行交易，下午可與倫敦、歐洲其他金融中心交易，這對開展離岸金融業務十分有利。此外，與區位優勢聯繫緊密的是人文優勢，臺灣和中國大陸語言相通，習俗相近，血緣和親緣相連，如若開展人民幣離岸金融業務可謂如魚得水。

2. 基礎設施較為完善，專業人才齊備

臺灣早在 1982 年就提出要建立國際金融中心，發展至今具有一定的基礎，特別是在九十年代提出建設亞太營運中心，這對臺灣基礎設施的投入和建設有極大的推動作用。臺灣交通便捷，北有「桃園國際機場」和「臺北松山機場」，南有「高雄小港機場」，中有「清泉崗機場」，可以聯繫世界主要經濟中心城市。同時臺灣擁有世界發達的電訊系統和交易支付結算系統，2001 年參考美國 FICC 建立債券比對系統。在人才培養方面，臺灣長期注重基礎教育和專業化高層次人才培養，並積極吸收和引進人才，尤其是二十世紀八十年代以來，為加速促進產業基礎升級，大力延攬海外專業人才回臺，使臺灣高級人才供應不虞匱乏。為配合人才需求和「亞太營運中心」建設的發展，臺灣經建會提出「落實發展亞太營運中心的人才培訓策略」，培養了一批熟悉國際市場特性和瞭解國際金融業務操作的實務性高級專業人才。

3. 國際金融業務擴大，優惠政策頗具吸引力

由於離岸銀行業務是離岸金融中心比重最大的業務，稅率的優惠政策對境外投資者具有極強的吸引力。臺灣政府為推動國際金融中心的建立，先後頒佈了《境外金融業務分行特許條例草案》、《國際金融業務條例》、《國外期貨交易法》等一系列規章條例，並緊隨國際形勢變動和臺灣內部經濟發展變化，幾經修改完善，在境外金融機構業務範圍和優惠政策方面進行了明確規定。就境外金融業務範圍而言，臺灣在 2010 年最新修訂的《國際金融業務條例》中規定，1）允許吸收境外外匯存款；2）放開臺灣內外有價證券買賣的經紀和代理業務；3）辦理臺灣內外外幣授信業務、外幣金融債券和債務憑證業務；4）辦理境外外幣信用

簽發、通知、押匯和進出口托收業務；5）辦理境外資金借貸和外幣有價證券買賣。其中開放有價證券買賣經紀業務和辦理外幣有價證券買賣業務意義重大，表示臺灣實質推動國際金融中心的建設，也為臺灣經營人民幣離岸業務做好了準備。在優惠稅收政策方面，臺灣更具吸引力。如表四所示，對存款準備金、所得稅、存放款利率、印花稅和營業稅都進行了免除的規定，每年須繳納的費用只是少量特許費。

表 13-4　臺灣、香港和新加坡離岸金融優惠政策

	臺灣	香港	新加坡
存款準備金	無	無	無
存放款利率限制	無	無	無
存款保險	無	無	無
利息所得稅	無	一律交納 18.5％所得稅	無
營利事業所得稅	無		無
印花稅	無	無	無
營業稅	無	無	亞洲貨幣單位的盈餘只扣 10%的特許稅
其他稅費	每年須繳特許費	每年應繳交換新註冊費	每年須繳特許費

資料來源：作者自行歸納整理

　　通過上述對臺灣金融競爭力和吸引力的分析可以得出，臺灣作為離岸金融中心的優勢和劣勢都十分明顯。優勢主要體現在地理位置優勢突出，作為離岸金融中心的基礎設施齊備，國際金融業務人才可以滿足發展需求，臺灣金融改革和金融政策增加了境外資金來臺的吸引力，同時，臺灣離岸金融市場也表現出較高的成長性。而臺灣的金融劣勢則表現在金融市場尤其是證券市場的國際化程度低，資金流動和周轉性不高，金融效率低下，加上臺灣較嚴格的金融管制抑制了金融產品創新，資產管理水準也徘徊不前。

四、發展臺灣人民幣離岸中心的思考

（一）構建清算型人民幣離岸金融中心

在國際金融市場對人民幣產生強勁需求的背景下，建設多個人民幣離岸金融市場是可行和必要的。雖然臺灣在地緣位置、基礎設施、專業人才以及優惠政策方面具有一定的吸引力，但是從臺灣整體離岸金融中心競爭力來看，建立全能型離岸金融中心在短時間內是無法實現的。同時，兩岸剛就貨幣結算制度達成共識，最新的進展也只到指定了雙方的代理結算行，距離人民幣業務在臺灣內部的放開和完全開放還需要一段時間跨度；考慮到臺灣方面雖然想利用人民幣離岸中心建設帶動整體金融競爭力提升，但是開放時的顧慮仍很多。所以，在現階段將臺灣打造成區域貨幣清算中心，分流香港在亞太地區的人民幣結算業務是可行之路。一方面，通過臺灣對大陸的貿易逆差提供的人民幣結算需求，推動臺灣內部人民幣貿易結算業務，完善設施、市場規模和結算制度和功能等方面的建設，另一方面，參考香港經驗和依託兩岸貿易人民幣結算平臺，逐步推開全面的人民幣業務結算。

（二）以人民幣現匯市場為突破口，兼顧資本市場人民幣計價產品

兩岸貨幣清算機制生效後，臺灣內部外匯指定銀行（DBU）即可比照外幣業務不需再經過申請，承做人民幣包括存款、放

款、匯款、貿易結算及理財商品。通過對臺灣金融競爭力分析可知，臺灣資本市場雖然有一定的國際化廣度，但是深度不足，金融效率，資產管理水準和產品創新水準都較低。在現匯市場方面，雖然對外資產和負債規模不高，但是有較高的成長性，因而建立離岸金融市場可以現匯市場作為突破口，積極開拓在臺人民幣與各大國際貨幣零售型兌換業務，著力構建人民幣外匯批發市場，將眾多包括跨國銀行在內的在臺銀行吸引到市場中來，並通過人民幣結算行積極參與大陸外匯市場以實現在岸和離岸市場的有效聯通。在人民幣存貸款業務方面，開拓以貿易融資為主的人民幣非居民貸款市場，使在臺灣的人民幣存款得到充分利用。同時資本市場也不可偏廢。離岸市場的起步階段，建立適當的回流機制扶持政策是必要的，但是從長遠看關鍵是要有自我循環機制，這就要求豐富人民幣計價金融產品，擴寬人民幣在臺的使用範圍。

（三）強化頂層設計和制度協調，疏通在岸和離岸市場資金流動

在國際金融危機衝擊主要國際貨幣的大背景，人民幣國際化的大趨勢，和兩岸金融交流向好的大局面下，及時推進臺灣離岸人民幣金融中心建設，重點要強化頂層設計和制度協調。從各離岸金融中心的發展經驗看，在岸市場的有力支持對離岸金融中心的發展至關重要，在岸市場和離岸市場金融政策配合必不可少。臺灣內部人民幣存量規模越來越大，企業和民眾對人民幣需求不斷增加，更需要加強總體框架設計和海峽兩岸政策制度協調，將

民間無序的人民幣流動納入到規範的流通體系中，包括根據人民幣離岸市場的發展狀況適時調整市場定位，建立在岸和離岸市場多樣化通暢的資金供給和回流管道，處理好在岸市場金融改革和離岸市場發展的關係，在市場需求和金融中心相互競爭推動下，建立可能出現的多個人民幣離岸市場之間的互動。

（四）加強聯動監管，維護人民幣匯率和離岸市場穩定

　　進行離岸金融市場建設過程中，可能會引發一些問題，例如離岸市場人民幣積累的頭寸是否會對在岸市場的貨幣政策和人民幣匯率造成衝擊，境外囤積的人民幣資金是否會進行洗錢活動等。為有效防止上述情況的發生，不僅要求臺灣金融監管部門加強對相關金融機構吸收人民幣業務活動進行監管，以維護人民幣匯率穩定和離岸金融中心的穩定，還需要大陸監管部門參與到人民幣離岸市場的運作和監管中來，加強在岸和離岸市場的監管聯動，監控相關市場上人民幣的供求情況。在離岸金融中心建設的起步階段，通過控制人民幣清算額度，限制市場上人民幣同業拆借，禁止或者限制離岸人民幣存款在同一金融機構在大陸和臺灣分支機構間的調撥使用，以便盡可能減少可能的衝擊。

【參考文獻】

巴曙松，〈要進一步加強香港人民幣離岸市場的建設〉，《經濟縱橫》，頁14-17，2012/7。
余偉文，〈人民幣國際化及香港的角色〉，《中國金融》，頁29-30，2012/8。

王應貴、姚靜、楊婕，〈香港離岸金融中心的國際地位與競爭力研究〉，《亞太經濟》，頁 139-144，2012/2。

Ross Levine, "A New Database on the Structure and Development of the Financial Sector." *World Bank Review* (2000) 14(3). P597-605.

附錄
兩岸經濟關係統計數據

【Author】王國臣

學歷　國立政治大學東亞研究所碩士
　　　國家發展研究所博士

研究　中國政治與經濟、國際關係、量化研究方法。
　　　著有「中國經濟研究網路資源索引」(TSSCI)、「人民幣
　　　國際化：進程、展望與國際比較（Renminbi
　　　Internationalization: Progress, Prospect and
　　　Comparison）」(SSCI)。
　　　榮獲第三屆發展研究年會「中國研究」博士論文獎、漢青
　　　大陸研究獎學金。

一、兩岸人員往來

表1 臺灣人民赴中國大陸旅遊人數

單位：萬、%

期間	人次	年成長率
2005 年	411	11.5
2006 年	441	7.4
2007 年	463	4.9
2008 年	439	-5.2
2009 年	448	2.2
2010 年	514	14.6
2011 年	526	2.4
2012 年 1 至 11 月	494	1.2
累計至 2012 年 1 至 11 月	7125	n. a.

資料來源：中國大陸國家旅遊局，http://www.cnta.gov.cn/。
註：臺灣居民赴中國大陸探親自 1987 年 11 月起開放。

表2 中國大陸人民來臺人數

單位：人次

項目 類別	2008 年	2009 年	2010 年	2011 年	2012 年 1 至 11 月	累計至 2012 年 1 至 11 月
核准 總計	283,122	937,412	1,591,180	1,977,300	2,208,048	8,912,194
定居 居留	22,528	34,623	41,280	29,643	24,243	421,457
觀光	91,636	589,589	1,181,474	1,273,671	1,739,833	5,182,942
文教 交流	27,867	51,718	89,469	92,334	66,083	430,069

資料來源：內政部入出國及移民署，http://www.immigration.gov.tw/。
註：
1.中國大陸人民來臺從事觀光活動自 2002 年 1 月起開放。
2.文教交流的計算時間起於 2001 年開始。
3.定居居留的計算期間起於 1988 年。

二、兩岸貿易

表3 兩岸貿易統計

單位：億美元、比重（％）

項目類別	2008 年	2009 年	2010 年	2011 年	2012 年 1 至 11 月	累計至 2012 年 1 至 11 月
出口總額	669	542	769	839	737	5,976
占臺灣的比重	26.2	26.6	28.0	27.2	26.8	15.8
占大陸的比重	4.7	4.5	4.9	4.4	4.0	4.2
進口總額	314	244	359	436	374	3,170
占臺灣的比重	13.1	14.0	14.3	15.5	15.0	9.3
占大陸的比重	2.8	2.4	2.6	2.5	2.3	2.6
進出口總額	983	786	1128	1275	1111	9,145
占臺灣的比重	19.8	20.8	21.4	21.6	21.2	12.7
占大陸的比重	3.8	3.6	3.8	3.5	3.2	3.5

資料來源：中國大陸海關總屬，http://www.customs.gov.cn/；財政部關稅總局，http://web.customs.gov.tw/；經濟部國際貿易局，http://www.trade.gov.tw/。
註：兩岸貿易累計資料的計算時間起於 1989 年。

表4 臺商對中國國際貿易的貢獻

單位：億美元、比重（％）

項目類別	2008 年	2009 年	2010 年	2011 年	2012 年 1 至 11 月	累計至 2012 年 1 至 11 月
出口總額	1,996	1,697	2,177	2,513	2,345	18,615
占大陸的比重	14.0	14.1	13.8	13.2	12.7	13.2
進口總額	1,705	1,500	2,030	2,379	2,189	17,809
占大陸的比重	15.1	14.9	14.5	13.6	13.3	14.5
進出口總額	3,702	3,197	4,208	4,892	4,534	36,424
占大陸的比重	14.4	14.5	14.1	13.4	13.0	13.8

資料來源：中國商務部外國投資管理司，http://wzs.mofcom.gov.cn/；中國海關總屬，http://www.customs.gov.cn/；童振源、洪家科，〈臺商對中國經濟發展的貢獻：1988～2008 年〉，田宏茂、黃偉峰主編，《臺商與中國經濟發展》（臺北市：國策研究院，2010 年），頁 1-50。
註：
1.臺商出口總額等於外商投資企業出口總額乘以臺商占外商出口比重（25.3%）。
2.臺商進口總額等於外商投資企業進口總額乘以臺商占外商進口比重（27.5%）。

三、兩岸投資

表 5　臺商對中國大陸投資金額統計

單位：億美元

期間	大陸委員會	中國商務部	本研究推估
2005 年	60	22	98
2006 年	76	21	115
2007 年	100	18	152
2008 年	107	19	153
2009 年	71	19	116
2010 年	146	25	115
2011 年	144	22	106
2012 年 1 至 11 月	116	28	97
截至 2012 年 11 至 11 月	1,233	568	2,099

資料來源：中國商務部外國投資管理司，http://wzs.mofcom.gov.cn/；行政院大陸委員
會，http://www.mac.gov.tw/；童振源、洪家科，〈臺商對中國經濟發展的貢
獻：1988～2008 年〉，頁 1-50。

註：本研究的估計值之計算公式為開曼群島與維京群島對大陸投資乘以 70%，再加
上中國商務部的統計值。

表 6　臺商對中國大陸投資的前十大產業與地區
（截至 2012 年 11 月）

排序	產業別	地區別
第 1 名	電子零組件製造業（19.8%）	江蘇（32.9%）
第 2 名	電腦、電子產品及光學製品製造業（13.9%）	廣東（20.7%）
第 3 名	電力設備製造業（7.5%）	上海（14.9%）
第 4 名	批發及零售業（5.6%）	福建（7.1%）
第 5 名	金屬製品製造業（4.7%）	浙江（6.6%）
第 6 名	化學材料製造業（4.5%）	山東（2.3%）
第 7 名	塑膠製品製造業（4.2%）	四川（2.1%）
第 8 名	非金屬礦物製品製造業（4.1%）	天津（2.0%）
第 9 名	機械設備製造業（4.0%）	北京（1.6%）

第 10 名	金融及保險業（3.1%）	重慶（1.5%）
前 10 名合計	71.3%	92.3%

資料來源：經濟部投資審議委員會，http://www.moeaic.gov.tw/。

註：括弧內數字表示該產業（地區）占臺商對大陸投資的比重。

表 7　核准陸資來臺投資金額

單位：萬美元

期間	金額
2009 年	3,749
2010 年	9,435
2011 年	4,374
2012 年 1 至 11 月	17,527
截至 2012 年 1 至 11 月	35,084

資料來源：經濟部投資審議委員會，http://www.moeaic.gov.tw/。

表 8　核准陸資來臺投資前 10 大產業

排序	產業
第 1 名	銀行業（26.1%）
第 2 名	批發及零售業（21.3%）
第 3 名	電腦、電子產品及光學製品製造業（16.2%）
第 4 名	資訊軟體服務業（11.3%）
第 5 名	機械設備製造業（7.0%）
第 6 名	食品製造業（3.9%）
第 7 名	會議服務業（3.4%）
第 8 名	廢棄物清除、處理及資源回收業（2.6%）
第 9 名	電子零組件製造業（2.0%）
第 10 名	餐館業（1.9%）
前 10 名合計	95.4%

資料來源：經濟部投資審議委員會，http://www.moeaic.gov.tw/。

註：括弧內數字表示該產業（地區）占臺商對大陸投資的比重。

四、兩岸資金往來

表 9　臺灣對中國大陸匯出匯入款統計

單位：億美元

期間	匯出	匯入	匯出與匯入合計
2008 年	1,989	1,192	3,181
2009 年	1,787	1118	2,905
2010 年	2,512	1,508	4,020
2011 年	3,141	1,843	4,985
2012 年 1 至 10 月	2,669	1,545	4,214
截至 2012 年 1 至 10 月	17,226	9,908	27,134

資料來源：經濟部投資審議委員會，http://www.moeaic.gov.tw/。

表 10　臺灣國際金融業務分行人民幣業務

單位：億人民幣

項目類別	截至 2011 年 12 月	截至 2012 年 10 月	2012 年增加量
人民幣存款餘額	56	193	137
人民幣授信餘額	0	86	86
人民幣總資產餘額	0	472	472
跨境人民幣貿易結算	0	53	53

資料來源：中央銀行，http://www.cbc.gov.tw/。

註：2011 年 7 月底，兆豐銀行獲金融管理委員會核准成為首家國際金融業務分行（OBU, offshore banking unit）可承做人民幣業務的銀行，截至 2012 年 10 月底共有 48 家本地／外商銀行開辦業務。

新・座標16　PF0114

新鋭 文創 兩岸經貿關係的機遇與挑戰
INDEPENDENT & UNIQUE

主　　編	童振源、曹小衡
作　　者	王國臣、朱航、李非、高一、高長、唐永紅、曹小衡、莊芮、 張冠華、陳德昇、華曉紅、童振源、黃偉、黃健群、楊書菲、 蔡宏明、劉大年、劉玉人、鄭學黨、顏莉虹、龐建國
責任編輯	鄭伊庭
圖文排版	郭雅雯
封面設計	陳佩蓉

出版策劃	新鋭文創
發 行 人	宋政坤
法律顧問	毛國樑　律師
製作發行	秀威資訊科技股份有限公司 114 台北市內湖區瑞光路76巷65號1樓 電話：+886-2-2796-3638　傳真：+886-2-2796-1377 服務信箱：service@showwe.com.tw http://www.showwe.com.tw
郵政劃撥	19563868　戶名：秀威資訊科技股份有限公司
展售門市	國家書店【松江門市】 104 台北市中山區松江路209號1樓 電話：+886-2-2518-0207　傳真：+886-2-2518-0778
網路訂購	秀威網路書店：http://www.bodbooks.com.tw 國家網路書店：http://www.govbooks.com.tw

出版日期	2013年4月　初版
定　　價	400元

國家圖書館出版品預行編目

兩岸經貿關係的機遇與挑戰 / 童振源, 曹小衡主編 . -- 一
版. -- 臺北市：新銳文創, 2013. 04
　　面； 公分
BOD版
ISBN 978-986-5915-64-3(平裝)

　1. 兩岸經貿　2. 經貿關係

558.52　　　　　　　　　　　　　　　　102002976

讀者回函卡

感謝您購買本書，為提升服務品質，請填妥以下資料，將讀者回函卡直接寄回或傳真本公司，收到您的寶貴意見後，我們會收藏記錄及檢討，謝謝！如您需要了解本公司最新出版書目、購書優惠或企劃活動，歡迎您上網查詢或下載相關資料：http:// www.showwe.com.tw

您購買的書名：_____

出生日期：_____年_____月_____日

學歷：□高中 (含) 以下　　□大專　　□研究所 (含) 以上

職業：□製造業　□金融業　□資訊業　□軍警　□傳播業　□自由業
　　　□服務業　□公務員　□教職　　□學生　□家管　　□其它_____

購書地點：□網路書店　□實體書店　□書展　□郵購　□贈閱　□其他

您從何得知本書的消息？

　　□網路書店　□實體書店　□網路搜尋　□電子報　□書訊　□雜誌

　　□傳播媒體　□親友推薦　□網站推薦　□部落格　□其他_____

您對本書的評價：(請填代號　1.非常滿意　2.滿意　3.尚可　4.再改進)

　　封面設計____　版面編排____　內容____　文／譯筆____　價格____

讀完書後您覺得：

　　□很有收穫　□有收穫　□收穫不多　□沒收穫

對我們的建議：_____

_____

_____

_____

11466
台北市內湖區瑞光路 76 巷 65 號 1 樓

秀威資訊科技股份有限公司 　　收
　　　　BOD 數位出版事業部

....

（請沿線對折寄回，謝謝！）

姓　　名：_____ 年齡：_____ 性別：□女　□男

郵遞區號：□□□□□

地　　址：_____

聯絡電話：(日) _____ (夜) _____

E-mail：_____